Das Ausscheiden einzelner Miterben aus der Erbengemeinschaft durch Abschichtung

Europäische Hochschulschriften

Publications Universitaires Européennes
European University Studies

Reihe II
Rechtswissenschaft

Série II Series II
Droit
Law

Bd./Vol. 3375

PETER LANG
Frankfurt am Main · Berlin · Bern · Bruxelles · New York · Oxford · Wien

Tobias Steffen Spanke

Das Ausscheiden einzelner Miterben aus der Erbengemeinschaft durch Abschichtung

PETER LANG
Europäischer Verlag der Wissenschaften

Die Deutsche Bibliothek - CIP-Einheitsaufnahme

Spanke, Tobias Steffen :

Das Ausscheiden einzelner Miterben aus der Erbengemeinschaft durch Abschichtung / Tobias Steffen Spanke. - Frankfurt am Main ; Berlin ; Bern ; Bruxelles ; New York ; Oxford ; Wien : Lang, 2002
(Europäische Hochschulschriften : Reihe 2, Rechtswissenschaft ; Bd. 3375)
Zugl.: Mannheim, Univ., Diss., 2001
ISBN 3-631-39042-4

D 180
ISSN 0531-7312
ISBN 3-631-39042-4

www.peterlang.de

Dem Andenken
meines Vaters

„Doch ein Begriff muß bei dem Worte sein."

Goethe, Faust I, Schülerszene

Vorwort

Die vorliegende Arbeit wurde im Sommersemester 2001 von der Fakultät für Rechtswissenschaft der Universität Mannheim als Dissertation angenommen. Besonderer Dank gilt deshalb an dieser Stelle meinem Doktorvater, Herrn Prof. Dr. *Egon Lorenz*. Die Betreuung der Arbeit durch ihn habe ich stets als gewinnbringend und überaus angenehm empfunden. Ebenso herzlich bedanke ich mich bei Herrn Prof. Dr. *Wolf-Rüdiger Schenke*, an dessen Lehrstuhl ich in dieser Zeit beschäftigt war. Dank schulde ich darüber hinaus Herrn Prof. Dr. *Volker Rieble* für die schnelle Anfertigung des Zweitgutachtens.

Für das Gelingen der Arbeit besonders wichtig war die Unterstützung meiner Mutter, bei der ich mich ebenfalls herzlich bedanke. In Dankbarkeit und Liebe gedenke ich auch meines Vaters, der leider kurz vor Beginn dieser Untersuchung die Augen für immer schloß.

Bedanken möchte ich mich schließlich bei Herrn Dr. *Joachim Daiber* für die inhaltliche Kontrolle des steuerrechtlichen Teils der Arbeit, bei meinem langjährigen Mitbewohner, Herrn Dr. *Steffen Klumpp*, für seine stete Diskussionsbereitschaft, sowie bei allen Freunden und Kollegen, die mich die Jahre hindurch hilfreich begleitet haben.

Neustadt an der Weinstraße, im Dezember 2001 *Tobias Steffen Spanke*

Abkürzungsverzeichnis

A.	Auflage
a.A.	anderer Ansicht
a.a.O.	am angegebenen Ort
Abs.	Absatz
AcP	Archiv für die civilistische Praxis
AG	Aktiengesellschaft
ALR	Allgemeines Landrecht für die preußischen Staaten
AO	Abgabenordnung
Art.	Artikel
BayObLG	Bayerisches Oberstes Landesgericht
BayObLGZ	Entscheidungen des Bayerisches Obersten Landesgerichts in Zivilsachen
BB	Der Betriebs-Berater
BeurkG	Beurkundungsgesetz
BFH	Bundesfinanzhof
BFHE	Sammlung der Entscheidungen des Bundesfinanzhofs
BGB	Bürgerliches Gesetzbuch
BGBl	Bundesgesetzblatt
BGH	Bundesgerichtshof
BGHZ	Entscheidungen des Bundesgerichtshofs in Zivilsachen
BMF	Bundesminister der Finanzen
BStBl	Bundessteuerblatt
BWNotZ	Mitteilungen aus der Praxis. Zeitschrift für das Notariat in Baden-Württemberg
bzw.	beziehungsweise
d.h.	das heißt
DB	Der Betrieb
ders.	derselbe
dies.	dieselbe
DJZ	Deutsche Juristenzeitung
DNotV	Zeitschrift des Deutschen Notarvereins
DNotZ	Deutsche Notar-Zeitschrift
DR	Deutsches Recht
DStR	Deutsches Steuerrecht
EFG	Entscheidungen der Finanzgerichte
ErbStG	Erbschaftsteuergesetz
EStG	Einkommensteuergesetz
evtl.	eventuell

FamRZ	Ehe und Familie im privaten und öffentlichen Recht
FG	Finanzgericht
Fn	Fußnote
f.	folgende
ff.	fortfolgende
FS	Festschrift
GBO	Grundbuchordnung
GG	Grundgesetz
GmbH	Gesellschaft mit beschränkter Haftung
GmbHG	Gesetz betreffend die Gesellschaften mit beschränkter Haftung
GmbHR	GmbH-Rundschau
GrEStG	Grunderwerbsteuergesetz
GrS	Großer Senat
Gruchot	Beiträge zur Erläuterung des Deutschen Rechts, begründet von Gruchot
Halbs.	Halbsatz
h.M.	herrschende Meinung
HGB	Handelsgesetzbuch
JherJb	Jherings Jahrbücher für die Dogmatik des bürgerlichen Rechts
JR	Juristische Rundschau
JuS	Juristische Schulung
JZ	Juristenzeitung
Kfz	Kraftfahrzeug
KG	Kammergericht
KGJ	Jahrbuch für Entscheidungen des Kammergerichts in Sachen der freiwilligen Gerichtsbarkeit, in Kosten-, Stempel- und Strafssachen
LG	Landgericht
LM	Nachschlagewerk des Bundesgerichtshofs, herausgegeben von Lindenmaier, Möhring u.a.
MDR	Monatsschrift für Deutsches Recht
MittBayNot	Mitteilungen des Bayerischen Notarvereins, der Notarkasse und der Landesnotarkammer Bayern
MittRhNotK	Mitteilungen. Rheinische Notar-Kammer
NJ	Neue Justiz
NJW	Neue juristische Wochenschrift
NJW-RR	NJW-Rechtsprechungs-Report Zivilrecht
Nr.	Nummer
OHG	offene Handelsgesellschaft

OLG	Oberlandesgericht
OLGE	Entscheidungen der Oberlandesgerichte
OLGZ	Entscheidungen der Oberlandesgerichte in Zivilsachen einschließlich der freiwilligen Gerichtsbarkeit
Rpfleger	Der Deutsche Rechtspfleger
RGZ	Entscheidungen des Reichsgerichts in Zivilsachen
Rz	Randziffer
S.	Seite/Satz
SeuffA	Seufferts Archiv für Entscheidungen der obersten Gerichte in den deutschen Staaten
str.	streitig
u.a.	unter anderem
UmwG	Umwandlungsgesetz
VersR	Versicherungsrecht
vgl.	vergleiche
WM	Wertpapier-Mitteilungen
z.B.	zum Beispiel
ZblFG	Zentralblatt für freiwillige Gerichtsbarkeit und Notariat
ZEV	Zeitschrift für Erbrecht und Vermögensnachfolge
ZHR	Zeitschrift für das gesamte Handelsrecht und Wirtschaftsrecht
ZIP	Zeitschrift für Wirtschaftsrecht
zit.	zitiert
ZPO	Zivilprozeßordnung

Literaturliste

- *Altmeppen*, Holger, Haftung der Gesellschafter einer Personengesellschaft für Delikte, NJW 1996, 1017

- *Annen*, Oskar, Die objektiv und subjektiv beschränkte Teilung der Erbengemeinschaft, Schwyz 1941

- *Armbruster*, Uli, Die Erbengemeinschaft als Rechtsform zum Betrieb eines vollkaufmännischen Handelsgeschäfts, 1964

- *Bartholomeyczik*, Horst, Das Gesamthandsprinzip beim gesetzlichen Vorkaufsrecht der Miterben, FS für Nipperdey, Band I, 1965, 145

- *Bartholomeyczik*, Horst, Willensbildung, Willensverwirklichung und das Gesamthandsprinzip in der Miterbengemeinschaft, FS für Rudolf Reinhardt, 1972, 13

- *Bayer*, Josef, Die Schuld- und Haftungsstruktur der Erbengemeinschaft, 1993

- Beck´sches Notarhandbuch, herausgegeben von Günter Brambring und Hans-Ulrich Jerschke, 3. A. 2000

- BGB-RGRK – Das Bürgerliche Gesetzbuch mit besonderer Berücksichtigung der Rechtsprechung des Reichsgerichts und des Bundesgerichtshofes, 12. A. 1974 (zit: *Bearbeiter*, in: BGB-RGRK), Band V, 1. Teil

- *Blaurock*, Uwe, Haftungsfreizeichnung zugunsten Dritter, ZHR 146 (1982), 238

- *Blomeyer*, Jürgen, Die Rechtsnatur der Gesamthand, JR 1971, 397

- *Blümich*, EStG, Band 2, Stand Juli 1999 (zit.: *Bearbeiter*, in: Blümich, EStG)

- *Boruttau*, Ernst Paul, Grunderwerbsteuergesetz, 14. A. 1997 (zit.: *Bearbeiter*, in: Boruttau, GrEStG)

- *Brecher*, Fritz, Funktionsaufteilung als Zivilrechtsproblem, FS für Heinrich Lange, 1970, 123

- *Brehm*, Wolfgang / *Berger*, Christian, Sachenrecht, 2000

- *Brox*, Hans, Erbrecht, 18. A. 2000

- *Bühler*, Martin, Kann ein Miterbe formlos aus einer Erbengemeinschaft ausscheiden ?, BWNotZ 1987, 73

- *Canaris*, Claus-Wilhelm, Die Feststellung von Lücken im Gesetz, 2. A. 1983 (zit.: *Canaris*, Lücken)

- *Carlé*, Dieter, Wirtschaftliche Betrachtungsweise im Grunderwerbsteuerrecht, DStR 1977, 281

- *Cohn*, Erlaß und Verzicht nach dem BGB, Gruchot 47 (1903), 221

- *Cordes*, Albrecht, Die Gesellschaft bürgerlichen Rechts auf dem Weg zur juristischen Person ?, JZ 1998, 545

- *Creifelds*, Carl, Rechtswörterbuch, 16. A. 2000

- *Damrau*, Jürgen, Der Erbverzicht als Mittel zweckmäßiger Vorsorge für den Todesfall, 1966 (zit.: *Damrau*, Erbverzicht)

- *Damrau*, Jürgen, Die Abschichtung, ZEV 1996, 361

- *Danz*, Können Testamente mit Formfehlern aufrechterhalten werden ?, DJZ 1909, Spalte 281

- *Danz*, Rechtsprechung nach der Volksanschauung und nach dem Gesetz, JherJb 54 (1909), 1

- *Deckart*, Hans, Der Erbschaftskauf, Rostock, 1927

- *Demharter*, Johann, Grundbuchordnung, 23. A. 2000

- Deutsches Rechtswörterbuch, herausgegeben von der Preußischen Akademie der Wissenschaften, Band I, Weimar, 1914-1932

- *Ebbecke*, Gesetzesauslegung und –Anwendung, Das Recht 1911, 633
- *Ebenroth*, Carsten Thomas, Erbrecht, 1992
- *Eberl-Borges*, Christina, Erbauseinandersetzung durch formloses Ausscheiden von Miterben aus der Erbengemeinschaft ?, MittRhNotK 1998, 242
- *Erman*, Bürgerliches Gesetzbuch, 7. A. 1981 (zit.: *Bearbeiter*, in: Erman, BGB, 7.A.), Band II
- *Erman*, Bürgerliches Gesetzbuch, 8. A. 1989 (zit.: *Bearbeiter*, in: Erman, BGB, 8.A.), Band II
- *Erman*, Bürgerliches Gesetzbuch, 10. A. 2000 (zit.: *Bearbeiter*, in: Erman, BGB), Band I+II
- *Fischer*, Otto, Konversion unwirksamer Rechtsgeschäfte, aus der FS für Adolf Wach, Leipzig, 1913
- *Fischer*, Robert, Fortführung eines Handelsgeschäfts durch eine Erbengemeinschaft ?, ZHR 144 (1980), 1
- *Flume*, Werner, Allgemeiner Teil des Bürgerlichen Rechts, Erster Band, Erster Teil, 1977 (zit.: *Flume*, AT, Band I)
- *Flume*, Werner, Allgemeiner Teil des Bürgerlichen Rechts, Zweiter Band, 4. A. 1992 (zit.: *Flume*, AT, Band II)
- *Flume*, Werner, Gesellschaft und Gesamthand, ZHR 136 (1972), 177
- *Frank*, Rainer, Erbrecht, 2000
- *Gerner*, Über Abfindung von Teilhabern der Erbengemeinschaft mit dinglicher Wirkung (Ausscheiden) durch Erbteilsübertragung auf die Miterben oder durch Erbteilsaufhebung, ZblFG 1915/1916, 653
- *Gernhuber*, Joachim, Die Erfüllung und ihre Surrogate, 2. A. 1994
- *Gierke*, Otto von, Deutsches Privatrecht, Band I, Leipzig 1895

- *Gierke*, Otto von, Deutsches Privatrecht, Band II, Leipzig 1905
- *Gierke*, Otto von, Deutsches Privatrecht, Band III, München / Leipzig, 1917
- *Gierke*, Otto von, Handelsgesellschaft und bürgerliches Recht, Archiv für bürgerliches Recht, 19 (1901), 114
- *Groh*, Manfred, Die Erbauseinandersetzung im Einkommensteuerrecht, DB 1990, 2135
- *Grunau*, Anmerkung zu OLG Celle, Beschluß vom 23.08.1950, 8W 24/50, DNotZ 1951, 366
- *Grunewald*, Barbara, Die Rechtsfähigkeit der Erbengemeinschaft, AcP 197 (1997), 305
- *Grunewald*, Barbara, Gesellschaftsrecht, 4. A. 2000
- *Haberkern*, Eugen / *Wallach*, Joseph Friedrich, Hilfswörterbuch für Historiker, Bern / München, 1964
- *Habersack*, Mathias, Die Haftungsverfassung der Geselschaft bürgerlichen Rechts – Doppelverpflichtung und Akzessorietät, JuS 1993, 1
- *Habscheid*, Walther, Zur Heilung formnichtiger Erbteilskaufverträge, FamRZ 1965, 13
- *Hachenburg*, Max, Das Bürgerliche Gesetzbuch für das Deutsche Reich, Vorträge gehalten in den Jahren 1896/1897, 2. A., 1900
- *Haegele*, Karl, Rechtsfragen zu Erbschaftskauf und Erbteilsübertragung, BWNotZ 1971, 129
- *Haegele*, Karl, Zur Rechtslage, wenn im Rahmen einer Erbengemeinschaft ein Erbteil mehreren Personen zusteht, Rpfleger 1968, 173
- *Hanefeld*, Inka, Die Verfügung über den Anspruch auf das Auseinandersetzungsguthaben, 1995

- *Häsemeyer*, Ludwig, Die Bedeutung der Form im Privatrecht, JuS 1980, 1

- *Häsemeyer*, Ludwig, Die gesetzliche Form der Rechtsgeschäfte, 1971

- *Hennecke*, Bernd, Das Sondervermögen der Gesamthand, 1976

- *Hofmann*, Ruth, Grunderwerbsteuergesetz, 6. A. 1996 (zit.: *Hofmann*, GrEStG)

- *Hohensee*, Wolfgang, Die unternehmenstragende Erbengemeinschaft, 1994

- *Hommelhoff*, Peter, Wider das Akzessorietätsdogma in der Gesellschaft bürgerlichen Rechts, ZIP 1998, 8

- *Huber*, Eugen, System und Geschichte des schweizerischen Privatrechts, Band IV, Basel, 1893

- *Huber*, Ulrich, Vermögensanteil, Kapitalanteil und Gesellschaftsanteil an Personengesellschaften des Handelsrechts, 1970

- *Hübner*, Heinz, Allgemeiner Teil des Bürgerlichen Gesetzbuches, 2. A. 1996 (zit.: *Hübner*, AT)

- *Jakobs*, Horst Heinrich / *Schubert*, Werner, Die Beratung des Bürgerlichen Gesetzbuchs, Allgemeiner Teil, 1. Teilband, 1985 (zit.: *Jakobs/Schubert*, Die Beratung des BGB)

- *Jaschke*, Martin, Gesamthand und Grundbuchrecht, 1991

- *Jauernig*, Othmar, Bürgerliches Gesetzbuch, 9. A. 1999 (zit.: *Bearbeiter*, in: Jauernig, BGB)

- *Joerges*, Ernst, Zur Lehre vom Miteigenthum und der gesamten Hand nach deutschem Reichsrecht, ZHR 51 (1901), 47

- *Johannsen*, Erbrecht in der Rechtsprechung des Bundesgerichtshofs 1973-1976, WM 1977, 270

- *Johannsen*, Kurt, Die Rechtsprechung des Bundesgerichtshofs auf dem Gebiete des Erbrechts, WM 1970, 573

- *Josef*, Eugen, Unverteilte Nachlaßstücke, ZblFG 1911/1912, 104

- *Jülicher*, Friedrich, Mehrheitsgrundsatz und Minderheitenschutz bei der Erbengemeinschaft, AcP 175 (1975), 143

- *Kapp*, Reinhard / *Ebeling*, Jürgen, Erbschaftsteuer- und Schenkungsteuergesetz, 12. A. 2000

- *Keller*, Hilmar, Ausscheiden eines Miterben aus der Erbengemeinschaft durch „Abschichtung“ ?, ZEV 1998, 281

- *Keller*, Hilmar, Die Formproblematik der Erbteilsveräußerung, 1995 (zit.: *Keller*, Formproblematik)

- *Keller*, Hilmar, Die Heilung eines formnichtigen Erbteilskaufvertrages oder ähnlichen Vertrages im Sinne von § 2385 Abs.1 BGB, ZEV 1995, 427

- *Kipp*, Theodor / *Coing*, Helmut, Erbrecht, 14. A. 1990

- *Köbler*, Gerhard, Juristisches Wörterbuch, 9. A. 1999

- *Koch*, Heinrich, Die Rechtsnatur der Erbengemeinschaft im deutschen bürgerlichen Gesetzbuch, Bethel bei Bielefeld, 1935 (zit.: *Koch*, Die Rechtsnatur der Erbengemeinschaft)

- Kommentar zum Bürgerlichen Gesetzbuch, Luchterhand Reihe Alternativkommentare (zit.: *Bearbeiter*, in: AK, BGB), Band 1 (1987), Band 6 (1990)

- *Kornexl*, Thomas, Der Zuwendungsverzicht, 1998 (zit.: *Kornexl*, Zuwendungsverzicht)

- *Krawielicki*, Robert, Grundlagen des Bereicherungsanspruchs, 1964

- *Kretzschmar*, Beiträge zum Erbrecht, ZblFG 1917/1918, 1

- *Kretzschmar*, Verfügungen über einen Erbteil, Das Recht 1908, 265

- *Kreuzer*, Willy, Die Auseinandersetzung der Miterben, Würzburg, 1935

- *Krückmann*, Paul, Zur Lehre vom Gesamteigentum, ZblFG 1915/1916, 1

- *Kunz*, Romano, Über die Rechtsnatur der Gemeinschaft zur gesamten Hand, Bern 1963

- *Kübler*, Friedrich, Gesellschaftsrecht, 5. A. 1998

- *Lange*, Heinrich / *Kuchinke*, Kurt, Lehrbuch des Erbrechts, 4. A. 1995 (zit.: *Lange/Kuchinke*, Erbrecht)

- *Lange*, Heinrich, Die Eindämmung von Nichtigkeit und Anfechtbarkeit, AcP 144 (1938), 149

- *Lange*, Heinrich, Die Neugestaltung der Anfechtung und das Vertragsverhältnis, JherJb 89 (1941), 277

- *Lange*, Hermann, Verwaltung, Verfügung und Auseinandersetzung bei der Erbengemeinschaft, JuS 1967, 453

- *Larenz*, Karl / *Wolf*, Manfred, Allgemeiner Teil des bürgerlichen Rechts, 8. A. 1997 (zit.: *Larenz/Wolf*, AT)

- *Larenz*, Karl, Der Erbverzicht als abstraktes Rechtsgeschäft, JherJb 81 (1931), 1

- *Larenz*, Karl, Zur Lehre von der Rechtsgemeinschaft, JherJb 83 (1933), 108

- *Lehmann*, Rudolf, Anmerkung zu BFH, Urteil vom 11.06.1975, II R 5/75, NJW 1976, 263

- *Leipold*, Dieter, Erbrecht, 13. A. 2000

- *Leipold*, Dieter, Erbrecht, 12. A. 1998

- *Lent*, Friedrich, Die Gesetzeskonkurrenz im bürgerlichen Recht und Zivilprozeß, Band 1, Neudruck der 1912 erschienenen Erstauflage, 1970

- *Lindacher*, Walter, Grundfälle zur Haftung bei Personengesellschaften, JuS 1981, 431

- *Littmann*, Eberhard / *Bitz*, Horst / *Hellwig*, Peter, Das Einkommensteuerrecht, 15. A., Band 3, Stand Februar 2001 (zit.: *Bearbeiter*, in: Littmann/Bitz/Hellwig, EStG)

- *Looschelders*, Dirk / *Roth*, Wolfgang, Juristische Methodik im Prozeß der Rechtsanwendung, 1996

- *Lorenz*, Werner, Das Problem der Aufrechterhaltung formnichtiger Schuldverträge, AcP 156 (1957), 381

- *Lorenz*, Werner, Rechtsfolgen formnichtiger Schuldverträge, JuS 1966, 429

- *Lübtow*, Ulrich von, Erbrecht, 2. Halbband, 1971

- *Lüdecke*, Keslin, Kommentar zu BGH, Urteil vom 21.01.1998, IV ZR 346/96, NJ 1998, 424

- *Maidl*, Josef, Probleme der Teilerbauseinandersetzung, MittBayNot 1960, 53

- *Martinek*, Michael, Repräsentantenhaftung, 1979

- *Mayer*, Norbert, Sicherungsprobleme beim Erbteilskauf, ZEV 1997, 105

- *Medicus*, Dieter, Allgemeiner Teil des BGB, 7. A. 1997 (zit.: *Medicus*, AT)

- *Meincke*, Jens Peter, ErbStG, 12. A. 1999

- *Meyer*, Kurt, Zur Lehre vom Vorkaufsrechte der Miterben am Erbschaftsanteile, Gruchot 51 (1907), 785

- *Michalski*, Lutz, BGB-Erbrecht, 1999 (zit.: *Michalski*, Erbrecht)

- *Moench*, Dietmar, Erbschaft- und Schenkungsteuer, Stand Dezember 2000

- Motive zu dem Entwurfe eines Bürgerlichen Gesetzbuches für das Deutsche Reich, Band I, Berlin/Leipzig, 1888

- Motive zu dem Entwurfe eines Bürgerlichen Gesetzbuches für das Deutsche Reich, Band II, Berlin/Leipzig, 1888

- *Mugdan*, Die gesamten Materialien zum Bürgerlichen Gesetzbuch für das Deutsche Reich, Band I, Berlin, 1899

- *Mugdan*, Die gesamten Materialien zum Bürgerlichen Gesetzbuch für das Deutsche Reich, Band II, Berlin, 1899

- *Mülbert*, Peter, Die rechtsfähige Personengesellschaft, AcP 199 (1999), 38

- Münchener Handbuch des Gesellschaftsrechts, Band I, 1995 (zit.: *Bearbeiter*, in: Münchener Handbuch des Gesellschaftsrechts)

- Münchener Kommentar zum Bürgerlichen Gesetzbuch, 3. A. (zit.: *Bearbeiter*, in: MK, BGB), Band 1 (1993), Band 2 (1994), Band 5 (1997), Band 6 (1997), Band 9 (1997)

- *Oertmann*, Paul, Kommentar zum Bürgerlichen Gesetzbuche, Das Recht der Schuldverhältnisse, Berlin, 1906 (zit.: *Oertmann*, BGB, Recht der Schuldverhältnisse)

- *Pahlke*, Armin / *Franz*, Willy, Grunderwerbsteuergesetz, 2. A. 1999 (zit.: *Bearbeiter*, in: Pahlke/Franz, GrEStG)

- *Palandt*, Bürgerliches Gesetzbuch, 57. A. 1998 (zit.: *Bearbeiter*, in: Palandt, BGB, 57. A.)

- *Palandt*, Bürgerliches Gesetzbuch, 60. A. 2001 (zit.: *Bearbeiter*, in: Palandt, BGB)

- *Patschke*, Erbteilsübernahme durch den Miterben, NJW 1955, 444

- *Petzold*, Eberhard, Die Teilauseinandersetzung bei der Miterbengemeinschaft, 1973 (zit.: *Petzold*, Teilauseinandersetzung)

- *Petzoldt*, Rolf, Beurkundungszwang im Gesellschaftsrecht wegen § 313 BGB, BB 1975, 905

- *Petzoldt*, Rolf, Anmerkung zu BFH, Urteil vom 17.07.1975, II R 141/74, BB 1976, 734

- *Pohlmann*, Petra, Die Heilung formnichtiger Verpflichtungsgeschäfte durch Erfüllung, 1992 (zit.: *Pohlmann*, Heilung)

- *Pohlmann*, Petra, Heilung eines formnichtigen Kaufs von GmbH-Anteilen, GmbHR 1995, 412

- *Preuss*, Kurt, Der Erbschaftskauf, Berlin, 1911

- Protokolle der Kommission für die zweite Lesung des Entwurfs des Bürgerlichen Gesetzbuchs, Band I, Berlin, 1897

- Protokolle der Kommission für die zweite Lesung des Entwurfs des Bürgerlichen Gesetzbuchs, Band II, Berlin, 1898

- Protokolle der Kommission für die zweite Lesung des Entwurfs des Bürgerlichen Gesetzbuchs, Band V, Berlin, 1899

- *Radbruch*, Gustav, Rechtsphilosophie, 8. A. 1973

- *Regelsberger*, Gesetz und Rechtsanwendung, JherJb 58 (1911), 146

- *Reichel*, Hans, Unklagbare Ansprüche, JherJb 59 (1911), 409

- *Reichel*, Hans, Zur Behandlung formnichtiger Verpflichtungsgeschäfte, AcP 104 (1909), 1

- *Reifferscheid*, Adolf / *Böckel*, Eberhard / *Benseler*, Frank, Lexikon des Rechts, Band 2 (Familienrecht, Erbrecht, Arbeitsrecht), 1968

- *Reimann*, Wolfgang, Anmerkung zu BGH, Urteil vom 21.01.1998, IV ZR 346/96, MittBayNot 1998, 190

- *Reimann*, Wolfgang, Erbauseinandersetzung durch Abschichtung, ZEV 1998, 213

- *Reinhart*, Gert, Anmerkung zu BGH, Urteil vom 09.10.1970, V ZR 191/67, JZ 1971, 461

- *Reinhart*, Gert, Das Verhältnis von Formnichtigkeit und Heilung des Formmangels im bürgerlichen Recht, 1969

- *Reinhart*, Gert, Zur Formunwirksamkeit im Grundstücksrecht, BB 1979, 1378

- *Reinicke*, Dietrich, Anmerkung zu BGH, Urteil vom 21.03.1969, V ZR 87/67, NJW 1969, 1167

- *Reinicke*, Dietrich, Rechtsfolgen formwidrig abgeschlossener Verträge, 1969

- *Rieger*, Gregor, Anmerkung zu BGH, Urteil vom 21.01.1998, IV ZR 346/96, DNotZ 1999, 64

- *Rohde*, Wann genügt bei Erbauseinandersetzungen für mehrere Minderjährige ein gesetzlicher Vertreter ?, ZblFG 1913/1914, 325

- *Rötelmann*, Anmerkung zu OLG Celle, Beschluß vom 23.08.1950, 8W 24/50, NJW 1951, 198

- *Ruban*, Reinhild, Erbauseinandersetzung über Betriebsvermögen nach dem Beschluß des Großen Senats vom 05.07.1990, DStR 1991, 65

- *Sachs*, Michael, Verfassungsrecht II, Grundrechte, 2000

- *Savigny*, Friedrich Carl von, System des heutigen Römischen Rechts, Zweiter Band, Berlin, 1840

- *Schlegelberger*, Handelsgesetzbuch, Band II, 4. A. 1963 (zit.: *Bearbeiter*, in: Schlegelberger, HGB)

- *Schlüter*, Wilfried, Durchbrechung des Abstraktionsprinzips über § 139 BGB und Heilung eines formnichtigen Erbteilskaufs durch Erfüllung, JuS 1969, 10

- *Schlüter*, Wilfried, Erbrecht, 14. A. 2000

- *Schmidt*, Karsten, Die Erbengemeinschaft nach einem Einzelkaufmann, NJW 1985, 2785

- *Schmidt*, Ludwig, EStG, 18. A. 1999 (zit.: *Bearbeiter*, in: Schmidt, EStG)

- *Schneider*, Alexander, Vertretung mehrerer Mündel bei Erbteilungen durch Pfleger, DNotV 1911, 639

- *Schulze-Osterloh*, Joachim, Das Prinzip der gesamthänderischen Bindung, 1972 (zit.: *Schulze-Osterloh*, Prinzip)

- *Schulze-Osterloh*, Joachim, Willensbildung in verschachtelten Rechtsgemeinschaften, FS für Harry Westermann, 1974, 541

- *Siber*, Heinrich, Die schuldrechtliche Vertragsfreiheit, JherJb 70 (1968), 223

- *Sigler*, Willy, Zur Abtretbarkeit des Anspruchs des Miterben auf das Auseinandersetzungsguthaben, MDR 1964, 372

- *Soergel*, Bürgerliches Gesetzbuch, 13. A. (zit.: *Bearbeiter*, in: Soergel, BGB), Teil 1 (2000), Teil 2 (1999)

- *Soergel*, Bürgerliches Gesetzbuch, 12. A. (zit.: *Bearbeiter*, in: Soergel, BGB), Band 2 (1990), Band 3 (1991), Band 9 (1992)

- *Sohm*, Rudolph, Der Gegenstand, FS für Heinrich Degenkolb, Leipzig, 1905, 1

- *Spiegelberger*, Sebastian, Vermögensnachfolge, 1994

- *Staudenmaier*, Teilübertragung von Gesellschaftsanteilen und Erbteilen, DNotZ 1966, 724

- *Staudinger*, Kommentar zum Bürgerlichen Gesetzbuch, 9. A. 1925, Band I (zit.: *Bearbeiter*, in: Staudinger, BGB, 9. A.)

- *Staudinger*, Kommentar zum Bürgerlichen Gesetzbuch, 11. A. 1957, Band I (zit.: *Bearbeiter*, in: Staudinger, BGB, 11. A.)

- *Staudinger*, Kommentar zum Bürgerlichen Gesetzbuch, 12. A. 1994 (zit.: *Bearbeiter*, in: Staudinger, BGB, 12. A.), Zweites Buch: §§ 328-397

- *Staudinger*, Kommentar zum Bürgerlichen Gesetzbuch, 13. A. (zit.: *Bearbeiter*, in: Staudinger, BGB), Erstes Buch: §§ 21-103 (1995), §§ 134-163 (1996), Zweites Buch: §§ 397-432 (1999), §§ 433-534 (1995), Fünftes Buch: §§ 1967-2086 (1996), §§ 2339-2385 (1997)

- *Stier-Somlo*, Fritz / *Elster*, Alexander, Handwörterbuch der Rechtswissenschaft, Erster Band, Berlin/Leipzig, 1926

- *Strothmann*, York, Einzelkaufmännisches Unternehmen und Erbenmehrheit im Spannungsfeld von Handels-, Gesellschafts-, Familien- und Erbrecht, ZIP 1985, 969

- *Söffing*, Günther, Erbauseinandersetzung in einkommensteuerrechtlicher Sicht, DB 1991, 828

- *Timm*, Wolfram, Die Rechtsfähigkeit der Gesellschaft bürgerlichen Rechts und ihre Haftungsverfassung, NJW 1995, 3209

- *Troll*, Max / *Gebel*, Dieter / *Jülicher*, Marc, ErbStG, Stand 31. Juli 2000 (zit.: *Bearbeiter*, in: Troll/Gebel/Jülicher, ErbStG)

- *Tuhr*, Andreas von, Der allgemeine Teil des deutschen bürgerlichen Rechts, Band I, Nachdruck der 1910 erschienenen Erstauflage, Berlin, 1957 (zit.: *von Tuhr*, AT, Band I)

- *Tuhr*, Andreas von, Der allgemeine Teil des deutschen bürgerlichen Rechts, Band II, 1. Hälfte, Nachdruck der 1914 erschienenen Erstauflage, Berlin, 1957 (zit.: *von Tuhr*, AT, Band II, 1. Hälfte)

- *Turba*, Josef, Ausscheiden und Abschichtung eines Personalgesellschafters, Kallmünz, 1927

- *Venjakob*, Frank, Die Untergemeinschaft innerhalb der Erbengemeinschaft, Rpfleger 1993, 2

- *Walsmann*, Hans, Der Verzicht, Leipzig, 1912 (zit.: *Walsmann*, Verzicht)

- *Weber*, Robert, Der Erbauseinandersetzungsvertrag, Rostock, 1932

- *Weber-Grellet*, Heinrich, Die Gesamthand – ein Mysterienspiel ?, AcP 182 (1982), 316

- *Westerhoff*, Rudolf, Wie begründen wir Formnichtigkeit ?, AcP 184 (1984), 341

- *Wieland*, Karl, Handelsrecht, Erster Band, München/Leipzig, 1921

- *Wiesner*, Georg, Die Haftungsordnung der BGB-Gesellschaft – BGHZ 74, 240, JuS 1981, 331

- *Wolf*, Manfred, Anmerkung zu BGH, Urteil vom 21.01.1998, IV ZR 346/96, BGH LM § 2042 Nr.7

- *Wolf*, Manfred, Die Fortführung eines Handelsgeschäfts durch die Erbengemeinschaft, AcP 181 (1981), 480

- *Wüstendörfer*, Hans, Die deutsche Rechtsprechung am Wendepunkt – Versuch einer positiven Methode soziologischer Rechtsfindung, AcP 110 (1913), 219

- *Zitelmann*, Ernst, Die Kunst der Gesetzgebung, Dresden, 1904

- *Zöllner*, Wolfgang, Rechtssubjektivität von Personengesellschaften ?, FS für Gernhuber, 1993, 563

- *Zunft*, Fritz, Die Übertragung sämtlicher Nachlaßgegenstände an einen Miterben gegen Abfindung der übrigen Miterben, JZ 1956, 550

Inhaltsverzeichnis

A Einleitung

I Ziel der Arbeit

Sind in einem Erbfall mehrere Personen als Erben berufen, fallen die einzelnen Nachlaßgegenstände mit dem Tod des Erblassers nicht direkt in deren Eigenvermögen, sondern werden zunächst gemäß § 2032 Abs.1 BGB gemeinschaftliches Vermögen der Erben. Der Übergang des Vermögens vollzieht sich somit über eine Zwischenstufe – die Erbengemeinschaft. Die Erbengemeinschaft ist eine Gesamthandsgemeinschaft, die kraft Gesetzes entsteht und ausschließlich der Abwicklung und Aufteilung der Hinterlassenschaft des Erblassers dient[1]. Mit dem Liquidationszweck der Erbengemeinschaft korrespondiert die Regelung des § 2042 Abs.1 BGB, wonach jeder Miterbe jederzeit die Auseinandersetzung verlangen kann[2]. Da sich der Anspruch aus § 2042 Abs.1 BGB aber auf Auseinandersetzung des gesamten Nachlasses richtet und im allgemeinen zu einer vollständigen Abwicklung des Erbfalles führen soll[3], kann der einzelne Miterbe nicht beanspruchen, daß nur er aus der Erbengemeinschaft ausscheidet während diese unter den übrigen Miterben fortbesteht[4].

Für eine solche Verringerung des Personenstandes der Erbengemeinschaft besteht aber nicht selten ein praktisches Bedürfnis. So etwa, wenn sich ein den übrigen Miterben unliebsamer Erbe bereit erklärt, gegen Abfindung aus der Erbengemeinschaft auszuscheiden oder wenn ein Miterbe seinen Teil des Nachlasses begehrt, eine vollständige Auflösung der Erbengemeinschaft aber nicht gewünscht ist, weil die restlichen Erben die Erbengemeinschaft unter sich fortsetzen wollen oder hinsichtlich der Verteilung einzelner Nachlaßgegenstände noch Unklarheit herrscht[5].

Das Ausscheiden einzelner Miterben kann dann unstreitig dadurch erfolgen, daß diese ihren Anteil am Nachlaß gemäß § 2033 Abs.1 S.1 BGB auf die übrigen Mitglieder der Erbengemeinschaft übertragen; die erwerbenden Miterben treten

---

[1]) Vgl. BGH NJW 1955, 1227; *Bartholomeyczik*, FS für Nipperdey, 145, 149; *Johannsen*, WM 1970, 573; *Jülicher*, AcP 175 (1975), 143, 149; *Werner*, in: Staudinger, BGB, § 2042 Rz 1; *Dütz*, in: MK, BGB, § 2042 Rz 1.

[2]) Vgl. *Leipold*, Erbrecht, Rz 537; *Dütz*, in: MK, BGB, § 2042 Rz 1 sowie Vor § 2032 Rz 5; *Wolf*, in: Soergel, BGB, § 2042 Rz 1; *Schlüter*, in: Erman, BGB, § 2042 Rz 1.

[3]) Eine sich auf einzelne Nachlaßgegenstände beschränkende Auseinandersetzung kann nur unter besonderen Voraussetzungen verlangt werden; siehe hierzu BGH NJW 1985, 51, 52; *Johannsen*, WM 1977, 270, 271.

[4]) BGH NJW 1985, 51, 52.

[5]) Vgl. *Petzold*, Teilauseinandersetzung, S. 1.

dann in die vermögensrechtliche Stellung des Verfügenden am Nachlaß ein. Während die Auseinandersetzung der Erbengemeinschaft durch Verteilung der einzelnen Nachlaßgegenstände jedoch formfrei möglich ist, soweit nicht das Gesetz ausnahmsweise die Einhaltung einer bestimmten Form verlangt (vgl. etwa § 313 S.1 BGB für Grundstücke), bedarf ein Vertrag, durch den ein Miterbe seinen Anteil am Nachlaß überträgt, nach § 2033 Abs.1 S.2 BGB der notariellen Beurkundung. Vor allem dann, wenn der weichende Miterbe genau diejenigen Nachlaßgegenstände für sein Ausscheiden erhält, die ihm auch bei einer grundsätzlich formlos möglichen Auflösung der Erbengemeinschaft durch Teilung zugefallen wären, scheint die grundsätzliche Formfreiheit der Auseinandersetzung somit zu dem für Anteilsübertragungen angeordneten Formzwang in Widerspruch zu treten. In solchen Fällen werden die Beteiligten aber häufig ein Interesse daran haben, sich einen Gang zum Notar und die mit der notariellen Beurkundung verbundenen Kosten zu sparen.

Die Problematik verdeutlicht folgender Beispielsfall: Eine Erbengemeinschaft besteht aus den Miterben A, B, C und D, die zu je ¼ als Erben berufen sind. Der Nachlaß hat einen Wert von 200.000,- DM. A benötigt dringend Bargeld. Die Erben kommen daher überein, dem A aus dem Nachlaß 50.000,- DM in bar zu überlassen. Im Gegenzug soll A dafür aus der Erbengemeinschaft ausscheiden, während B, C und D beabsichtigen, diese unter sich fortzusetzen, weil sie hinsichtlich der Verteilung anderer Nachlaßgegenstände noch keine Einigung erzielen können. Wählen die Miterben für das Ausscheiden des A den Weg der Anteilsübertragung, so ist zumindest diese als Verfügung gemäß § 2033 Abs.1 S.2 BGB notariell zu beurkunden. Dagegen bedürfte es einer Verfügung über den Nachlaßanteil mit dem Formzwang aus § 2033 Abs.1 S.2 BGB nicht, wären sich B, C und D über die Verteilung auch des Restnachlasses einig und erfolgte die Überlassung des Barbetrages an A im Rahmen einer vollständigen Auseinandersetzung der Erbengemeinschaft.

Diese Diskrepanz hinsichtlich der einzuhaltenden Form war es, die Rechtsprechung und Literatur seit Inkrafttreten des BGB zu der Suche nach einer (formfreien) Alternative zum Ausscheiden durch Anteilsübertragung veranlaßt hat[6]. Im Anschluß an eine Entscheidung des KG aus dem Jahr 1965[7] glaubte die herrschende Lehre dann, einen „dritten Weg“ in der sog. Abschichtung gefunden zu haben, wobei die Lösung des Problems darin gesehen wurde, daß einzelne Miterben gegen Abfindung aus der Erbengemeinschaft austreten und der Nachlaß den übrigen Gesamthändern nach Art der Anwachsung im Personengesell-

---

[6]) Vgl. nur KG ZblFG 1901/1902, 567, 568; LG Köln ZblFG 1905/1906, 371, 372; LG Karlsruhe ZblFG 1910/1911, 283, 284; *Gerner*, ZblFG 1915/1916, 653.

[7]) OLGZ 1965, 244, 247.

schaftsrecht verbleibt[8]. Mit Urteil vom 21.01.1998[9] hat mittlerweile auch der BGH die Möglichkeit eines formfreien Ausscheidens aus der Erbengemeinschaft im Wege der Abschichtung anerkannt.

Ziel der nachfolgenden Untersuchung ist es daher, die Frage, ob es tatsächlich eine gegenüber der Anteilsübertragung vorzugswürdige Möglichkeit des Ausscheidens aus einer Erbengemeinschaft gibt, auf einem dogmatisch tragfähigen Fundament zu beantworten.

II Begriffliche Klarstellung

Bei dem Wort „Abschichtung" handelt es sich um einen deutschrechtlichen Begriff, dessen Verwendung sich bis in das Jahr 1698 zurückverfolgen läßt[10]. Er bedeutete ursprünglich soviel wie Abfindung[11], Absonderung, Abweisung, Ausradung oder Abgutung[12]. Dabei war die Bezeichnung eines rechtlichen Vorgangs als Abschichtung nicht auf ein bestimmtes Rechtsgebiet beschränkt, dem Ausdruck kam vielmehr allgemeine, verschiedene Rechtsgebiete ergreifende Bedeutung zu. Die Abteilung von Kindern aus der fortgesetzten Gütergemeinschaft gegen Entgelt fiel ebenso darunter wie der Ausschluß von der künftigen Erbschaft durch Abfindung mit einem Teil des Vermögens, z.B. in Form einer Mitgift bei Heirat[13]. Noch heute wird der Begriff nicht nur in erbrechtlichem Zusammenhang gebraucht[14], sondern findet vor allem im Gesellschaftsrecht für das Ausscheiden von Gesellschaftern aus einer Personengesellschaft Verwendung[15], aber auch im Familienrecht, wo er den entgeltlichen Verzicht eines Abkömmlings auf seinen Anteil am Gesamtgut einer fortgesetzten Gütergemeinschaft bezeichnet[16].

---

[8]) Vgl. *Edenhofer*, in: Palandt, BGB, 57.A., § 2042 Rz 18; *Dütz*, in: MK, BGB, § 2042 Rz 14; *Wolf*, in: Soergel, BGB, § 2042 Rz 39; *Leipold*, Erbrecht, 12.A., Rz 537 (Fn 24).
[9]) BGHZ 138, 8 ff.
[10]) Vgl. Deutsches Rechtswörterbuch (Wörterbuch der älteren deutschen Rechtssprache), Band 1, „Abschichtung".
[11]) Vgl. Deutsches Rechtswörterbuch (Wörterbuch der älteren deutschen Rechtssprache), Band 1, „abschichten", „Abschichtung".
[12]) *Haberkern/Wallach*, Hilfswörterbuch für Historiker, „Abschichtung".
[13]) Deutsches Rechtswörterbuch (Wörterbuch der älteren deutschen Rechtssprache), Band 1, „abschichten", „Abschichtung"; s. auch *Huber*, System und Geschichte des schweizerischen Privatrechts, Band IV, S. 502, 567 f., 667.
[14]) Vgl. nur KG OLGZ 1965, 244, 247; BGHZ 138, 8 ff.; *Rohde*, ZblFG 1913/1914, 325, 332 f.; *Damrau*, ZEV 1996, 361 ff.
[15]) Vgl. *Bälz*, in: Münchener Handbuch des Gesellschaftsrechts, § 17 Rz 162; passim: *Turba*, Ausscheiden und Abschichtung eines Personalgesellschafters.
[16]) Vgl. *Brudermüller*, in: Palandt, BGB, § 1491 Rz 1.

Obwohl der Begriff „Abschichtung“ somit keineswegs neu ist, lassen Rechtsprechung und Literatur in erbrechtlichem Zusammenhang bisher ein einheitliches Begriffsverständnis vermissen. Rechtswörterbücher enthalten entweder überhaupt keine Erläuterung des Wortes[17] oder beschränken sich auf eine Wiedergabe der Rechtsprechung des BGH[18].

Das KG führte in seinem Beschluß aus dem Jahr 1965[19] aus, in Rechtsprechung und Schrifttum werde zwar zunehmend die Auffassung vertreten, einzelne Miterben könnten im Wege der Abschichtung ohne Übertragung des Nachlaßanteils aus einer Erbengemeinschaft ausscheiden, wobei der Nachlaß den übrigen Miterben nach Art der Anwachsung im Gesellschaftsrecht verbleibt, in dem zu entscheidenden Fall komme eine solche Abschichtung jedoch schon deshalb nicht in Betracht, weil die ausscheidenden Miterben nicht mit Mitteln des Nachlasses abgefunden worden seien. Dagegen stellt der BGH[20] dem Ausscheiden durch Anteilsübertragung zwar ebenfalls das Ausscheiden im Wege der Abschichtung gegenüber, doch geht er insofern über die Auffassung des KG hinaus, als es gerade nicht von Bedeutung sein soll, ob die Abfindung aus dem Nachlaß geleistet wird oder ob sie aus dem Privatvermögen des oder der anderen Erben erfolgt. Ferner sei es auch möglich, daß sämtliche Miterben bis auf einen aus der Erbengemeinschaft ausscheiden, so daß diese beendet und der verbleibende Miterbe durch Anwachsung Alleineigentümer des Nachlasses wird[21]. Die Abschichtung wird vom BGH somit auch als ein Mittel zur Beendigung der Erbengemeinschaft gesehen. Das Schrifttum verweist größtenteils auf die dargestellte Rechtsprechung des KG und des BGH, ohne eine nähere Differenzierung vorzunehmen[22]. Eine eigenständige Definition liefert *Damrau*[23], der unter Abschichtung jedwede Form des Ausscheidens aus einer Erbengemeinschaft gegen Abfindung mit Nachlaßmitteln versteht, sei es durch Anteilsübertragung oder auf sonstige Weise. Dem dinglich wirkenden Ausscheiden stellt *Damrau* das nur im Innen-

---

[17]) So *Köbler*, Juristisches Wörterbuch; *Stier-Somlo/Elster*, Handwörterbuch der Rechtswissenschaft; *Reifferscheid/Böckel/Benseler*, Lexikon des Rechts; sich auf den Begriff „Abschichtungsbilanz“ in gesellschaftsrechtlichem Zusammenhang beschränkend: Münchener Rechtslexikon.

[18]) So *Creifelds*, Rechtswörterbuch, „Erbengemeinschaft“.

[19]) OLGZ 1965, 244, 247 f.

[20]) BGHZ 138, 8 ff.

[21]) In diesem Fall kann terminologisch korrekt allerdings nicht mehr von einem „Ausscheiden aus der Erbengemeinschaft“ gesprochen werden, da das „Ausscheiden aus etwas“ schon begrifflich den Fortbestand dessen voraussetzt, woraus ausgeschieden wird, vgl. *Turba*, Ausscheiden und Abschichtung eines Personalgesellschafters, S. 5.

[22]) Vgl. *Edenhofer*, in: Palandt, BGB, § 2042 Rz 18; *Dütz*, in: MK, BGB, § 2042 Rz 14; *Werner*, in: Staudinger, BGB, § 2042 Rz 30; *Stürner*, in: Jauernig, BGB, § 2042 Rz 1; *Leipold*, Erbrecht, Rz 537 (Fn 24); *Michalski*, Erbrecht, Rz 796; *Frank*, Erbrecht, § 19 Rz 21.

[23]) ZEV 1996, 361 (Fn 1).

verhältnis unter den Miterben wirkende Ausscheiden gegenüber, was er als „schuldrechtliche Abschichtung" bezeichnet[24]. Nach *Rohde*[25] gar vollzieht sich die Abschichtung einzelner Miterben aufgrund zweier Rechtssätze, der gemeinschaftlichen Verfügung der Miterben über Nachlaßgegenstände nach § 2040 Abs.1 BGB und der Übertragung des Nachlaßanteils gemäß § 2033 Abs.1 S.1 BGB.

Überträgt man den eigentlichen Sinngehalt des Wortes auf das Ausscheiden einzelner Mitglieder aus einer Erbengemeinschaft, läßt sich die Abschichtung von Miterben umschreiben als die Aufgabe deren mitgliedschaftlicher Beteiligung an der Erbengemeinschaft gegen Entgelt. Dem BGH ist folglich insoweit zuzustimmen, als der Begriff „Abschichtung" selbst nichts darüber besagt, ob die für das Ausscheiden geschuldete bzw. erbrachte Gegenleistung aus dem Nachlaß oder aus dem Privatvermögen der verbleibenden Miterben stammt. Ebensowenig ist es begriffswesentlich, daß die Erbengemeinschaft nach vollzogener Abschichtung eines oder mehrerer Miterben fortbesteht[26]. Der Begriff „Abschichtung" erfaßt somit auch diejenigen Fälle, in denen die Erbengemeinschaft infolge Vereinigung aller Erbteile endet. Die Bezeichnung eines Vorgangs als *dingliche* Abschichtung stellt klar, daß sich die Aufgabe der mitgliedschaftlichen Beteiligung nicht lediglich im Innenverhältnis zwischen den Miterben vollzieht, der Abgeschichtete geht seiner Stellung als Glied der Erbengemeinschaft vielmehr auch und gerade gegenüber außenstehenden Dritten verlustig[27]. Daher bedarf beispielsweise das Grundbuch der Berichtigung, wenn sich Grundbesitz im Nachlaß befindet. Nicht von dem Begriff der dinglichen Abschichtung erfaßt wird entgegen der Ansicht *Damraus* das Ausscheiden durch Übertragung des Nachlaßanteils, da von „Abfindung" oder „Abgutung" nur gesprochen werden kann, soweit eine Aufgabe von Rechten in Frage steht[28]. Die Anteilsübertragung führt dagegen gerade nicht zu einem Erlöschen von Rechten, sondern ist auf deren Übergang von einem Rechtssubjekt auf ein anderes im Wege der Rechtsnachfolge gerichtet. Im Gegensatz zur dinglichen Abschichtung kommen die Miterben bei der *rein schuldrechtlichen* Abschichtung überein, daß einzelne von ihnen lediglich im Innenverhältnis als nicht mehr zur Erbengemeinschaft gehörend zu behandeln sind, während nach außen die Beteiligung am Nachlaß unverändert fortbesteht[29]. Der abgeschichtete Miterbe darf dann zwar im Innenver-

---

[24]) ZEV 1996, 361, 367.
[25]) ZblFG 1913/1914, 325, 332 f.
[26]) Für die Gesellschaft bürgerlichen Rechts dahin tendierend auch *Bälz*, in: Münchener Handbuch des Gesellschaftsrechts, § 17 Rz 162; a.A. *Turba*, Ausscheiden und Abschichtung eines Personalgesellschafters, S. 7: Fortbestehen der Gesellschaft erforderlich.
[27]) Vgl. *Rieger*, DNotZ 1999, 64, 66.
[28]) Vgl. *Köbler*, Juristisches Wörterbuch, „Abfindung".
[29]) Vgl. *Damrau*, ZEV 1996, 361, 367.

hältnis an Abstimmungen nicht mehr teilnehmen, an Vorgängen mit Außenwirkung wie Verwaltungsmaßnahmen oder Verfügungen über einzelne Nachlaßgegenstände bleibt seine Mitwirkung dagegen grundsätzlich erforderlich.

III Gang der Untersuchung

Ausgangspunkt der nachfolgenden Untersuchung bildet die Frage, ob es neben der Anteilsübertragung überhaupt noch weitere Möglichkeiten eines dinglichen Ausscheidens aus der Erbengemeinschaft gibt und auf welcher dogmatischen Grundlage diese bejahenden Falles beruhen (B I). Hiermit in engem Zusammenhang steht die Frage, ob eine Aufgabe der mitgliedschaftlichen Beteiligung an der Erbengemeinschaft – sofern man eine solche überhaupt anerkennt - stets die gesamte Berechtigung am Nachlaß erfassen muß, oder ob es möglich ist, sie auch auf nur einen Teil des Erbteils zu beschränken (B II). Auf der Basis hierbei gewonnener Ergebnisse lassen sich sodann unter B III das Kernproblem der einzuhaltenden Form sowie sich hieraus evtl. ergebende Folgeprobleme, wie die Möglichkeit einer Heilung formnichtiger Verpflichtungsgeschäfte durch Erfüllung (B IV) oder die Sicherung des weichenden Miterben gegen vorschnellen Verlust seines Gesamtrechts (B V) einer Lösung zuführen.

Entscheidungen in Erbschaftsangelegenheiten werden nicht selten von steuerrechtlichen Erwägungen beeinflußt. Von erheblicher praktischer Bedeutung ist daher die steuerrechtliche Komponente des Ausscheidens aus der Erbengemeinschaft. Diese bildet unter B VI Gegenstand der Untersuchung, wobei sich das Augenmerk auf die Erbschaftsteuer, die Grunderwerbsteuer sowie die Einkommensteuer richtet.

Unter B VII gilt es sodann, die gefundenen Möglichkeiten eines dinglichen Ausscheidens aus der Erbengemeinschaft ohne Anteilsübertragung mit dem Ausscheiden durch Übertragung des Nachlaßanteils zu vergleichen, sich jeweils ergebende Vor- und Nachteile gegeneinander abzuwägen und zu entscheiden, ob bzw. unter welchen Voraussetzungen sich die Abschichtung tatsächlich als vorzugswürdig erweist oder ob den Beteiligten nicht besser weiterhin zur Übertragung des Nachlaßanteils geraten werden muß.

Eine Alternative zur Anteilsübertragung könnte schließlich in einer rein schuldrechtlich, im Innenverhältnis zwischen den Miterben wirkenden Abschichtung gesehen werden, welche unter C Erörterung findet. Auch hierbei kommt der Formproblematik eine besondere Bedeutung zu. Neben der Frage nach der Haftung für Nachlaßverbindlichkeiten bedarf bei einer solchen Vorgehensweise darüber hinaus der Klärung, inwieweit die übrigen Miterben nach vollzogener Abschichtung noch auf eine Mitwirkung des (schuldrechtlich) aus der Erbengemeinschaft ausgeschiedenen Gesamthänders angewiesen sind.

B Die dingliche Abschichtung

I Dogmatische Grundlage eines dinglichen Ausscheidens aus der Erbengemeinschaft ohne Anteilsübertragung

Ob das dingliche Ausscheiden einzelner Miterben aus einer Erbengemeinschaft ohne Übertragung des Nachlaßanteils überhaupt möglich ist und wie sich ein derartiges Ausscheiden bejahenden Falls in concreto vollziehen muß, ist umstritten. Unklar ist insbesondere, ob sich das Ausscheiden Einzelner als unmittelbare Folge einer Zuweisung von Nachlaßgegenständen ergeben kann oder ob es hierfür zusätzlich noch einer Verfügung des weichenden Miterben über seine Beteiligungsrechte an der Erbengemeinschaft bedarf.

1. Das Ausscheiden durch Realisierung des Erbteils

Zur Überführung einzelner Nachlaßgegenstände aus dem gesamthänderisch gebundenen Sondervermögen in das Privatvermögen eines oder mehrerer Erben bedarf es sich aus der Natur der jeweiligen Gegenstände ergebender dinglicher Rechtsakte. Bewegliche Sachen müssen übereignet, Grundstücke aufgelassen, Forderungen übertragen werden[30]. Obwohl der aus § 2042 Abs.1 BGB folgende Anspruch eines Miterben, jederzeit die Auseinandersetzung der Erbengemeinschaft verlangen zu können, grundsätzlich auf Auseinandersetzung des gesamten Nachlasses gerichtet ist[31], können sich die Miterben nach ganz herrschender Auffassung bei allseitigem Einvernehmen auch auf die Verteilung nur einzelner Nachlaßgegenstände beschränken, wobei der restliche Nachlaß ungeteilt bleibt, sog. gegenständliche Teilauseinandersetzung[32].

Nach einer von älterer Rechtsprechung[33] und Teilen der Literatur[34] vertretenen Auffassung soll die sich im Rahmen einer solchen Teilauseinandersetzung vollziehende Überführung gesamthänderisch gebundener Nachlaßgegenstände in das Privatgut eines Miterben nun zu einer unmittelbaren Anrechnung auf dessen

---

[30]) Vgl. *Kipp/Coing*, Erbrecht, § 118 III 2., S. 639.

[31]) BGH NJW 1985, 51, 52; *Edenhofer*, in: Palandt, BGB, § 2042 Rz 17; *Kregel*, in: BGB-RGRK, § 2042 Rz 18; *Leipold*, Erbrecht, Rz 537.

[32]) BGH NJW 1963, 1610, 1611; 1985, 51, 52; *Edenhofer*, in: Palandt, BGB, § 2042 Rz 19; *Dütz*, in: MK, BGB, § 2042 Rz 14; *Werner*, in: Staudinger, BGB, § 2042 Rz 30; *Kregel*, in: BGB-RGRK, § 2042 Rz 18; *Johannsen*, WM 1977, 270, 271; *von Lübtow*, Erbrecht, 2. Halbband, S. 838 f.; *Petzold*, Teilauseinandersetzung, S. 9.

[33]) KG ZblFG 1901/1902, 567, 568; LG Köln ZblFG 1905/1906, 371, 372; LG Karlsruhe ZblFG 1910/1911, 283, 284; vgl. auch noch KG OLGZ 1965, 244, 247.

[34]) *Annen*, Die objektiv und subjektiv beschränkte Teilung der Erbengemeinschaft, S. 96; wohl auch *Schlüter*, in: Erman, BGB, 7.A., § 2042 Rz 16, aufgegeben in der 8.A.

Erbteil führen können mit der Folge, daß die Beteiligung dieses Miterben am Gesamtgut erlischt, sobald er von allen Gesamthändern als vollständig abgefunden angesehen wird. Diese einfache Lösung des Problems mag auf den ersten Blick deshalb als zweckmäßig und einleuchtend erscheinen, weil der weichende Miterbe unter Umständen genau diejenigen Nachlaßgegenstände erhält, die ihm auch bei einer vollständigen Auflösung der Erbengemeinschaft zugefallen wären. Dem ausscheidenden Miterben ist es aber in der Regel einerlei, ob sich die Übertragung der Nachlaßgegenstände im Rahmen einer vollständigen Auseinandersetzung vollzieht oder ob die übrigen Miterben die Erbengemeinschaft hinsichtlich des unverteilten Nachlasses unter sich fortsetzen. Bei der Übertragung der Nachlaßgegenstände auf den weichenden Miterben könnte es sich somit lediglich um ein „in-Wirklichkeit-setzen", um eine „Realisierung" seines Erbteils handeln.

a) Die ältere Rechtsprechung des KG

Von einer derartigen Realisierung des Erbteils gingen 1901 das KG[35] und ihm folgend das LG Köln[36] sowie das LG Karlsruhe[37] aus. Wenn § 2042 Abs.1 BGB jedem Miterben das Recht einräume, jederzeit die Auseinandersetzung der Erbengemeinschaft verlangen zu können, folge daraus nicht, daß auch die übrigen Miterben gehindert sind, die Gemeinschaft als (Rest-)Erbengemeinschaft fortzusetzen[38]. Soweit *Bühler*[39] den Einwand erhebt, die Entscheidung des KG gebe nichts zu der Frage her, ob es für das Ausscheiden aus der Erbengemeinschaft einer Anteilsübertragung bedarf oder nicht, kann dem nicht gefolgt werden. Zwar äußert sich das KG nicht explizit zu dem Erfordernis einer Anteilsübertragung, in seiner Begründung führt es aber aus, nirgendwo sei vorgeschrieben, „daß, weil ein Erbe die Aufhebung der Gemeinschaft wünscht, deshalb auch die anderen Erben genötigt sein sollten, unter sich die Aufhebung der Gemeinschaft herbeizuführen". Vielmehr müsse es ihnen mangels einer hierauf abzielenden Vorschrift freistehen, die Auseinandersetzung lediglich mit dem Antragsteller herbeizuführen, unter sich aber im übrigen die Gemeinschaft aufrecht zu erhalten. Die Auseinandersetzung vollziehe sich dabei in der Weise, „daß sich der Antragsteller mit der Gemeinschaft der anderen Erben und zugleich mit jedem einzelnen von ihnen auseinandersetzt"[40]. Eine so beschränkte Auseinandersetzung sei sowohl nach dem gemeinen wie nach preußischem Recht für zulässig gehalten worden, wenngleich es ebenfalls an einer ausdrücklichen Vorschrift

35) ZblFG 1901/1902, 567, 568.
36) ZblFG 1905/1906, 371, 372.
37) ZblFG 1910/1911, 283, 284.
38) So auch *Kreuzer*, Die Auseinandersetzung der Miterben, S. 8 f.
39) BWNotZ 1987, 73, 75.
40) KG ZblFG 1901/1902, 567, 568.

mangelte. Es stehe daher nichts im Wege, sie auch nach geltendem Recht für zulässig zu erachten. - Diese Begründung läßt nur den Schluß zu, daß das Gericht gerade nicht von einer Übertragung des Nachlaßanteils ausgegangen ist[41].

Der Entscheidung des LG Karlsruhe lag folgender Sachverhalt zu Grunde: An dem Nachlaß eines Erblassers waren seine Witwe, sieben Kinder und an Stelle einer bereits vorverstorbenen Tochter deren drei Kinder beteiligt. Der gesamte Nachlaß wurde auseinandergesetzt und in dem darüber geschlossenen Vertrag u.a. ein Grundstück den drei Enkelkindern des Erblassers „in Erbengemeinschaft" zugeteilt. Das Grundbuchamt hatte daraufhin die Eintragung „in Erbengemeinschaft" mit der Begründung abgelehnt, das Gemeinschaftsverhältnis beruhe nicht mehr auf dem Erbfall, sondern auf rechtsgeschäftlicher Vereinbarung der Erben. Das LG führt dazu aus, eine Neubegründung der Erbengemeinschaft durch Vertrag stünde hier nicht in Frage. Die Frage sei „vielmehr nur die, ob, wenn auch nachdem der Nachlaß auf jenes eine Grundstück beschränkt, d.h. im übrigen unter die anderen Miterben verteilt ist und diese damit aus der Erbengemeinschaft ausgeschieden sind, die Gemeinschaft der drei [...] Kinder an dem ihnen zugefallenen Nachlaßgrundstück als ein ihrem Wesen nach mit der Erbengemeinschaft, in der alle Miterben zusammen unzweifelhaft bis zur Auseinandersetzung miteinander verbunden waren, gleichartiger Rest derselben angesehen werden kann"[42]. Diese Frage bejaht das Gericht im Anschluß, denn es bestehe ein praktisches Bedürfnis, die Auseinandersetzung in dieser Weise zuzulassen. Die Zulässigkeit einer teilweisen Auseinandersetzung mit einem oder mehreren Miterben folge auch schon aus dem Wort „soweit" in § 2043 BGB.

b) Kritik

Die Auffassung von einer Realisierung des Erbteils übersieht, daß hinsichtlich derjenigen Nachlaßgegenstände, auf die sich die Auseinandersetzung nicht erstreckt, die Erbengemeinschaft unverändert fortbesteht. An dem Restnachlaß bleiben somit sämtliche Miterben beteiligt[43]. Diesen Aspekt berücksichtigt auch *Annen* nicht, wenn er den Auseinandersetzungsvertrag dahin auslegen will, „daß nur diejenigen aus der Erbengemeinschaft ausscheiden, die an dem Gesamteigentum nicht mehr beteiligt sind"[44]. Soll der Restnachlaß nur einigen Miterben zustehen, bedarf es auf einen gemeinschaftlichen oder anteiligen Erwerb dieser

[41]) So auch *Damrau*, ZEV 1996, 361, 366 (Fn 58).
[42]) ZblFG 1910/1911, 283, 284.
[43]) Vgl. *Josef*, ZblFG 1911/1912, 104, 105; *Schneider*, DNotV 1911, 639, 653.
[44]) Die objektiv und subjektiv beschränkte Teilung der Erbengemeinschaft, S. 96.

Erben gerichteter dinglicher Rechtsakte[45]. Derartige Rechtsakte hatten die Beteiligten in dem vom LG Karlsruhe zu entscheidenden Fall nicht vorgenommen.

Gegen die Möglichkeit einer Zuweisung von Nachlaßgegenständen an einzelne Miterben „in Erbengemeinschaft" spricht darüber hinaus, daß innerhalb der Gemeinschaft aller Miterben eine engere, nur einzelne Erben umfassende Erbengemeinschaft nicht begründet werden kann[46]. Eine derartige Gemeinschaft wäre mit der kraft Gesetzes entstehenden Erbengemeinschaft nicht mehr wesensgleich, da die Zuordnung auf rechtsgeschäftlicher Vereinbarung der Miterben beruhte und nicht auf dem Erbfall[47]. Eine gegenteilige Ansicht kann auch nicht auf das Wort „soweit" in § 2043 Abs.1 BGB gestützt werden, da diese Vorschrift die Auseinandersetzung nur solange und soweit ausschließen will, als Erbteile noch unbestimmt sind[48]. In dem geschilderten Fall hatte das Grundbuchamt daher zu Recht die Eintragung „in Erbengemeinschaft" verweigert.

c) Ergebnis

Der Auffassung von einer Realisierung des Erbteils kann nicht gefolgt werden.

2. Das Ausscheiden durch Verzicht auf die einzelnen Beteiligungsrechte

Nach einer von *Kuchinke*[49] vertretenen Auffassung läßt sich das Ausscheiden einzelner Miterben neben der Anteilsübertragung auch durch Verzicht auf die aus der Zugehörigkeit zur Erbengemeinschaft resultierenden Beteiligungsrechte erreichen. Gegenstand des Verzichts sei dabei nicht etwa der Anteil am Nachlaß im ganzen, sondern die einzelnen Beteiligungsrechte isoliert[50]. Diese Ansicht setzt jedoch zweierlei voraus, nämlich zum einen, daß ein Ausscheiden aus der Erbengemeinschaft ohne Anteilsübertragung Verfügungen über subjektive Beteiligungsrechte beinhaltet, und zum anderen, daß die Möglichkeit besteht, über

---

45) Vgl. *Rohde*, ZblFG 1913/1914, 325, 333.
46) BGH WM 1975, 1110; *Dütz*, in: MK, BGB, § 2042 Rz 15; *Kregel*, in: BGB-RGRK, § 2042 Rz 20.
47) BGHZ 138, 8, 14 (obiter dictum); OLG Colmar ZblFG 1909/1910, 350 Nr. 309; *Josef*, ZblFG 1911/1912, 104, 108; a.A. *Annen*, Die objektiv und subjektiv beschränkte Teilung der Erbengemeinschaft, S. 96.
48) *Edenhofer*, in: Palandt, BGB, § 2043 Rz 1.
49) *Lange/Kuchinke*, Erbrecht, § 44 III 2b, S. 1085.
50) Bemerkenswert ist allerdings, daß *Kuchinke* unter § 42 II 6, S. 1038, die selbständige Verfügung über den Anspruch auf das Auseinandersetzungsguthaben verneint, sofern über diesen Anspruch auch im Rahmen des § 2033 Abs.1 S.1 verfügt werden kann.

diese Beteiligungsrechte selbständig zu verfügen und nicht nur im Rahmen einer Verfügung über den Nachlaßanteil im ganzen.

a) Das Ausscheiden aus der Erbengemeinschaft als Verzicht auf Beteiligungsrechte

Wenn das Gesetz in § 2033 Abs.1 BGB von dem Anteil eines Miterben am Nachlaß spricht, so ist damit dessen Mitberechtigung am Gesamthandsvermögen im ganzen gemeint[51]. Diese umfaßt sämtliche Rechte und Pflichten innerhalb des Gesamthandsverhältnisses, vermögensrechtlicher und personenrechtlicher Natur[52]. Namentlich zählen hierzu der Anspruch auf das Auseinandersetzungsguthaben, der Anspruch auf Auseinandersetzung aus § 2042 BGB, Verwaltungsbefugnisse sowie der Anspruch auf Teilhabe am Gesamtgut[53].

Fraglich ist nun, ob eine Aufgabe der Beteiligung an der Erbengemeinschaft notwendig auch eine Verfügung über diese Rechte beinhaltet. Der Begriff der Verfügung wird im BGB zwar an verschiedenen Stellen in gleichem Sinne verwendet[54], eine Legaldefinition enthält das Gesetz aber nicht. Nach in Rechtsprechung und Literatur wohl einhelliger Ansicht ist eine Verfügung jedes Rechtsgeschäft, durch das der Verfügende auf ein Recht dergestalt unmittelbar einwirkt, daß er es entweder auf einen Dritten überträgt, mit einem Recht belastet, das Recht aufhebt oder es sonst in seinem Inhalt ändert[55].

Gibt ein Miterbe seine Beteiligung an der Erbengemeinschaft durch Rechtsgeschäft vollständig auf, so führt dies zu einem unmittelbaren Untergang der sich aus der Zugehörigkeit zur Erbengemeinschaft ergebenden subjektiven Rechte[56]. Soweit in der Literatur die Ansicht vertreten wird, es mangele bei der Abschichtung an einer unmittelbaren Einwirkung auf diese Rechte, da das Rechtsgeschäft unmittelbar nur auf das Ausscheiden aus der Erbengemeinschaft gerichtet sei[57], vermag diese Ansicht nicht zu überzeugen. Sie übersieht, daß das Kriterium der Unmittelbarkeit lediglich einer Abgrenzung der Verfügungsge-

---

[51]) Vgl. *Edenhofer*, in: Palandt, BGB, § 2033 Rz 1; *Werner*, in: Staudinger, BGB, § 2033 Rz 5; *Dütz*, in: MK, BGB, § 2033 Rz 7; *Ebenroth*, Erbrecht, Rz 40.

[52]) *Pardey*, in: AK, BGB, § 2033 Rz 5; *Larenz*, JherJb 81 (1931), 1, 4.

[53]) *Pardey*, in: AK, BGB, § 2033 Rz 6.

[54]) Vgl. etwa die §§ 135, 185, 893, 1821 BGB.

[55]) BGHZ 1, 294, 304; ebenso wörtlich oder sinngemäß RGZ 90, 395, 399; *Larenz/Wolf*, AT, § 23 Rz 36; *Hübner*, AT, Rz 390; *Medicus*, AT, Rz 208; *von Tuhr*, AT, Band II, 1. Hälfte, § 54 I, S. 238.

[56]) Vgl. BGHZ 138, 8, 12.

[57]) So *Keller*, ZEV 1998, 281, 283.

schäfte von den Verpflichtungsgeschäften dient[58], deren Zweckmäßigkeit sich daraus ergibt, daß es für die Wirksamkeit obligatorischer Rechtsgeschäfte grundsätzlich keiner besonderen Voraussetzungen bedarf, wohingegen die Wirksamkeit einer Verfügung von der Verfügungsmacht des Verfügenden hinsichtlich des Verfügungsgegenstandes abhängt[59]. Bejaht man aber das Vorliegen einer unmittelbaren Einwirkung auf die subjektiven Rechte des Erben, liegen die tatbestandlichen Voraussetzungen einer Verfügung im Sinne des BGB vor[60].

An dem Erfordernis einer Verfügung ändert sich selbst dann nichts, wenn man mit dem KG[61] und Teilen der Literatur[62] ein Ausscheiden nach gesellschaftsrechtlichen Grundsätzen für zulässig hält, denn auch das Ausscheiden aus einer Personengesellschaft beinhaltet notwendig einen Verzicht des weichenden Gesellschafters auf ihm zustehende Beteiligungsrechte[63].

b) Die Beteiligungsrechte als selbständiger Verzichtsgegenstand

Durch Verzicht auf die einzelnen Beteiligungsrechte ist ein Ausscheiden nur möglich, wenn diese Rechte isolierter Verfügungen überhaupt zugänglich sind. Hiergegen gerichtete Bedenken lassen sich jedoch nicht schon im Wege eines argumentum e contrario auf den Umstand stützen, daß das Gesetz in § 2033 Abs.1 S.1 BGB die Verfügung über den Anteil am Nachlaß im ganzen gestattet, während es über die Zulässigkeit isolierter Verfügungen – im Gegensatz zum Personengesellschaftsrecht[64] - keine Aussage enthält[65]. Die Regelung des § 2033 BGB beschränkt sich vielmehr auf ein Verbot der Verfügung über einzelne Nachlaßgegenstände und die Gestattung der Verfügung über den Anteil insge-

---

[58]) Vgl. RGZ 90, 395, 399; *Hübner*, AT, Rz 390; *Schulze-Osterloh*, Prinzip, S. 19 f.
[59]) *Schulze-Osterloh*, Prinzip, S. 19 f.
[60]) Insoweit unklar LG Ulm, BWNotZ 1985, 141, 143, wonach das Ausscheiden aus der Erbengemeinschaft schuldrechtlich derart erfolgen könne, daß sich ein Miterbe verpflichtet, keine erbrechtlichen Ansprüche mehr geltend zu machen, als Rechtsfolge aber Anwachsung der übrigen Erbteile eintreten soll. Bei einer derartigen Verpflichtung dürfte es sich entgegen der vom LG Ulm vertretenen Auffassung lediglich um den Fall eines pactum de non petendo handeln; siehe hierzu näher unten **C**.
[61]) OLGZ 1965, 244, 247.
[62]) *Dütz*, in: MK, BGB, § 2042 Rz 14; *Stürner*, in: Jauernig, BGB, § 2042 Rz 10; *Wolf*, in: Soergel, BGB, § 2042 Rz 39; *Schlüter*, in: Erman, BGB, 7.A., § 2042 Rz 16, aufgegeben in der 8.A.
[63]) Hierzu RGZ 65, 227, 235; *Turba*, Ausscheiden und Abschichtung eines Personalgesellschafters, S. 45; zum Ausscheiden durch einseitige Gestaltungserklärung im Wege der Kündigung BGHZ 1, 294, 304. Da im Personengesellschaftsrecht eine dem § 2033 Abs.1 BGB entsprechende Regelung fehlt, ist diese Frage dort jedoch weitgehend bedeutungslos.
[64]) Vgl. § 717 S.2 BGB.
[65]) Dahin tendierend aber RGZ 60, 126, 132 f.

samt[66]. Ob die einzelnen Beteiligungsrechte selbständig Gegenstand eines Verzichts sein können, ist daher für jedes Recht gesondert zu untersuchen.

aa) Der Anspruch auf das Auseinandersetzungsguthaben

Eine isolierte Aufgabe des Anspruchs auf das Auseinandersetzungsguthaben könnte sich deshalb verbieten, weil es sich bei diesem Anspruch um eine künftige Forderung handelt, die zwar ihrem Rechtsgrund nach bereits mit dem Erbfall angelegt ist, für Entstehung und Fälligkeit jedoch die Auflösung der Erbengemeinschaft voraussetzt[67]. Erst nach deren vollständiger Auseinandersetzung steht fest, was der Teilhaber aus dem aufgelösten Gesamthandsvermögen zu bekommen hat[68].

Nach älterer Rechtsprechung[69] und einer in der Literatur vertretenen Ansicht[70] ist ein Verzicht auf künftige Forderungen nicht möglich. Bei dem Verzicht handele es sich um eine Verfügung, der es an einem Gegenstand mangele, solange die Forderung nicht besteht[71]. Ein vorab erklärter Verzicht verhindere aber gerade das Entstehen der Forderung. Er habe damit zwar praktisch und wirtschaftlich, nicht aber rechtlich die einem echten Verzicht entsprechenden Wirkungen[72] und führe in Wahrheit zu einer Abänderung des bestehenden Schuldverhältnisses[73].

Die heute wohl überwiegende Auffassung bejaht dagegen die grundsätzliche Möglichkeit eines Verzichts auch auf künftige Rechte[74] mit der Begründung, für die in der Verfügung liegende unmittelbare Rechtsänderung müsse es ausreichen, daß sie ohne weitere Parteivereinbarung wirksam wird[75]. Dieser Ansicht ist zu folgen. Das BGB läßt Verfügungen auch über künftige Forderungen zu.

---

[66]) *Dütz*, in: MK, BGB, § 2033 Rz 10; *Werner*, in: Staudinger, BGB, § 2033 Rz 12.
[67]) *Hanefeld*, Die Verfügung über den Anspruch auf das Auseinandersetzungsguthaben, S. 58; *von Tuhr*, AT, Band I, § 20, S. 365.
[68]) Vgl. *von Tuhr*, a.a.O.
[69]) RGZ 148, 257, 262 f.
[70]) *Von Feldmann*, in: MK, BGB, § 397 Rz 6; *Kaduk*, in: Staudinger, BGB, 12.A., § 397 Rz 58; *Gernhuber*, Die Erfüllung und ihre Surrogate, § 16 I 7, S. 376 f.; *Larenz*, JherJb 81 (1931), 1, 5.
[71]) RGZ 148, 257, 262.
[72]) *Kaduk*, in: Staudinger, BGB, 12.A., § 397 Rz 61.
[73]) *Von Feldmann*, in: MK, BGB, § 397 Rz 6; *H.P. Westermann*, in: Erman, BGB, § 397 Rz 4a; *Kaduk*, in: Staudinger, BGB, 12.A., § 397 Rz 58.
[74]) BGH VersR 1993, 981, 983; BGHZ 40, 326, 330; BGH BB 1956, 1086 (Nr. 2050); *Zeiss*, in: Soergel, BGB, § 397 Rz 5; *Rieble*, in: Staudinger, BGB, § 397 Rz 95; *Blaurock*, ZHR 146 (1982), 238, 241 f.
[75]) *Blaurock*, ZHR 146 (1982), 238, 241 f.

Für die Bestellung eines Pfandrechts ergibt sich dies unmittelbar aus § 1204 Abs.2 BGB, ebenso ist die grundsätzliche Abtretbarkeit künftiger Forderungen heute weitgehend unbestritten[76]. Da es sich bei dem Verzicht und der Abtretung aber um vergleichbare Verfügungen über Gläubigerpositionen handelt[77], sollte man den Verzicht auf ein künftiges Recht immer dann zulassen, wenn auch die Möglichkeit einer Abtretung der Forderung besteht[78]. Unmittelbare Rechtsänderung bedeutet nicht sofortige Rechtsänderung; es reicht aus, wenn sie zu einem späteren Zeitpunkt ohne Zutun der Vertragspartner ihre Wirkung entfaltet[79]. Bei der Frage nach der Zulässigkeit einer Aufgabe des Anspruchs auf das Auseinandersetzungsguthaben ist somit richtigerweise auf die Grundsätze abzustellen, nach denen sich auch dessen Übertragung beurteilt.

Ob der Anspruch auf das Auseinandersetzungsguthaben selbständig übertragen werden kann, ist umstritten. Teile der Literatur bejahen die Möglichkeit einer isolierten Übertragung[80]. Aus dem Gesetz lasse sich Gegenteiliges nicht entnehmen. Wenn der Gesetzgeber in § 717 S.1 BGB die Unübertragbarkeit von Gesellschafterrechten angeordnet habe, so sei dies als Ausnahme von einer den §§ 413, 398 BGB zu entnehmenden grundsätzlichen Abtretbarkeit aller Rechte zu verstehen. Nur diese Ausnahme habe den Gesetzgeber zu den in § 717 S.2 BGB enthaltenen Unterausnahmen genötigt, die eine selbständige Übertragung des Auseinandersetzungsguthabens ermöglichen. Im Rahmen der Erbengemeinschaft fehle aber eine dem § 717 S.1 BGB entsprechende Ausnahme, so daß weiterhin die Regel der §§ 413, 398 BGB gelte[81].

---

[76]) Vgl. nur RGZ 67, 167; BGHZ 7, 367; 88, 206; BGH NJW 1988, 3204.
[77]) Vgl. *Zeiss*, in: Soergel, BGB, § 397 Rz 5 mit weiteren Nachweisen.
[78]) So auch BGHZ 40, 326, 331; *Rieble*, in: Staudinger, BGB, § 397 Rz 95; *Zeiss*, in: Soergel, BGB, § 397 Rz 5.
[79]) Vgl. *Blaurock*, ZHR 146 (1982), 238, 242.
[80]) *Hanefeld*, Die Verfügung über den Anspruch auf das Auseinandersetzungsguthaben, S. 57 ff.; *Sigler*, MDR 1964, 372 ff.; vgl. auch RGZ 146, 314, 316, wo die Abtretung des Anspruchs auf das Auseinandersetzungsguthaben zwar für gültig erklärt, der dingliche Rechtsübergang des Guthabens selbst aber an den Zeitpunkt der Auseinandersetzung gekoppelt wird. Entgegen der Auffassung *Hanefelds*, a.a.O., S.60 (Fn 2), dürfte das RG dabei nicht lediglich das Verpflichtungsgeschäft im Auge gehabt, sondern dem Umstand Rechnung getragen haben, daß es sich bei dem Anspruch auf das Auseinandersetzungsguthaben um eine künftige Forderung handelt, die erst mit der vollständigen Auseinandersetzung der Erbengemeinschaft entsteht. In dem zu entscheidenden Fall ging es nämlich um die Wirksamkeit einer Aufrechnungserklärung. Die Aufrechnung gegen eine (noch) nicht bestehende Forderung ist aber nicht möglich (vgl. *von Feldmann*, in: MK, BGB, § 387 Rz 21).
[81]) *Sigler*, MDR 1964, 372, 373.

Rechtsprechung[82] und herrschende Lehre[83] gehen dagegen zu Recht von der Unzulässigkeit einer isolierten Übertragung aus. Die Zulässigkeit einer isolierten Übertragung des Anspruchs auf das Auseinandersetzungsguthaben verbietet sich bereits aus Gesichtspunkten des Gläubigerschutzes. Hätte ein Miterbe nämlich die Möglichkeit, nicht nur seinen Anteil am Nachlaß im ganzen, sondern zusätzlich noch den Anspruch auf das Auseinandersetzungsguthaben zu übertragen, bestünde die Gefahr, daß er zunächst diesen Anspruch und im Anschluß daran zugunsten eines anderen Erwerbers den wirtschaftlich ausgehöhlten Nachlaßanteil überträgt, mit der Folge, daß der Erwerber des Anteils nichts erhielte, für Nachlaßverbindlichkeiten dagegen unter Umständen nach den §§ 2382, 2385 BGB mit seinem eigenen Vermögen einzustehen hätte[84]. Auch eine spätere Pfändung des Nachlaßanteils träfe ins Leere[85].

Gegen eine selbständige Übertragung spricht darüber hinaus auch die Wertung, die der Gesetzgeber in § 2371 BGB vorgenommen hat. Nach dieser Vorschrift bedarf der schuldrechtliche Vertrag, durch den ein Erbe „die ihm angefallene Erbschaft" verkauft, der notariellen Beurkundung. Wie sich aus der Entstehungsgeschichte der Norm ergibt, hat der Gesetzgeber einen Schutz des Veräußerers vor Übereilung hier „mindestens ebenso" für notwendig erachtet wie in den Fällen, in denen sich jemand vertraglich zur Übertragung seines Vermögens oder des Eigentums an einem Grundstück verpflichtet[86]. Insbesondere gelte dies unter Berücksichtigung der Tatsache, daß Erbschaftskäufe oft von gewerbsmäßigen Käufern aus spekulativen Erwägungen geschlossen würden[87]. Bejahte man aber die Möglichkeit einer selbständigen Übertragung des Anspruchs auf das Auseinandersetzungsguthaben, wäre diese in Ermangelung einer gegenteiligen gesetzlichen Regelung an keine Form gebunden. Daß es dem (mutmaßlichen) Willen des Gesetzgebers entspricht, den Zweck des § 2371 BGB durch die

---

[82]) RGZ 60, 126, 132.

[83]) *Edenhofer*, in: Palandt, BGB, § 2033 Rz 5; *Werner*, in: Staudinger, BGB, § 2033 Rz 12; *Dütz*, in: MK, BGB, § 2033 Rz 10; *Wolf*, in: Soergel, BGB, § 2033 Rz 6; *Schlüter*, in: Erman, BGB, § 2033 Rz 10; *von Lübtow*, Erbrecht, 2. Halbband, S. 821; *Brox*, Erbrecht, Rz 452; *Schlüter*, Erbrecht, Rz 668; *Kipp/Coing*, Erbrecht, § 114, S. 622.

[84]) RGZ 60, 126, 132; im Ergebnis zustimmend *von Tuhr*, AT, Band I, § 20, S. 365, der den Anspruch auf das Auseinandersetzungsguthaben zwar für selbständig abtretbar hält, dem Erwerber des Nachlaßanteils aber eine stärkere Rechtsposition zuspricht als einem früheren Zessionar des Guthabens.

[85]) Vgl. *von Lübtow*, Erbrecht, 2. Halbband, S. 821.

[86]) Protokolle, Band II, S. 114 f.

[87]) Protokolle, Band II, S. 114 f.; Band V, S. 839. Soweit *Sigler*, MDR 1964, 372, 373, den Einwand erhebt, der Grund für die Formvorschriften der §§ 2371, 2033 Abs.1 S.2 BGB liege in erster Linie in der wegen der Haftungserstreckung über die Parteien hinausreichenden Wirkung dieser Verträge und darauf hinweist, daß eine Formbedürftigkeit der Zession kaum geeignet wäre, den Anteilserwerber zu schützen, verkennt er deshalb den Übereilungsschutz als den Hauptzweck des § 2371 BGB.

formfreie Übertragung des Anspruchs auf das Auseinandersetzungsguthaben ins Leere laufen zu lassen, kann indes nicht ernsthaft angenommen werden. Dies gilt umso mehr, als unter Umständen die Möglichkeit bestünde, eine nach § 125 BGB formnichtige Anteilsveräußerung gemäß § 140 BGB in die formlose Verpflichtung zur Abtretung des Anspruchs auf das Auseinandersetzungsguthaben umzudeuten. Für dieses Ergebnis spricht zudem der Umstand, daß § 2385 Abs.1 BGB die Vorschrift des § 2371 BGB auf andere Verträge, die auf die Veräußerung der Erbschaft gerichtet sind, für entsprechend anwendbar erklärt. Die Formvorschrift des § 2371 BGB sollte nach dem Willen des Gesetzgebers folglich eine ausdehnende und keine einengende Anwendung erfahren. Verbietet sich somit die selbständige Übertragung des Anspruchs auf das Auseinandersetzungsguthaben, erweist sich auch eine isolierte Aufgabe dieses Anspruchs als unmöglich.

Der Anspruch auf das Auseinandersetzungsguthaben bildet einen unselbständigen Bestandteil des Anteils am Nachlaß; eine isolierte Aufgabe dieses Anspruchs ist nicht möglich[88].

bb) Der Auseinandersetzungsanspruch aus § 2042 Abs.1 BGB

Eine selbständige Verfügung über den Anspruch auf Auseinandersetzung nach § 2042 Abs.1 BGB verbietet sich bereits deshalb, weil der Anspruch gemäß § 2042 Abs.2 BGB schon schuldrechtlich nur in den Grenzen des § 749 Abs.2, 3 BGB ausgeschlossen werden kann. Die damit einhergehende Beschränkung der Privatautonomie soll gewährleisten, daß den einzelnen Miterben das Recht, eine Auflösung der Gemeinschaft herbeizuführen, als ultima ratio jedenfalls für die Fälle verbleibt, in denen ihnen eine Fortsetzung der Erbengemeinschaft nicht zugemutet werden kann[89]. Vermag ein Miterbe den Anspruch auf Auseinandersetzung aber nicht einmal schuldrechtlich im Innenverhältnis der Miterben endgültig auszuschließen, so muß ihm a fortiori erst recht die Möglichkeit verwehrt sein, über diesen Anspruch zu verfügen, denn die Wirkung eines Verzichts hindert nicht nur die Durchsetzbarkeit der Forderung, sondern bereits ihre Klagbarkeit[90].

---

[88]) Insoweit stimmt auch *Kuchinke*, Lange/Kuchinke, Erbrecht, § 42 II 6, S. 1038, zu. Wenn dieser dann auf S. 1085 unter § 44 III 2 b aber die Ansicht vertritt, es bestünden „keine Bedenken, mit der Abfindung eine formlose Aufgabe des Guthabens zu verbinden", scheint er zu übersehen, daß auch dessen Aufgabe eine Verfügung darstellt; siehe hierzu näher *von Tuhr*, AT, Band II, 1. Hälfte, § 54, S. 238, 264 ff.

[89]) Vgl. *Sprau*, in: Palandt, BGB, § 749 Rz 6.

[90]) Vgl. auch BGH FamRZ 1965, 267, 270.

Neben der zwingenden Regelung des § 749 Abs.2, 3 BGB dürfte gegen die Möglichkeit eines selbständigen Verzichts auch der allgemeine Rechtsgrundsatz sprechen, daß jedes Dauerschuldverhältnis aus wichtigem Grund gekündigt werden kann, sofern Tatsachen vorliegen, aufgrund derer dem Kündigenden unter Berücksichtigung aller Umstände des Einzelfalles und unter Abwägung der Interessen sämtlicher Beteiligten eine Fortsetzung des Schuldverhältnisses nicht zuzumuten ist[91]. Zwar wurde dies bisher nur für vertraglich begründete Dauerschuldverhältnisse ausgesprochen, dieselben Erwägungen greifen jedoch auch dann ein, wenn ein Schuldverhältnis kraft Gesetzes entsteht, das - wie die Erbengemeinschaft - durch seine zeitliche Dimension sowie das Merkmal ständiger Pflichtanspannung gekennzeichnet ist.

cc) Verwaltungsbefugnisse

Gemäß § 2038 Abs.1 BGB steht die Verwaltung des Nachlasses den Erben zu. Von einem außenstehenden Dritten kann dagegen nicht ohne weiteres erwartet werden, daß er die Verwaltungsbefugnisse zu dem Zweck ausübt, für den sie geschaffen sind, nämlich zum gemeinsamen Wohl der Miterben[92]. Ein Außenstehender ist somit nicht befugt, in eine Erbengemeinschaft gestaltend durch Ausübung der Nachlaßverwaltung einzugreifen, da dies die Arbeit der Erbengemeinschaft empfindlich stören könnte. Auch die Verwaltungsbefugnisse sind folglich untrennbar mit dem Anteil am Nachlaß verbunden und können nur zusammen mit diesem, nicht aber von ihm losgelöst Verfügungsgegenstand sein[93].

dd) Der Anspruch auf Teilhabe am Gesamtgut

Durch die selbständige Verfügung über den Anspruch auf Teilhabe am Gesamtgut schließlich würde die Verbindung zwischen der Zuständigkeit am Nachlaß einerseits und der Gliedstellung in der personalen Gemeinschaft andererseits gelöst. Dies verbietet sich, weil die Teilhabe am Gesamtgut lediglich als eine Folge der Mitgliedschaft in der Erbengemeinschaft eintritt und nicht ohne diese fortbestehen kann[94]. Eine gegenteilige Ansicht begibt sich zudem in Widerspruch zu der auf Auflösung ausgerichteten Struktur der Erbengemeinschaft, denn würde man etwa die Möglichkeit einer selbständigen Übertragung des Teilhabeanspruches bejahen, so kämen dem Erwerber gebundene Vermögens-

---

[91]) Vgl. zu diesem Rechtsgrundsatz BGHZ 29, 171, 172; 41, 104, 108; BGH NJW 1989, 1482, 1483; *Heinrichs*, in: Palandt, BGB, Einleitung vor § 241 Rz 18.

[92]) So zutreffend *Lange*, JuS 1967, 453, 457.

[93]) Vgl. BGH FamRZ 1965, 267, 270 (Abtretung).

[94]) Vgl. *Larenz*, JherJb 83 (1933), 108, 156 f.; zu der Mitberechtigung am Gesamtgut als Folge der Zugehörigkeit zu einer Gesellschaft bürgerlichen Rechts siehe auch *Ulmer*, in: MK, BGB, § 738 Rz 5.

werte zu, deren Verwertung ihm in Ermangelung der Rechte aus §§ 2033 Abs.1 S.1, 2042 Abs.1 BGB verwehrt bliebe.

c) Ergebnis

Das Ausscheiden einzelner Miterben aus der Erbengemeinschaft läßt sich nicht dadurch erreichen, daß der weichende Miterbe auf die einzelnen, aus seiner Beteiligung an der Erbengemeinschaft resultierenden Rechte verzichtet. Die einzelnen Beteiligungsrechte bilden lediglich unselbständige Bestandteile des Anteils am Nachlaß im ganzen. Eine isolierte Verfügung über sie ist nicht möglich[95].

3. Das Ausscheiden durch Verzicht auf den Nachlaßanteil im ganzen

Wenn überhaupt, läßt sich ein dingliches Ausscheiden aus der Erbengemeinschaft im Wege der Abschichtung nur durch einen Verzicht auf den Anteil am Gesamtgut im ganzen erreichen. § 2033 Abs.1 S.1 BGB gestattet jedem Miterben, über seinen Anteil am Nachlaß zu verfügen. Zu dieser Abweichung von den übrigen Gesamthandsgemeinschaften des BGB (Gesellschaft - § 719 Abs.1 BGB, eheliche Gütergemeinschaft - § 1419 Abs.1 BGB) hat sich der Gesetzgeber entschlossen, um die Härten der kraft Gesetzes entstehenden Erbengemeinschaft abzumildern und dem einzelnen Miterben eine wirtschaftliche Verwertung seines Anteils auch für die Fälle zu ermöglichen, in denen eine vollständige Auseinandersetzung der Erbengemeinschaft nach den §§ 2043 f. BGB aufgeschoben bzw. ausgeschlossen ist[96]. Das Gesetz besagt indes nicht ausdrücklich, zu welchen Verfügungen die Miterben im einzelnen berechtigt sind und zu welchen nicht. Nach unbestrittener Ansicht fallen unter § 2033 Abs.1 S.1 BGB die Übertragung des Anteils, seine Verpfändung und die Bestellung eines Nießbrauchs daran[97]. Umstritten aber ist, ob die Vorschrift auch den Verzicht eines Miterben auf seinen Nachlaßanteil erfaßt. Das BGB enthält zwar keine Definition des Begriffes „Verzicht", nach wohl allgemeiner Ansicht ist darunter aber das auf dem Willen des Berechtigten beruhende Aufgeben durch die Rechtsordnung gewährleisteter Vorteile zu verstehen[98].

---

[95]) So auch *Keller*, ZEV 1998, 281, 282; *Eberl-Borges*, MittRhNotK 1998 242; *M. Wolf*, in: Soergel, BGB, § 2033 Rz 6. Selbst wenn man einen isolierten Verzicht auf die einzelnen Beteiligungsrechte des Miterben anerkennen wollte, so darf diese Vorgehensweise doch nicht dazu dienen, zwingende Formvorschriften zu umgehen; a.A. *Lange/Kuchinke*, Erbrecht, § 44 III 2b, S. 1085.

[96]) Protokolle, Band V, S. 838.

[97]) Vgl. nur *Brox*, Erbrecht, Rz 453.

[98]) *Walsmann*, Verzicht, S. 41 f.; *Petzold*, Teilauseinandersetzung, S. 61; *Keller*, Formproblematik, Rz 68.

a) Meinungsstand

Teile der Literatur bejahen die Zulässigkeit eines Verzichts auf den Anteil am Nachlaß[99]. Diese Ansicht stützt sich primär auf den Wortlaut des § 2033 Abs.1 S.1 BGB, denn die Vorschrift gestatte dem einzelnen Miterben allgemein, über seinen Anteil am Nachlaß zu verfügen. Daß der Gesetzgeber nur bestimmte Verfügungen, wie die Übertragung oder die Belastung zulassen wollte, sei dem Gesetz nicht zu entnehmen. Da der Begriff der „Verfügung" aber jedes Rechtsgeschäft umfasse, durch welches ein Recht übertragen, belastet, aufgehoben oder sonst in seinem Inhalt verändert wird[100] und nach heute unbestrittener Ansicht auch der Verzicht darunter fällt[101], müsse man dem einzelnen Miterben auch die Möglichkeit einräumen, auf seinen Anteil am Nachlaß zu verzichten[102]. Die Entstehungsgeschichte des § 2033 Abs.1 BGB spreche zumindest nicht gegen die Zulässigkeit eines Verzichts. Zwar erwähne die Zweite Kommission hinsichtlich des § 2033 Abs.1 BGB nur die Anteilsübertragung, dies geschehe aber lediglich im Zusammenhang mit dem Schutz vor einem Eindringen unwillkommener Dritter in die Erbengemeinschaft durch das Vorkaufsrecht des § 2034 BGB. Weil in dem Fall eines Verzichts auf den Nachlaßanteil ein Eindringen Dritter in die Erbengemeinschaft aber nicht zu befürchten ist, habe kein Anlaß für ein ausdrückliches Aufführen der Verzichtsmöglichkeit bestanden[103]. Der von der Kommission angeführte Zweck des § 2033 Abs.1 BGB, die Härten der unfreiwillig begründeten Erbengemeinschaft durch eine Verwertungsmöglichkeit der Anteile auszugleichen, könne in gleicher Weise für die Anteilsübertragung wie für den Verzicht gelten[104].

Petzold verweist ergänzend auf die gesetzlich vorgesehene Verzichtsmöglichkeit des § 1491 BGB[105]. Die fortgesetzte Gütergemeinschaft weise viele Ähnlichkeiten zu der Erbengemeinschaft auf. Zwar beruhe sie auf einem Ehevertrag, sobald sie erst einmal entstanden ist, sei sie aber durch das zwingende Recht der §§ 1483 bis 1517 BGB ebenso festgelegt wie die Erbengemeinschaft. Während im Rahmen der fortgesetzten Gütergemeinschaft § 1491 Abs.4 BGB bestimmt, daß sich der Verzicht so auswirkt, wie wenn der Verzichtende ohne Hinterlas-

---

[99]) So *Petzold*, Teilauseinandersetzung, S. 61 ff.; *Walsmann*, Verzicht, S. 200; *Cohn*, Gruchot 47 (1903), 221, 284 f.; *Gerner*, ZblFG 1915/1916, 653, 656; *von Tuhr*, AT, Band II, 1. Hälfte, § 54, S. 267 (Fn 188); *Wolf*, in: Soergel, BGB, § 2033 Rz 7; *ders.*, BGH LM § 2042 Nr.7.

[100]) Allgemeine Ansicht, vgl. nur BGHZ 1, 304; *Medicus*, AT, Rz 208; *Larenz/Wolf*, AT, § 23 Rz 36; *Hübner*, AT, Rz 390.

[101]) Vgl. statt vieler *von Tuhr*, AT Band II, 1. Hälfte, § 54, S. 238, S. 264 ff.

[102]) *Von Tuhr*, AT, Band II, 1.Hälfte, § 54, S. 267 (Fn 188); *Walsmann*, Verzicht, S. 200; *Petzold*, Teilauseinandersetzung, S. 62; *Gerner*, ZblFG 1915/1916, 653, 656.

[103]) *Petzold*, Teilauseinandersetzung, S. 63.

[104]) *Petzold*, Teilauseinandersetzung, S. 63.

[105]) Teilauseinandersetzung, S. 64 ff.

sung von Abkömmlingen gestorben wäre, könne bei einem Verzicht auf den Nachlaßanteil nichts anderes gelten als im Falle der Anteilsübertragung, wo dem Verfügenden die Erbenstellung in rechtlicher Hinsicht erhalten bleibt. Der Verzicht auf den Anteil am Nachlaß wirke daher weniger einschneidend als der Verzicht nach § 1491 BGB, so daß man sich für die Zulässigkeit des ersteren auf das argumentum a majore ad minus stützen könne.

Von einer prinzipiellen Verzichtbarkeit privater subjektiver Rechte geht dagegen *Gerner*[106] aus, wenn er die Zulässigkeit eines Verzichts aus einem den §§ 397, 875, 928, 959 BGB zu entnehmenden Grundsatz folgert, der darüber hinaus auch in § 1491 BGB zum Ausdruck komme sowie darin, daß zu § 736 BGB angenommen wird, daß das Ausscheiden eines Gesellschafters durch Vertrag aller Gesellschafter jederzeit frei vereinbart werden kann und möglicherweise in den Bestimmungen über die Ausschlagung der Erbschaft.

Während überwiegend das Vorliegen eines Vertrages unter Beteiligung aller Gesamthänder gefordert wird[107], hält *Cohn*[108] den Verzicht auf den Nachlaßanteil zwar auch durch einseitige Willenserklärung für möglich, doch hafte der verzichtende Erbe in diesem Fall weiter der Gläubigerschaft und auch die Miterben bräuchten ihn seiner Verpflichtungen nicht zu entbinden. Solle das letztere geschehen, so bedürfe es dazu eines Vertrages. Auch nach *Cohn* ist ein Verzichtsvertrag in den meisten Fällen daher nicht zu entbehren.

Das wohl herrschende Schrifttum dagegen erkennt die Möglichkeit eines Verzichts auf den Nachlaßanteil in keiner Weise an. Teilweise wird sie ausdrücklich verneint[109], zum Teil auch nur indirekt, indem als Arten der Verfügung im Sinne von § 2033 Abs.1 BGB nur die Übertragung und Belastung des Anteils genannt werden[110]. Das BGB kenne nur den Verzicht auf gesetzliches Erbrecht, Testaterbrecht, den Pflichtteil und auf ein noch nicht angefallenes Vermächtnis durch Vertrag mit dem künftigen Erblasser, §§ 2346, 2352 BGB, aber keinen Verzicht auf den Nachlaßanteil[111].

---

[106]) ZblFG 1916, 653, 656.

[107]) So *Walsmann*, Verzicht, S. 200, 299; *Petzold*, Teilauseinandersetzung, S. 66 f.; die Zulässigkeit eines vertraglichen Verzichts bejahend auch *Gerner*, ZblFG 1915/1916, 653, 656.

[108]) Gruchot 47 (1903), 221, 284 f.; offen *Gerner*, ZblFG 1915/1916, 653, 656.

[109]) *Keller*, Formproblematik, Rz 70 f.; *ders.*, ZEV 1998, 281, 282; *Kornexl*, Zuwendungsverzicht, Rz 38; *Damrau*, ZEV 1996, 361, 365; *Bühler*, BWNotZ 1987, 73, 76; *Lange/Kuchinke*, Erbrecht, § 44 II 2a, S. 1028; *Maidl*, MittBayNot 1960, 53, 57; *Schneider*, DNotV 1911, 639, 653 f.; *Zunft*, JZ 1956, 550, 554.

[110]) *Schlüter*, in: Erman, BGB, § 2033 Rz 4; *ders.*, Erbrecht, Rz 655; *Brox*, Erbrecht, Rz 453; *Michalski*, Erbrecht, Rz 751; *Frank*, Erbrecht, § 19 Rz 7.

[111]) Vgl. *Zunft*, JZ 1956, 550, 554.

Maidl[112] hält den Verzicht auf den Nachlaßanteil deshalb für unmöglich, weil dieser als Rechtsfolge die Anwachsung der übrigen Erbteile nach sich zöge. Die Weiterveräußerung eines erworbenen Anteils durch Miterben sei praktisch aber nur denkbar, wenn der Anteil rechtlich erhalten bleibt. Von einer rechtlichen Selbständigkeit des erworbenen Anteils geht *Maidl* deshalb selbst für den Fall aus, daß ein Miterbe seinen Anteil am Nachlaß auf einen anderen überträgt. Bei einer Anwachsung dagegen würde der Anteil in mehrere Teile zerfallen, die wiederum in den ursprünglichen Nachlaßanteilen der Erwerber aufgingen. Eine Weiterveräußerung sei unter dieser Voraussetzung nur in der Form denkbar, daß jeder Erwerber den um die Anwachsung vergrößerten Bruchteil seines Erbteils abtritt. Fraglich sei dann aber, in welchem Gemeinschaftsverhältnis die Erwerber einerseits untereinander und andererseits zu den Veräußerern hinsichtlich der abgetretenen Anwachsungsquoten und der ursprünglichen Nachlaßanteile stünden, wobei sich ganz unmögliche Gebilde ergäben.

Eine ähnliche Auffassung vertritt auch *Schneider*[113], nach dem sich ein Verzicht auf den Anteil am Nachlaß deshalb verbieten soll, weil dieser nur einmal übertragen werden könne, Adressaten des Verzichts unter Umständen aber mehrere einzelne Miterben wären. Ein Verzicht gegenüber den einzelnen Miterben könne daher immer nur schuldrechtlich wirken.

Keller[114] begründet die Unzulässigkeit eines Verzichts auf den Anteil am Nachlaß mit dem numerus clausus der Verfügungsgeschäfte. Ihm schließen sich *Damrau*[115] und *Kornexl*[116] an. Allein aus § 2033 Abs.1 S.1 BGB könne die Zulässigkeit des Verzichts nicht gefolgert werden. Die Möglichkeit einer Übertragung des Anteils folge aus den §§ 398, 413 BGB, die der Bestellung eines Nießbrauchsrechts ergebe sich aus § 1068 BGB und die einer Verpfändung des Anteils aus § 1273 BGB. Ein allgemeiner Verzicht auf ein Recht sei im BGB nicht vorgesehen. Das BGB behandele den Verzicht vielmehr in über 30 Paragraphen, wobei es unterschiedliche Voraussetzungen und Rechtsfolgen vorsehe, je nach den Vorteilen bzw. Rechten, die Gegenstand des Verzichts sind. Teilweise genüge eine einseitige Willenserklärung, zum Teil sei auch ein Vertrag erforderlich, teilweise sei der Verzicht formlos wirksam, teilweise bedürfe der Vertrag der notariellen Beurkundung, zum Teil sei auch eine Eintragung ins Grundbuch Wirksamkeitsvoraussetzung. Der Verzicht führe teilweise zum Untergang eines Rechts, zum Teil werde die Sache herrenlos und teilweise wachse das Recht an-

---

112) MittBayNot 1960, 53, 56 f.
113) DNotV, 1911, 639, 654.
114) Formproblematik, Rz 71; *ders.*, ZEV 1998, 281, 282.
115) ZEV 1996, 361, 365.
116) Zuwendungsverzicht, Rz 38.

deren Personen an. In Ermangelung einer ausdrücklichen Normierung eines Verzichts auf den Nachlaßanteil und im Hinblick auf den numerus clausus der Verfügungsgeschäfte könne ein Verzicht auf den Anteil am Nachlaß daher allenfalls auf die analoge Anwendung einer Vorschrift gestützt werden. Dabei komme nach *Keller* nur eine analoge Anwendung der §§ 1491 Abs.2 und 4, 1490 S.3 BGB ernsthaft in Betracht. Für eine solche Analogie mangele es jedoch sowohl an einer Regelungslücke als auch an einer vergleichbaren Interessenlage, da der Miterbe im Gegensatz zu den Mitgliedern der fortgesetzten Gütergemeinschaft seinen Anteil nach §§ 2033 Abs.1, 398, 413 BGB übertragen könne. Darüber hinaus habe er gemäß § 2042 BGB die Möglichkeit, jederzeit die Auseinandersetzung zu verlangen. Ebensowenig bestünde ein Bedürfnis für eine analoge Anwendung der §§ 1491 Abs.2, 4, 1490 S.3 BGB, was sich insbesondere daran zeige, daß der Verzicht sowohl hinsichtlich seiner Voraussetzungen als auch seiner Wirkungen völlig mit der Anteilsübertragung an die Miterben identifiziert wird[117].

b) Stellungnahme

Die gegen die Zulässigkeit eines Verzichts auf den Nachlaßanteil vorgetragenen Argumente überzeugen nicht. *Maidl* kann schon deshalb nicht gefolgt werden, weil sein Ausgangspunkt von der rechtlichen Selbständigkeit eines Nachlaßanteils nach vollzogener Übertragung falsch ist. Der Anteil eines Miterben am Nachlaß erstreckt sich auf sämtliche Nachlaßgegenstände. Da ein Rechtssubjekt zu demselben Rechtsobjekt aber nicht in doppelter und dabei gleicher Rechtsbeziehung stehen kann[118], ist es auch nicht denkbar, daß ein Erbe allein mehrere Anteile an demselben Nachlaß inne hat[119]. Die ganz herrschende Meinung[120] geht daher zu Recht von einer Verschmelzung der Anteile und einer Addition der Erbquoten aus, wenn ein Miterbe seinen Nachlaßanteil auf einen anderen überträgt.

Der Auffassung *Schneiders* ist entgegenzuhalten, daß ein Nachlaßanteil nach Rechtsprechung und herrschender Lehre auch nur zu einem Bruchteil[121] oder auf

---

[117]) *Keller*, Formproblematik, Rz 71.
[118]) *Meyer*, Gruchot 51 (1907), 785, 806.
[119]) Vgl. *Staudenmaier*, DNotZ 1966, 724, 734; *Meyer*, Gruchot 51 (1907), 785, 806.
[120]) Vgl. nur BayObLG NJW 1981, 830; *Dütz*, in: MK, BGB, § 2042 Rz 14, § 2034 Rz 36; *Wolf*, in: Soergel, BGB, § 2042 Rz 39; *Staudenmaier*, DNotZ 1966, 724, 730 ff., der aber von besonderen Erbteilen im Sinne der erbrechtlichen Terminologie des BGB ausgeht.
[121]) BGH WM 1969, 592; BayObLG NJW-RR 1991, 1030, 1031; *Edenhofer*, in: Palandt, BGB, § 2033 Rz 1; *Dütz*, in: MK, BGB, § 2033 Rz 9; *Werner*, in: Staudinger, BGB, § 2033 Rz 7; *Wolf*, in: Soergel, BGB, § 2033 Rz 4; *Pardey*, in: AK, BGB, § 2033 Rz 5; *Venjakob*, Rpfleger 1993, 2, 4; *Haegele*, Rpfleger 1968, 173; *Brox*, Erbrecht, Rz 452.

mehrere Miterben[122] übertragen werden kann. Dies ist auch konsequent, wenn man den Anteil am Nachlaß als veräußerungsfähiges Recht anerkennt. Der Miterbe stünde sonst erheblich schlechter als der Alleinerbe, der zwar keinen Anteil am Nachlaß besitzt, dafür aber die Möglichkeit hat, sukzessiv über einzelne Nachlaßgegenstände zu verfügen und diese auch auf mehrere Erwerber übertragen kann. Erweist sich somit aber bereits die These, ein Nachlaßanteil könne nur einmal übertragen werden, als widerlegt, kann hieraus auch nicht auf die Unzulässigkeit eines Verzichts geschlossen werden.

Der numerus clausus der Verfügungsgeschäfte schließlich soll lediglich Rechtssicherheit dahingehend gewährleisten, daß im Interesse des Rechtsverkehrs die Verfügungstatbestände nur einen vom Gesetz vorgesehenen Inhalt haben können und deren Ausgestaltung nicht der Parteidisposition unterliegt[123]. So können etwa die Parteien eine Verfügung nicht formfrei vornehmen, wenn das Gesetz besondere Formvorschriften enthält. Ebenso ist es ihnen verwehrt, einseitig über dingliche Rechtspositionen zu verfügen, wenn sich die Verfügung nicht in einer bloßen Aufgabe von Rechten erschöpft und das Gesetz daher einen Vertrag verlangt[124]. In unserem Zusammenhang geht es indes nicht um die Möglichkeit einer vom Gesetz abweichenden Gestaltung des Verzichtstatbestandes durch die Beteiligten, sondern um das vorgelagerte Problem der grundsätzlichen Zulässigkeit eines Verzichts auf den Nachlaßanteil als Verfügung überhaupt. Eine kategorische Beschränkung der Verzichtsmöglichkeit auf die Fälle ausdrücklicher Normierung läßt sich somit nur dann aufrecht erhalten, wenn man entweder das Fehlen einer positiven gesetzlichen Regelung einer negativen Geltungsanordnung gleichstellt oder sich der Verzicht in allen anderen als den gesetzlich vorgesehenen Fällen aus Gründen verbietet, die in der Natur des subjektiven Rechtes selbst liegen.

Erblickt man in dem Nichtvorliegen einer positiven Regelung zugleich eine negative Wertentscheidung des Gesetzgebers, so verbirgt sich hinter dieser Annahme im Kern nichts anderes als die seit langem bekannte Theorie vom „allgemeinen negativen Satz"[125]. Diese Lehre wird heute zu Recht als logisch und rechtlich unhaltbar abgelehnt, da das Schweigen des Gesetzgebers nicht zwingend bedeutet, daß er eine bestimmte Regelung nicht wollte, sondern auch darauf beruhen kann, daß überhaupt keine Willensäußerung vorliegt[126]. Allein die Tatsache, daß der Gesetzgeber von einer allgemeinen Regelung des Verzichts

---

122) BayObLG NJW-RR 1991, 1030, 1031; *Edenhofer*, in: Palandt, BGB, § 2033 Rz 2; *Venjakob*, Rpfleger 1993, 2, 4; *Haegele*, Rpfleger 1968, 173.

123) *Brehm/Berger*, Sachenrecht, § 1 Rz 39.

124) Vgl. *Flume*, AT, Band II, § 11 5 d, S. 144.

125) Vgl. hierzu *Zitelmann*, Die Kunst der Gesetzgebung, S. 17 ff., insbesondere S. 19.

126) *Canaris*, Lücken, S. 49 f.

abgesehen hat und das BGB für den Verzicht je nach betroffenem Recht unterschiedliche Voraussetzungen und Rechtsfolgen vorsieht, rechtfertigt daher nicht den Schluß, der Verzicht sei in allen anderen Fällen ausgeschlossen.

Ebensowenig ist es aber möglich, aus dem Wesen privater subjektiver Rechte deren prinzipielle Unverzichtbarkeit zu folgern[127]. Das BGB sieht den Verzicht an verschiedenen Stellen ausdrücklich vor, vgl. nur §§ 397, 875, 928, 959, 1491 BGB. Ist ein subjektives Recht aber - aus welchem Grund auch immer - verzichtbar, so folgt daraus, daß die Unverzichtbarkeit gerade kein begriffswesentlicher Bestandteil des Rechtes selbst ist[128]. Zwar ist nicht jedes Recht verzichtbar, doch beruht die Beschränkung der Verfügungsbefugnis insoweit lediglich darauf, daß sich in bestimmten Fällen der Verzicht auf ein Recht mit anderen Wertentscheidungen des Gesetzes oder mit berechtigten Interessen anderer nicht vereinbaren ließe[129]. Zu Recht bezeichnet deshalb *Walsmann*[130] die Verzichtbarkeit als eine Eigenschaft, die mit dem begrifflichen Wesen des Rechts und seiner Natur an sich nichts zu tun hat.

Die Argumentation *Kellers* stößt überdies auch auf verfassungsrechtliche Bedenken. So darf der Gesetzgeber die über Art.2 Abs.1 GG verfassungsrechtlich verankerte Privatautonomie nicht beliebig einschränken, sondern ist an den Grundsatz der Verhältnismäßigkeit gebunden[131]. Die Anwendung des Verhältnismäßigkeitsgrundsatzes wiederum setzt als ihren Bezugspunkt einen von der grundrechtsbeschränkenden Staatsgewalt, insbesondere vom Gesetzgeber verfolgten Zweck voraus, der als solcher verfassungsrechtlich unbedenklich sein muß und im Wege der Gesetzesauslegung zu ermitteln ist[132]. Im Bereich des

---

[127]) Zwar handelt es sich bei dem Anteil eines Miterben am Nachlaß streng genommen nicht um ein subjektives Recht, sondern lediglich um den Ausfluß einer Beteiligung an dem Gesamtgut, hinsichtlich Rechtszuständigkeit und Verfügungsbefugnis wird der Nachlaßanteil vom Gesetzgeber jedoch wie ein einheitliches Recht behandelt.

[128]) *Walsmann*, Verzicht, S. 66 (Fn3).

[129]) So hat der BGH, NJW 1991, 2488, 2489, den einseitigen Verzicht auf einen Miteigentumsanteil in entsprechender Anwendung des § 928 BGB zu Recht nur deshalb für unzulässig befunden, weil nach § 748 BGB jeder Teilhaber den anderen gegenüber verpflichtet ist, die Lasten des gemeinschaftlichen Gegenstandes sowie die Kosten der Erhaltung, der Verwaltung und einer gemeinschaftlichen Benutzung nach dem Verhältnis seines Anteils zu tragen. Könnte sich ein Teilhaber dieser Verpflichtung einseitig durch Verzicht auf seinen Miteigentumsanteil entledigen, so müßten die anderen Teilhaber einen entsprechend höheren Beitrag leisten, ohne daß ihnen jener Anteil zuwüchse. Die in § 748 BGB getroffene Wertentscheidung dürfte hier auch gegen die Möglichkeit eines vertraglichen Verzichts sprechen. Vgl. auch *Walsmann*, Verzicht, S.67 f.; *Reichel*, JherJb 59 (1911), 409, 448, nach dessen Auffassung es kein subjektives Recht gibt, das für sich selbst genommen nicht verzichtbar wäre.

[130]) Verzicht, S. 67.

[131]) Vgl. nur *Larenz/Wolf*, AT, § 34 Rz 5.

[132]) Vgl. *Sachs*, Verfassungsrecht II, S. 152 f.

Privatrechts kommt hierbei dem Interesse des Rechtsverkehrs eine zentrale Bedeutung zu. So soll etwa der numerus clausus der beschränkten dinglichen Rechte den Rechtsverkehr davor bewahren, daß dieser mit Rechtspositionen konfrontiert wird, die für ihn als Rechtsinstitute unbekannt sind. Welches Interesse der Rechtsverkehr an einer Beschränkung der Verzichtsmöglichkeit auf die Fälle ausdrücklicher Normierung haben sollte, vermag ich dagegen nicht zu sehen. Die primäre Aufgabe von Privatrecht besteht in der friedlichen Schlichtung bzw. Vermeidung von Interessenkonflikten. Das Ziel, ein geregeltes Miteinander zu ermöglichen, wird grundsätzlich aber gar nicht berührt, wenn der Begünstigte ein ihm gewährtes „Mehr" an Befugnissen zurückweist; beneficia non obtruduntur. Anderes gilt nur dann, wenn der Verzichtbarkeit im Einzelfall besondere Gründe entgegenstehen, wie sie etwa in der Pflicht zur Ausübung eines Rechts liegen können. Für eine derart kategorische Beschränkung der Verzichtsmöglichkeit wie *Keller* sie annimmt, fehlt es somit an einem legitimen Zweck, welcher den Anforderungen von Art.2 Abs.1 GG genügt.

c) Zwischenergebnis

Die Unzulässigkeit eines Verzichts auf den Nachlaßanteil kann weder auf die Rechtsfolge der Anwachsung, noch auf den numerus clausus der Verfügungsgeschäfte gestützt werden. Doch ist damit noch nicht gesagt, daß einem solchen Rechtsgeschäft nicht spezielle Gründe entgegenstehen. Hierzu bedarf es einer Untersuchung der Auswirkungen, die ein Verzicht auf den Anteil am Nachlaß nach sich zieht. Maßgeblich dafür, ob § 2033 Abs.1 S.1 BGB das Recht zum Verzicht in die Verfügungsbefugnis miteinbezieht, ist somit die Frage, ob die Auswirkungen eines solchen Verzichts mit der sonstigen Regelung des Gesamthandsverhältnisses und mit der gesetzlichen Interessenbewertung in Einklang stehen.

d) Rechtsfolge eines Verzichts auf den Nachlaßanteil

Die Folgen des Verzichts auf ein Recht sind im BGB nicht einheitlich geregelt. Einen „allgemeinen Verzicht" gibt es nicht. Um Aufschluß über die Rechtsfolge eines Verzichts auf den Nachlaßanteil zu gewinnen, bedarf der Klärung, wie sich die Beteiligung der Miterben am Nachlaß vollzieht. Sollte sich hierbei herausstellen, daß der Nachlaß den Miterben nur einheitlich, als Kollektiv zusteht, so scheint eine Erhöhung der übrigen Erbteile als Vorgang des Ausscheidens eines Mitgliedes der Gruppe selbstverständlich. Gleiches gilt, wenn sich das Ausscheiden einzelner aus der Erbengemeinschaft lediglich als Wegfall einer Beschränkung der übrigen Miterben erweist. Schwieriger würde sich die Frage nach der eintretenden Rechtsfolge dagegen gestalten, fiele der Nachlaß den Miterben dergestalt zu, daß diese nicht nur am Nachlaß im ganzen, sondern auch an den einzelnen Nachlaßgegenständen zu Anteilen berechtigt sind.

aa) Die Beteiligung der Miterben am Nachlaß

Mangels eigener Rechtsobjektivität des Nachlasses ist eine Beteiligung der Miterben an dem Gesamtgut nur in der Weise denkbar, daß sich diese auch auf die einzelnen Nachlaßgegenstände erstreckt[133]. Wie sich die Berechtigung der Miterben an den einzelnen Nachlaßgegenständen aber gestaltet, zählt mit zu den schwierigsten und umstrittensten Fragen gegenwärtiger Zivilrechtsdogmatik. Die Fülle der vertretenen Meinungen ist kaum zu überblicken. Hinzu kommt, daß bei manchen Theorien mehr das Bemühen um Originalität im Vordergrund zu stehen scheint als der Versuch einer gesetzeskonformen Auslegung[134].

Die ganz herrschende Meinung steht auf dem Boden der sog. Verbundenheitslehre, wonach die einzelnen Nachlaßgegenstände weder den Miterben als Einzelpersonen noch einer von ihnen abgehobenen juristischen Person zustehen, die Miterben sind vielmehr in ihrer Verbundenheit Träger der einzelnen Rechte[135]. Diese Annahme einer Zuständigkeit der Miterben „in ihrer Verbundenheit“ mag zwar das Verhältnis der Rechtssubjekte untereinander zutreffend beschreiben, erlaubt jedoch keine zwingenden Rückschlüsse auf deren Beziehung zum Rechtsobjekt[136]. Streit herrscht deshalb insbesondere über die Frage, ob die einzelnen Nachlaßgegenstände den Miterben mehrheitlich oder der Gemeinschaft der Erben einheitlich zugewiesen sind.

---

[133]) Vgl. *Dütz*, in: MK, BGB, § 2032 Rz 10.

[134]) Darstellungen des Meinungsstands zur Gesamthand allgemein finden sich etwa bei *Bartholomeyczik*, FS für Reinhardt, 13 ff.; *Blomeyer*, JR 1971, 397 ff.; *Weber-Grellet*, AcP 182 (1982), 316 ff.

[135]) So *von Gierke*, Deutsches Privatrecht, Band I, S. 676; *Bartholomeyczik*, FS für Nipperdey, 145, 173; *Brecher*, FS für Lange, 123, 152; *Flume*, ZHR 136 (1972), 177, 184 ff.; *Larenz*, JherJb 83 (1933), 108, 156 ff.; *Edenhofer*, in: Palandt, BGB, § 2033 Rz 19; *Dütz*, in: MK, BGB, § 2032 Rz 10; *Stürner*, in: Jauernig, BGB, § 2032 Rz 1; viele andere.

[136]) So erachtet *Blomeyer*, JR 1971, 397, 401, die Verbundenheitslehre bezeichnend „wegen ihrer Elastizität, die sowohl Anteils- als auch Einheitsbetrachtung gestattet, als angemessenes dogmatisches Gewand der Gesamthand“. *Schulze-Osterloh*, Prinzip, S. 81, ist daher zuzustimmen, wenn er bemerkt, daß die Annahme einer Zuständigkeit der Teilhaber „in ihrer Verbundenheit“ die Rechtslage nur verdunkelt.

(1) Überblick über den Meinungsstand

(a) Die Theorie der geteilten Mitberechtigung

Die Theorie der geteilten Mitberechtigung geht von einem relativ selbständigen Teilrecht der Miterben an den einzelnen Nachlaßgegenständen aus[137]. Mit dem Erbfall folge der Erbe nicht in ein Recht, da ein solches nicht existiere, sondern in eine Vielheit von Einzelrechten. Weil es aber nicht denkbar sei, daß mehreren Personen zu gleicher Zeit dasselbe Recht in vollem Umfang zusteht, zerfalle jedes einzelne zum Nachlaß gehörige Recht in soviel Teilrechte, als Erben vorhanden sind. Dabei soll es sich um echte Bruchteile des Rechts handeln und nicht bloß um unfaßbare Wertanteile, denn es sei nicht denkbar und logisch unmöglich, daß den Miterben die Summe der Rechte in anderer Weise zusteht als jedes einzelne, in Verbindung mit den anderen die Summe ausmachende Recht[138]. Von der Bruchteilsgemeinschaft unterscheide sich die Erbengemeinschaft lediglich dadurch, daß der Miterbe über seinen Bruchteil an den einzelnen Gegenständen nicht ohne Zustimmung der anderen Miterben verfügen und auch die anderen durch seinen Widerspruch daran hindern kann.

(b) Die Theorie von der konkurrierenden Vollrechtsträgerschaft[139]

Im Gegensatz zur Theorie der geteilten Mitberechtigung hebt die Theorie von der konkurrierenden Vollrechtsträgerschaft[140] gerade die Ungeteiltheit des Gesamthandseigentums hervor[141]. Jeder Teilhaber sei auf das volle Eigentum berechtigt und nur durch die qualitativ gleichartige Mitberechtigung der übrigen Gesamthänder eingeschränkt. Das Eigentumsrecht des einen bilde das ius in re aliena gegenüber dem anderen[142]. So wie der Alleineigentümer gewisse Befugnisse seines Rechts nicht mehr ausüben kann, wenn beschränkte dingliche Rechte seiner Herrschaft in gewissen Richtungen Grenzen setzen, so vermöge der Gesamthandseigentümer überhaupt keine Befugnis mehr zu betätigen, wenn seiner Herrschaft eine ebenso umfassende Herrschaft eines anderen entgegen-

---

137) So *Krückmann*, ZblFG 1915/1916, 1, 49 f.; *Joerges*, ZHR 51 (1901), 47, 51 ff.; weitere Nachweise finden sich bei *Koch*, Die Rechtsnatur der Erbengemeinschaft, S. 37 (Fn 2).

138) *Joerges*, ZHR 51 (1901), 47, 55 ff. (60).

139) Diese Ansicht wird bisweilen auch als „Theorie der ungeteilten Mitberechtigung" oder als „Theorie des beschränkten dinglichen Eigentumsrechts" bezeichnet.

140) RGZ 56, 206, 209; *Geßler*, in: Schlegelberger, HGB, § 105 Rz 34; *Weber*, Der Erbauseinandersetzungsvertrag, S. 21 f.; für weitere Nachweise siehe *Hennecke*, Das Sondervermögen der Gesamthand, S. 47 (Fn 14).

141) Condominium plurium in solidum; vgl. *Kunz*, Über die Rechtsnatur der Gemeinschaft zur gesamten Hand, S. 58 ff.

142) Vgl. *Kunz*, Über die Rechtsnatur der Gemeinschaft zur gesamten Hand, S. 59.

wirkt. Das Eigentum des einen Gesamthänders werde durch die Belastung des anderen so eingeengt, daß beide Eigentumsrechte nebeneinander Platz haben und nur insgesamt die Herrschaft ausmachen, die normalerweise einem Eigentümer alleine zusteht[143]. Der „Anteil" am Nachlaß bezeichne nicht irgendeine unmittelbare Beziehung zu dem Rechtsinhalt, sondern sei nur ein Ausdruck für die Mitgliedschaft in der Gesamthand.

(c) Die Aufgliederungstheorie[144]

Die Aufgliederungstheorie[145] nimmt wie die Theorie der geteilten Mitberechtigung einen unmittelbaren Anteil der Miterben an den einzelnen Nachlaßgegenständen an. Auch nach dieser Ansicht wird die Gesamthandsgemeinschaft somit als eine Mehrheit des Subjekts in bezug auf ein Objekt verstanden. Der Einheit des Rechts vermöge nur darum eine Mehrzahl an Berechtigten zu entsprechen, weil die Verbindung der Berechtigten untereinander auf einer Aufgliederung des Rechts in Anteile basiere. Im Gegensatz zur Theorie der geteilten Mitberechtigung soll es sich dabei allerdings nicht um relativ selbständige Anteile handeln. Zwar enthielten die einzelnen Anteile alle in dem Recht enthaltenen Befugnisse, jedoch mit einer durch die Aufgliederung bedingten Modifikation[146]. Dies gelte in gleichem Maße auch für die Bruchteilsgemeinschaft, von der sich die Gesamthandsgemeinschaft aber dadurch unterscheide, daß bei ihr die Mitberechtigung an den Nachlaßgegenständen auf der Zugehörigkeit zu der Personenverbindung beruht, während sich bei der Bruchteilsgemeinschaft die sozialrechtliche Bindung der Miterben untereinander lediglich als Begleiterscheinung der Mitberechtigung an demselben Gegenstand darstelle[147].

---

143) Vgl. *Kunz*, Über die Rechtsnatur der Gemeinschaft zur gesamten Hand, S. 59.

144) Theorie der geteilten Gesamtberechtigung.

145) Vgl. RGZ 65, 227, 235; 94, 239, 243; BayObLGZ 1968, 1, 3; Rpfleger 1982, 226, 227; *von Tuhr*, AT, Band I, § 3, S. 78 f.; *Larenz*, JherJb 83 (1933), 108, 156 ff.; *Lent*, Die Gesetzeskonkurrenz im Bürgerlichen Recht und Zivilprozeß, Band I, S. 161; *Huber*, Vermögensanteil, Kapitalanteil und Gesellschaftsanteil an Personengesellschaften des Handelsrechts, S. 102 ff.; *Oertmann*, BGB, Recht der Schuldverhältnisse, S. 760; *Edenhofer*, in: Palandt, BGB, § 2033 Rz 19; *Werner*, in: Staudinger, BGB, § 2032 Rz 6 ff.; *Pardey*, in: AK, BGB, § 2033 Rz 9; *Schlüter*, in: Erman, BGB, § 2033 Rz 9; wohl auch *Kregel*, in: BGB-RGRK, § 2032 Rz 4.

146) *Larenz*, JherJB 83 (1933), 108, 129.

147) Vgl. *Larenz*, JherJb 83 (1933), 108, 156; *Oertmann*, BGB, Recht der Schuldverhältnisse, S. 760; a.A. jedoch *Schulze-Osterloh*, Prinzip, S. 131 ff., der den Unterschied zur Bruchteilsgemeinschaft darin erblickt, daß sich bei der Gesamthandsgemeinschaft die gemeinschaftliche Berechtigung grundsätzlich auf eine Mehrzahl von Gegenständen erstreckt.

(d) Die Theorie der ungeteilten Gesamtberechtigung

Die Theorie der ungeteilten Gesamtberechtigung schließlich verneint eine unmittelbare Berechtigung der Miterben an den einzelnen Nachlaßgegenständen überhaupt, da diese den Gesamthändern nur als Gruppe, als „kollektive Einheit" zustünden[148]. Diese gesamthänderisch verbundene Personenmehrheit sei als solche rechtsfähig. Die Rechte und Pflichten stünden dabei zwar keiner von den verbundenen Personen verschiedenen juristischen Person zu, ebensowenig aber den einzelnen Miterben für sich. Jeder Miterben habe zwar auch eine gegenstandsrechtliche Beteiligung an den einzelnen Nachlaßgegenständen in Form eines Sonderrechts von sachenrechtlichem Gehalt, diese sei jedoch innig verwoben mit der Mitträgerschaft des ungeteilten Gesamtrechts[149]. Der einzelne Miterbe sei stets nur mittelbar über seine Mitgliedschaft in der Erbengemeinschaft berechtigt[150]. Der Zuständigkeit nach handele es sich somit nicht um freie, sondern um gebundene Vermögensrechte. Der Unterschied zur Bruchteilsgemeinschaft wird darin gesehen, daß die Rechtszuständigkeit bei der Bruchteilsgemeinschaft geteilt, bei der Gesamthand dagegen ungeteilt sei[151].

(2) Stellungnahme

(a) Kritik an der Theorie der geteilten Mitberechtigung

Die Theorie der geteilten Mitberechtigung ist noch zu sehr in römischrechtlichen Anschauungen befangen. Wie schon *Koch*[152] richtig bemerkt hat, sprengt sie das Gesamthandsvermögen in seine Stücke auseinander, indem sie jedem Gesamthänder einen direkten, allerdings seiner Verfügungsmacht entzo-

---

[148]) So RGZ 60, 126, 128; *von Gierke*, Archiv für bürgerliches Recht 19 (1901), 114, 117 f.; *ders.*, Deutsches Privatrecht, Band I, § 80, S. 664, Band II, § 122, S. 389 ff.; *Flume*, ZHR 136 (1972), 177, 185 ff.; *Grunewald*, AcP 197 (1997), 305; *Manfred Wolf*, AcP 181 (1981), 480, 491 ff., der sich in Soergel, BGB, § 2033 Rz 3 jedoch der Theorie der geteilten Gesamtberechtigung anschließt; *Frank*, Erbrecht, § 19 Rz 1; *Dütz*, in: MK, BGB, § 2032 Rz 10; *Jaschke*, Gesamthand und Grundbuchrecht, S. 46 f.; *Koch*, Die Rechtsnatur der Erbengemeinschaft, S. 34 f., 89 ff.; *Hohensee*, Die unternehmenstragende Erbengemeinschaft, S. 187 ff.; passim: *Hennecke*, Das Sondervermögen der Gesamthand; für die unternehmenstragende Erbengemeinschaft auch *Karsten Schmidt*, NJW 1985, 2785, 2788 f.

[149]) Vgl. *von Gierke*, Deutsches Privatrecht, Band II, § 122, S. 389 f.; *Dütz*, in: MK, BGB, § 2032 Rz 11; a.A. *Sohm*, FS für Degenkolb, 1, 70, nach dem der Anteil des Gesamthänders an den einzelnen Gegenständen personenrechtlicher Natur sei. *Sohm* ist jedoch entgegenzuhalten, daß irgendjemandem auch die einzelnen Gegenstände für sich betrachtet zu Eigentum (oder zu sonstigem Recht) gehören müssen.

[150]) Vgl. *Flume*, ZHR 136 (1972), 177, 198.

[151]) Vgl. *Karsten Schmidt*, in: MK, BGB, § 741 Rz 6; *Aderhold*, in: Erman, BGB, § 741 Rz 2.

[152]) *Koch*, Die Rechtsnatur der Erbengemeinschaft, S. 64.

genen Anteil an den einzelnen Gegenständen zuspricht. „Jede objektive Einheit der Vermögensmasse wird in atomistischer Weise vernichtet."[153]

Angreifbar ist bereits der Ausgangspunkt der Theorie der geteilten Mitberechtigung, wonach eine Summe von Rechten, die sich der Art nach vom Vollrecht unterscheiden, niemals das Vollrecht ergeben könne. Für die physisch reelle Teilung ist dieser Satz selbstverständlich, nicht dagegen für die Teilung von Rechten. Wäre beispielsweise die Verfügung über das Eigentum nichts anderes als die Summe der Verfügungen über die einzelnen Anteilsrechte der Miteigentümer, so dürften sich auch hinsichtlich der Verfügungsbefugnis keine wesentlichen Unterschiede ergeben[154]. Das ist hingegen nicht der Fall. So kann etwa ein in Miteigentum stehendes Grundstück nach § 1018 BGB mit einer Grunddienstbarkeit belastet werden, ein einzelner Anteil an dem Grundstück aber nicht[155]. Die Belastung einer gemeinschaftlichen Sache zugunsten eines Miteigentümers nach § 1009 Abs.1 BGB wiederum kann nur als Verfügung über das gemeinschaftliche Recht und nicht als Verfügung über die Summe der Anteile verstanden werden, da dem betreffenden Miteigentümer ein Recht an der ganzen Sache und nicht nur an den einzelnen Anteilen verschafft werden soll[156]. Zwar gibt es zugegebenermaßen auch Rechte, die einer Zerlegung ohne inhaltliche Veränderung zugänglich sind, wie auf eine Geldsumme gerichtete Forderungen, Hypotheken-, Grund- und Rentenschulden, doch führt hier eine Teilung der Rechte nicht zum Entstehen einer Rechtsgemeinschaft. Tritt etwa ein Gläubiger einen Teil seiner Forderung ab, so ist die Forderung damit real geteilt. Eine Teilung dieser Rechte hat somit die Entstehung neuer Rechte und Pflichten zur Folge. Die Theorie der geteilten Mitberechtigung versucht diesem Umstand dadurch Rechnung zu tragen, daß sie unter dem Begriff der Teilung nur eine ideelle Teilung versteht. Zu Recht bezweifelt aber *Schulze-Osterloh*[157] den Sinn, in diesem Zusammenhang dann überhaupt noch von „Teilung" zu sprechen.

Allein auf den Wortlaut des § 2033 Abs.2 BGB kann die Theorie von der geteilten Mitberechtigung nicht gestützt werden. Selbst wenn man unterstellte, daß das Gesetz mit dieser Regelung tatsächlich die Existenz von Anteilen an den einzelnen Nachlaßgegenständen anerkennt, so wäre damit noch nicht bewiesen, daß es sich dabei um echte, quotal bestimmbare Bruchteile des Rechts handelt[158]. Darüber hinaus führt die Theorie der geteilten Mitberechtigung weitge-

---

153) *Koch*, a.a.O.

154) *Larenz*, JherJB 83 (1933), 108, 121.

155) *Falckenberg*, in: MK, BGB, § 1018 Rz 21; nach der Art der Grunddienstbarkeit differenzierend dagegen *Stürner*, in: Soergel, BGB, § 1018 Rz 39 b mit weiteren Nachweisen.

156) Vgl. *Larenz*, JherJB 83 (1933), 108, 123.

157) Prinzip, S. 77.

158) Vgl. *Koch*, Die Rechtsnatur der Erbengemeinschaft, S. 53.

hend zu unbefriedigenden Ergebnissen. So wäre nach ihr beispielsweise eine Verfügung über den Anteil an einzelnen Nachlaßgegenständen mit Zustimmung der übrigen Gesamthänder möglich. Dem Wesen der Gesamthandsberechtigung würde es aber widersprechen, könnte etwa der Miterbe A die Hälfte des zum Nachlaß gehörenden Grundstücks mit Zustimmung des anderen Miterben B als dessen Anteil veräußern, so daß an der zurückbehaltenen Hälfte allein A Eigentümer bliebe. Berechtigt stellt *Koch*[159] die Frage, wo denn in einem solchen Fall der Grundsatz bliebe, daß alle verfügbaren Gegenstände den Gesamthändern gemeinsam zustehen. Dieselbe Problematik tritt auch in dem Fall eines gutgläubigen Erwerbs nach § 932 BGB zu Tage. Veräußert z.B. der eine von drei Miteigentümern ohne Zustimmung der übrigen einen Nachlaßgegenstand, so würde der gutgläubige Dritte das Eigentum zu zwei Dritteln erwerben, während der Veräußerer zu einem Drittel Eigentümer bliebe[160] [161]. Die Theorie der geteilten Mitberechtigung ist somit abzulehnen.

(b) Kritik an der Theorie von der konkurrierenden Vollrechtsträgerschaft

Der Theorie von der konkurrierenden Vollrechtsträgerschaft ist entgegenzuhalten, daß sie gegen den Grundsatz von der Einheit des Rechts verstößt. Einheit und Einmaligkeit erlangt das Recht nicht nur durch die Inhaltsbestimmung, sondern auch und gerade durch seine Zuordnung. Ohne Veränderung der Identität des Rechts kann eine Beziehung daher nur einmal und zu einer Einheit hergestellt werden[162]. Käme es tatsächlich zu einer Vervielfältigung des Eigentumsrechts, so würde, das Einverständnis der Mitgemeinschafter unterstellt, jeder Miterbe nur sein eigenes Recht ausüben, nicht aber das der Gemeinschafter insgesamt. In diesem Fall ließe sich demnach nicht mehr von einer Rechtsgemeinschaft sprechen, sondern allenfalls von einer Gegenstandsgemeinschaft. Nicht die Rechte wären gemeinsam, sondern lediglich die Gegenstände, auf welche sie sich beziehen[163]. Bedenken bestehen schließlich auch gegen eine Vorstellung von Rechten, die wie zwei physikalische Kräfte aufeinander einwirken und sich gegenseitig aufheben. Veräußert der Miterbe A einen ihm und dem Miterben B gemeinschaftlich zustehenden Nachlaßgegenstand, ohne daß B etwas davon wissen will, so kommt es nicht deshalb zu keiner Veräußerung, weil die Herrschaft des B sich derjenigen des A entgegenstellt und sich im Ergebnis beide Gewalten aufheben, sondern schlicht darum, weil die Gesamtregelung des Ge-

---

159) Die Rechtsnatur der Erbengemeinschaft, S. 50.

160) § 932 BGB überwindet nur den Mangel im Eigentum, nicht jedoch die fehlende Verfügungsmacht.

161) Beispiel nach *Koch*, Die Rechtsnatur der Erbengemeinschaft, S. 50.

162) *Hennecke*, Das Sondervermögen der Gesamthand, S. 48. Es gilt der Rechtssatz „dominium plurium in solidum esse non potest".

163) Vgl. *Kunz*, Über die Rechtsnatur der Gemeinschaft zur gesamten Hand, S. 60.

samthandsverhältnisses bestimmt, daß die Sache nur bei gegenseitiger Übereinstimmung veräußert werden kann[164]. Auch der Theorie von der konkurrierenden Vollrechtsträgerschaft kann daher nicht gefolgt werden.

(c) Kritik an der Aufgliederungstheorie

Eine entscheidende Schwäche der Aufgliederungstheorie wiederum liegt darin, daß sich nach ihr die z.B. für die Ausübung des Vorkaufsrechts nach § 2034 BGB allgemein anerkannte Anwachsung[165] nur als ein gesetzlich angeordneter Übergang der Anteilsrechte an den einzelnen Nachlaßgegenständen erklären läßt[166]. Dies aber bedeutet eine Durchbrechung des Grundsatzes, daß unter Lebenden ein gewillkürter Übergang von Rechten von einem Rechtssubjekt auf ein anderes nur durch die Vornahme entsprechender Übertragungsakte bewirkt werden kann. Bewegliche Sachen müssen übertragen, Grundstücke aufgelassen, Forderungen abgetreten werden. Es sollte deshalb der Versuch gemacht werden, die Anwachsung primär von innen heraus unter Anwendung der Regel zu erklären und nur als ultima ratio eine Ausnahme von der Regel anzunehmen[167]. Darüber hinaus vermag die Aufgliederungstheorie meines Erachtens den Unterschied zwischen Gesamthandsgemeinschaft und Bruchteilsgemeinschaft nicht überzeugend zu erklären. Ob die vermögensrechtliche Beteiligung an den einzelnen Nachlaßgegenständen aus der Zugehörigkeit zu der Personenverbindung resultiert oder ob gerade das Umgekehrte der Fall ist, ist aus sachenrechtlicher Sicht ohne Belang, solange sich diese Unterscheidung nicht auch auf die Rechtszuständigkeit auswirkt oder sich zumindest hinsichtlich der rechtlichen Struktur der Anteile gewisse Abweichungen ergeben.

(d) Die Gemeinschaft der Erben als Rechtssubjekt

Für die Theorie der ungeteilten Gesamtberechtigung spricht die ähnliche Struktur der Erbengemeinschaft auf der einen und OHG sowie Gesellschaft bürgerlichen Rechts auf der anderen Seite. Während die Rechtsfähigkeit der OHG unmittelbar aus § 124 HGB folgt, mangelt es für die BGB-Gesellschaft zwar an einer entsprechenden Regelung, doch ist auch deren Rechtsfähigkeit in Recht-

---

[164]) Vgl. *Kunz*, Über die Rechtsnatur der Gemeinschaft zur gesamten Hand, S. 60.

[165]) Siehe hierzu BayObLG NJW 1981, 830; *Dütz*, in: MK, BGB, § 2034 Rz 36; *Werner*, in: Staudinger, BGB, § 2034 Rz 19; *Schlüter*, in: Erman, BGB, § 2035 Rz 4; *Kregel*, in: BGB-RGRK, § 2035 Rz 3; *Stürner*, in: Jauernig, BGB, § 2034 Rz 7; *Lange/Kuchinke*, Erbrecht, § 42 III 3c, S. 1044; *Kipp/Coing*, Erbrecht, § 115 II, S. 626; *Michalski*, Erbrecht, Rz 762; *Ebenroth*, Erbrecht, Rz 745; *Bartholomeyczik*, FS für Nipperdey, 145, 171; a.A. *Meyer*, Gruchot 51 (1907), 785, 802 ff., der § 742 BGB anwendet.

[166]) Vgl. *Schulze-Osterloh*, Prinzip, S. 127 ff.

[167]) So insbesondere auch *Koch*, Die Rechtsnatur der Erbengemeinschaft, S. 60 f.

sprechung[168] und überwiegender Lehre[169] mittlerweile anerkannt. Bejaht man aber die grundsätzliche Frage nach der Möglichkeit einer rechtlichen Verselbständigung der Gesamthand, sollte man konsequenterweise auch alle Gesamthandsverhältnisse an dieser Rechtsform teilhaben lassen und nicht innerhalb der Gesamthandsgemeinschaften verschiedenartige selbständige Zuordnungen konstruieren, da eine derartige Auffassung dazu neigt, einzelne zwischen den Gesamthandsgemeinschaften bestehende Unterschiede überzubewerten[170]. Zwar dürfte die Rechtssubjektivität der Erbengemeinschaft zugegebenermaßen nicht dem in den Normen des positiven Rechts zum Ausdruck kommenden Willen des historischen Gesetzgebers entsprechen[171], doch bezeichnet *Flume*[172] eine am Wortlaut des Gesetzes orientierte Argumentation zu einer dogmatischen Frage wie dem Verständnis des Gesamthandsprinzips zu Recht als fragwürdig.

Ein rechtspolitisches Bedürfnis, die Gesamthand der Miterben als Träger von Rechten und Pflichten anzuerkennen, tritt insbesondere bei der unternehmenstragenden Erbengemeinschaft zu Tage. Eine Erbengemeinschaft kann ein Unternehmen zwar weder errichten noch kann sie es durch Rechtsgeschäft unter Lebenden erwerben und fortführen[173], wohl aber kann sie Trägerin eines ererbten Unternehmens sein[174]. Dies ergibt sich bereits unmittelbar aus den §§ 1922, 2032 BGB[175]. Nach herrschender und zutreffender Ansicht haben die Miterben

---

[168]) Siehe BGH NJW 2001, 1056 (Grundsatzentscheidung). Verpflichtungsfähigkeit bereits vorher anerkannt in BGHZ 74, 240; 79, 374; BGH WM 1987, 689. Zur Scheckfähigkeit vgl. BGHZ 136, 254; zur Möglichkeit der Mitgliedschaft in einer AG bzw. in einer anderen Gesellschaft bürgerlichen Rechts siehe BGHZ 118, 83, 99 f.; BGH NJW 1998, 376.

[169]) Vgl. nur *Ulmer*, in: MK, BGB, § 705 Rz 127 ff.; *Mülbert*, AcP 199 (1999), 38; *Grunewald*, Gesellschaftsrecht, 1.A Rz 95 ff.; *Gummert*, in: Münchener Handbuch des Gesellschaftsrechts, Band I, § 9 Rz 9; *Habersack*, JuS 1993, 1; *Lindacher*, JuS 1981, 431, 433; *Wiesner*, JuS 1981, 331, 333; *Altmeppen*, NJW 1996, 1017, 1018 f.; *Hommelhoff*, ZIP 1998, 8; zum Diskussionsstand *Cordes*, JZ 1998, 545; *Timm*, NJW 1995, 3209; *Zöllner*, FS für Gernhuber, 563.

[170]) Vgl. *Manfred Wolf*, AcP 181 (1981), 480, 492.

[171]) Vgl. §§ 2032 Abs.1 BGB („gemeinschaftliches Vermögen der Erben“), 2033 Abs.1 S.1 BGB („seinen Anteil an dem Nachlasse“), 2058 BGB („gemeinschaftlichen Nachlaßverbindlichkeiten“).

[172]) AT, Band I, § 5, S. 74.

[173]) Vgl. *Werner*, in: Staudinger, BGB, § 2032 Rz 18; *Schlüter*, in: Erman, BGB, § 2032 Rz 4.

[174]) Vgl. BGHZ 17, 299; 92, 259; RGZ 132, 138; BFH NJW 1988, 1343; *Edenhofer*, in: Palandt, BGB, § 2032 Rz 4; *Werner*, in: Staudinger, BGB, § 2032 Rz 18; *Dütz*, in: MK, BGB, § 2032 Rz 44; *Schlüter*, in: Erman, BGB, § 2032 Rz 4; *Karsten Schmidt*, NJW 1985, 2785; *Strothmann*, ZIP 1985, 969; *Wolf*, in: Soergel, BGB, § 2032 Rz 5; *ders.*, AcP 181 (1981), 480 ff. mit weiteren Nachweisen.

[175]) *Karsten Schmidt*, NJW 1985, 2785, 2786; a.A. *Armbruster*, Die Erbengemeinschaft als Rechtsform zum Betrieb eines vollkaufmännischen Handelsgewerbes, S. 62 ff.: Ergebnis richterlicher Rechtsfortbildung.

dabei auch die Möglichkeit, das Unternehmen dauerhaft in Erbengemeinschaft fortzusetzen[176], denn die Umwandlung einer Erbengemeinschaft in eine OHG sieht das UmwG nicht vor[177]. Der aus dem Nachlaß erzielte Erwerb fällt gemäß § 2041 BGB im Wege der Beziehungssurrogation ebenfalls in den Nachlaß[178]. Soweit nun aber bei der unternehmenstragenden Erbengemeinschaft Unterschiede zur Unternehmensführung durch eine OHG auftreten, dürfen hieraus resultierende Schwierigkeiten nicht zu Lasten des Rechtsverkehrs gehen, sondern müssen auf Kosten der Miterben gelöst werden[179] [180]. Dies gilt insbesondere hinsichtlich einer Haftung für Neuverbindlichkeiten.

Beispiel[181]: Der Erblasser E war als Einzelkaufmann Betreiber einer Kfz-Reparaturwerkstatt. Als Erben berufen sind die Ehefrau F des E sowie seine beiden Söhne A und B. Diese führen das Unternehmen in Erbengemeinschaft fort. Der Kunde K gibt seinen Wagen zur Reparatur in die Werkstatt. Da A das Bremsventil nicht ordnungsgemäß zuschraubt, fließt die Bremsflüssigkeit aus. Als K bremsen muß, kommt es zu einem Zusammenstoß, K wird verletzt.

Den Vermögensschaden erhält K nach den Grundsätzen der positiven Vertragsverletzung ersetzt. Weil die aus der Pflichtverletzung des A resultierende Schadensersatzverpflichtung eine Nachlaßerbenschuld darstellt[182], haften im Außenverhältnis Nachlaß und Eigenvermögen des A gewissermaßen als Gesamtschuldner[183]. Darüber hinaus wird man auch die persönliche, unbeschränkbare Haftung von F und B bejahen müssen, denn es entspricht einem allgemeinen Grundsatz des bürgerlichen Rechts und des Handelsrechts, „daß derjenige, der als Einzelperson oder in Gemeinschaft mit anderen Geschäfte betreibt, für die daraus entstehenden Verpflichtungen mit seinem gesamten Vermögen haftet,

---

176) BGHZ 17, 299; 92, 259; *Edenhofer*, in: Palandt, BGB, § 2032 Rz 4; *Dütz*, in: MK, BGB, § 2032 Rz 44; *Wolf*, in: Soergel, BGB, § 2032 Rz 5; *Karsten Schmidt*, NJW 1985, 2785, 2787 f.; *Strothmann*, ZIP 1985, 970 ff.; siehe auch *Hohensee*, Die unternehmenstragende Erbengemeinschaft, S. 30 mit weiteren Nachweisen.

177) Vgl. *Werner*, in: Staudinger, BGB, § 2032 Rz 18; *Fischer*, ZHR 144 (1980), 1, 11 f. In dem Fall BGHZ 17, 299 etwa wurde ein Unternehmen 17 Jahre lang in Erbengemeinschaft betrieben.

178) *Werner*, in: Staudinger, BGB, § 2032 Rz 18; *Manfred Wolf*, AcP 181 (1981), 480, 510.

179) Vgl. *Karsten Schmidt*, NJW 1985, 2785, 2788; *Manfred Wolf*, AcP 181 (1981), 480, 491 ff.

180) Eingehend zu den Schwierigkeiten bei der Fortführung eines Handelsgeschäfts durch eine Erbengemeinschaft *Manfred Wolf*, AcP 181 (1981), 480, 491 ff.

181) Abwandlung von BGHZ 45, 311.

182) Vgl. *Siegmann*, in: MK, BGB, § 1967 Rz 26, 28.

183) Sog. einheitliches Schuldverhältnis mit doppeltem Haftungsgegenstand im Falle der Haftungssonderung, h.M., vgl. RGZ 90, 91, 93; *Edenhofer*, in: Palandt, BGB, § 1967 Rz 8; *Siegmann*, in: MK, BGB, § 1967 Rz 26; *Schlüter*, in: Erman, BGB, § 1967 Rz 9; *ders.*, Erbrecht, Rz 1062 ff.; *Michalski*, Erbrecht, Rz 833; *Brox*, Erbrecht, Rz 628.

solange sich aus dem Gesetz nichts anderes ergibt oder mit dem Vertragspartner keine Haftungsbeschränkung vereinbart wird“[184]. Neben die gesamtschuldnerische Haftung für Nachlaßverbindlichkeiten nach § 2058 BGB mit den Möglichkeiten erbrechtlicher Haftungsbeschränkungen tritt daher selbständig die unbeschränkbare Haftung der Miterben mit ihrem Eigenvermögen[185].

Schmerzensgeld nach § 847 BGB hingegen kann K nur wegen unerlaubter Handlung verlangen. Während A hier ohne weiteres nach § 823 Abs.1 BGB haftet, fehlt es für eine Haftung des Nachlasses an einer Zurechnungsnorm. Auch eine Haftung von F und B scheidet aus, da es an dem für die Verrichtungsgehilfenschaft nach § 831 BGB erforderlichen Über-/Unterordnungsverhältnis fehlt.

Bei den Personengesellschaften rechnet die ganz herrschende Meinung das Fehlverhalten eines vertretungsberechtigten Gesellschafters der Gesellschaft in entsprechender Anwendung des § 31 BGB zu und ermöglicht so neben der persönlichen Haftung des Handelnden einen Zugriff auf das Gesellschaftsvermögen[186]. Soll aber auch der Nachlaß vor dem Vollstreckungszugriff der Gläubiger nicht verschont bleiben, wofür meines Erachtens kein Grund ersichtlich ist, muß man die Gesamthand der Miterben, ähnlich der OHG, als Träger von Rechten und Pflichten anerkennen[187]. Einer entsprechenden Anwendung des § 31 BGB steht dann auch bei der Erbengemeinschaft nichts mehr im Wege, denn entgegen BGHZ 45, 311, 312 darf als ausschlaggebendes Kriterium für eine analoge Anwendung des § 31 BGB nicht auf die körperschaftliche Struktur abgestellt werden, maßgebend ist vielmehr das Bedürfnis, eine deliktische Haftungszurechnung bei verselbständigten Vermögenseinheiten zur Verfügung zu haben[188]. Wenn dem Nachlaß schon die Vorteile aus den Verwaltungshandlungen zugute

---

[184]) BGH NJW 1999, 3483, 3484 (Gesellschaft bürgerlichen Rechts).
[185]) Vgl. *Manfred Wolf*, AcP 181 (1981), 480, 506 f.
[186]) OHG: RGZ 76, 35, 48; 148, 154, 160; BGH NJW 1952, 537, 538; *Grunewald*, Gesellschaftsrecht, 1.B, Rz 36; *Heinrichs*, in: Palandt, BGB, § 31 Rz 3; *Hadding*, in: Soergel, BGB, § 31 Rz 7; *Reuter*, in: MK, BGB, § 31 Rz 15 f. Gesellschaft bürgerlichen Rechts: *Hadding*, in: Soergel, BGB, § 31 Rz 7; *Weick*, in: Staudinger, BGB, § 31 Rz 45; *Ulmer*, in: MK, BGB, § 705 Rz 218 f. mit weiteren Nachweisen.
[187]) *Manfred Wolf*, AcP 181 (1981), 480, 493.
[188]) Für eine entsprechende Anwendung des § 31 BGB auf die Erbengemeinschaft auch *Reuter*, in: MK, BGB, § 31 Rz 11; *Martinek*, Repräsentantenhaftung, S. 130 ff.; a.A. die h.M., vgl. *Weick*, in: Staudinger, BGB, § 31 Rz 48; *Hadding*, in: Soergel, BGB, § 31 Rz 8. Darüber hinaus bedarf es nicht zusätzlich noch einer entsprechenden Anwendung des § 128 HGB, denn mit der persönlich unbeschränkten Haftung des Handelnden neben der Haftung des Nachlasses ist den schutzwürdigen Interessen des Geschädigten Genüge getan; siehe näher *Manfred Wolf*, AcP 181 (1981), 480, 505 ff.

kommen, dann muß er auch für die in Ausführung der Verwaltung eingetretenen Schäden einstehen[189] [190].

Für dieses Ergebnis spricht zudem, daß bei einer bloß persönlichen Haftung der Miterben die Nachlaßgläubiger wegen ihrer bevorzugten Zugriffsmöglichkeit auf den Nachlaß begünstigt und die persönlichen Gläubiger benachteiligt würden[191]. Würde etwa im Beispielsfall nicht K verunglücken, sondern A während er mit dem Wagen des K eine Testfahrt unternimmt, so ist nicht einzusehen, weshalb der Nachlaß nicht auch einem geschädigten Dritten für dessen erlittenen Vermögensschaden haften soll. Auftretende Widersprüche zwischen einzelnen Gesamthandsverhältnissen sollten deshalb im Wege der Rechtsfortbildung dahingehend behoben werden, daß man als Rechtsträger bei allen Gesamthandsgemeinschaften die Gesamthänder in ihrer gesamthänderischen Verbundenheit ansieht, d.h., daß sie nicht als selbständige Individuen, sondern in ihrem Zusammenschluß zu einer Gemeinschaft Rechte innehaben. Das gilt für die Erbengemeinschaft ebenso wie für die Gesellschaft bürgerlichen Rechts oder die OHG. Rechtsträger eines Grundstücks ist in beiden Fällen die Gesamthand der Gesellschafter bzw. der Miterben[192].

Hinzu kommt, daß bei einem gegenteiligen Verständnis der Gesamthand Dauerschuldverhältnisse mit der „Erbengemeinschaft" bei jedem Wechsel im Mitgliederbestand von den Vertragsparteien neu geschlossen bzw. bestätigt werden müßten. Wenn die Erbengemeinschaft nach außen nur ein Schuldverhältnis darstellt, können zwei aus verschiedenen Mitgliedern bestehende Schuldverhältnisse nicht identisch sein[193].

Soweit in der Literatur gegen diese Auffassung vorgebracht wird, als Träger von Rechten kämen nur natürliche und juristische Personen in Betracht[194] [195], wird offenbar mit *von Savigny*[196] von der Frage ausgegangen „Wer ist Rechtssub-

[189]) So auch *Manfred Wolf*, AcP 181 (1981), 480, 506.

[190]) In dem Referentenentwurf eines 2. Gesetzes zur Änderung schadensersatzrechtlicher Vorschriften ist vorgesehen, § 847 BGB zu streichen und in § 253 Abs.2 BGB einen allgemeinen Anspruch auf Schmerzensgeld einzuführen, der über die außervertragliche Haftung hinaus auch die Gefährdungshaftung und die Vertragshaftung miteinbezieht; jedoch Begrenzung des Schmerzensgeldanspruchs – mit Ausnahme der Vorsatzhaftung – auf Schäden, die unter Berücksichtigung ihrer Art und Dauer nicht unerheblich sind.

[191]) Vgl. *Manfred Wolf*, AcP 181 (1981), 480, 505 f.

[192]) Wie hier *Manfred Wolf*, AcP 181 (1981), 480, 492.

[193]) BGH NJW 2001, 1056, 1057.

[194]) Vgl. *Werner*, in: Staudinger, BGB, § 2032 Rz 7; *von Tuhr*, AT, Band I, § 3 III, S. 81 f.; *Joerges*, ZHR 51 (1901), 47, 55 f.

[195]) Sog. dualistische Theorie, Begriff von *Wieland*, Handelsrecht, Band I, S. 402.

[196]) System des heutigen Römischen Rechts, Band II, § 60, S. 1.

jekt?". Diese Fragestellung erweckt den Anschein, als handele es sich bei dem Rechtssubjekt um ein Element, das zu einem gegebenen Prädikat gesucht wird[197]. Dabei wird jedoch übersehen, daß es sich bei dem Rechtssubjektsbegriff lediglich um ein Geschöpf der Rechtsordnung handelt. Träger von Rechten ist niemand von Natur aus; der Mensch ist Rechtsträger nicht deshalb, weil er ein leiblich-seelisches Lebewesen ist, sondern weil er zu der Rechtsordnung in einer Beziehung steht, die wir subjektives Recht nennen. *Radbruch*[198] verweist insoweit auf das Beispiel der Sklaverei, die ansonsten nicht möglich gewesen wäre. Handelt es sich folglich bei dem Rechtssubjektsbegriff aber nicht um einen Dingbegriff, sondern um einen Relationsbegriff, kann Rechtssubjekt alles sein, in bezug auf welches subjektive Rechte denkbar sind[199] [200].

Als bei näherer Betrachtung unbegründet erweist sich auch der Vorwurf, ein derartiges Verständnis der Gesamthand verwische in unzulässiger Weise die Grenzen zwischen natürlicher und juristischer Person[201]. Von der juristischen Person unterscheidet sich die Gesamthand nämlich dadurch, daß sie als Gruppe der in ihr vereinigten Personen zu verstehen ist, während bei der juristischen Person die Organisation als solche verabsolutiert ist. Die Mitglieder bilden somit selbst die Gruppe, während die Mitglieder bei der juristischen Person nur als ein funktioneller Teil verstanden werden.

Schließlich sei noch darauf hingewiesen, daß der BGH in einer Entscheidung aus dem Jahr 1995[202] der Erbengemeinschaft bereits ein eigenes Recht auf einen möglichst umfangreichen Nachlaß zugesprochen hat. Der Zeitpunkt, in dem man den „Mutsprung" zur Rechtsfähigkeit der Erbengemeinschaft auch der Praxis zumuten kann, scheint somit näher zu rücken.

(3) Ergebnis

Die Erbengemeinschaft erklärt sich am besten ohne die Annahme einer unmittelbaren Anteilsberechtigung der Miterben an den einzelnen Nachlaßgegenständen. Berechtigt ist vielmehr die Gesamtheit der Miterben als kollektive Einheit. Die Erben werden nicht erst durch die Erbschaft zu Erben, sondern die Erbschaft

---

197) *Koch*, Die Rechtsnatur der Erbengemeinschaft, S. 93.

198) Rechtsphilosophie, § 17, S. 226.

199) *Koch*, Die Rechtsnatur der Erbengemeinschaft, S. 94.

200) Daher dürfen auch die §§ 1 bis 89 BGB keineswegs abschließend verstanden werden, abschließend ist in diesen Vorschriften allenfalls die volle Rechtsfähigkeit geregelt; vgl. *Hohensee*, Die unternehmenstragende Erbengemeinschaft, S. 195.

201) Dahin tendierend aber *Werner*, in: Staudinger, BGB, § 2032 Rz 7; *von Tuhr*, AT, Band I, § 3 III, S. 81 f.

202) NJW 1995, 2551.

steht ihnen als Erben zu. Demgemäß ist für das Verständnis des Gesamthandsprinzips auch nicht vom Gesamthandsvermögen als Objekt, sondern von der Gesamthand als Subjekt auszugehen.

bb) Die Anwachsung als die allein adäquate Rechtsfolge

Betrachtet man demnach die Miterben als kollektive Einheit an dem Nachlaß berechtigt, scheint eine Anwachsung als Rechtsfolge des Ausscheidens einzelner Mitglieder aus der Gruppe selbstverständlich. Rechtssubjekt bleibt unverändert die Gesamthand der Miterben. Durch das Ausscheiden Einzelner aus der Erbengemeinschaft erfährt lediglich deren personelle Zusammensetzung eine Reduktion, was gleichzeitig zu einer Erhöhung der quotalen Berechtigung auf Seiten der restlichen Mitglieder führt.

Wenn gegen eine Begründung der Anwachsung als die dem Wesen der Gesamthand gemäße Form einer Änderung der Rechtszuständigkeit dennoch Bedenken erhoben werden[203], sind diese insofern nachvollziehbar, als sich das Wesen eines Gegenstandes nicht allein aus diesem selbst erklärt, sondern auch und vor allem aus den bestehenden Rechtsinstituten und Rechtsnormen, in die sich die Angelegenheit einzufügen hat, ohne vermeidbare Friktionen hervorzurufen[204]. Fraglich ist daher, ob sich die Rechtsfolge der Anwachsung auch mit der sonstigen Regelung der Gesamthand im BGB verträgt.

Wie die §§ 1935, 2094, 2095 BGB zeigen, ist dem Gesetz der Gedanke einer Anwachsung von Erbteilen unter mehreren Erben zwar nicht fremd[205], doch setzt die Anwachsung in diesen Fällen voraus, daß ein Miterbe mit Wirkung auf den Zeitpunkt des Erbfalls, also ex tunc wegfällt[206]. Um einen Wegfall im Sinne erbrechtlicher Terminologie handelt es sich beispielsweise bei der Ausschlagung nach § 1953 BGB, der Erbunwürdigkeitserklärung nach § 2344 BGB, dem Nichterleben einer aufschiebenden Bedingung gemäß § 2074 BGB oder der Anfechtung nach §§ 2078, 2079 BGB. Der Verzicht auf den Nachlaßanteil wirkt dagegen nicht ex tunc sondern ex nunc, da für ihn nichts anderes gelten kann als für die Anteilsübertragung, wo dem Verfügenden die Erbenstellung in rechtli-

---

[203]) Vgl. *Schulze-Osterloh*, Prinzip, S. 128, nach dem solche Vorstellungen „die Anwachsung geradezu als etwas Geheimnisvolles erscheinen lassen" und daher abzulehnen seien.
[204]) Vgl. *Looschelders/Roth*, Juristische Methodik, S. 314.
[205]) Auch soweit das Gesetz in § 1935 BGB von einer Erhöhung des Erbteils spricht, ist damit in der Sache nichts anderes als eine Anwachsung gemeint, vgl. *Brox*, Erbrecht, Rz 321 ff
[206]) BGHZ 138, 8, 13; RGZ 95, 97, 98; *Schlichting*, in: MK, BGB, § 2094 Rz 3; *M.Schmidt*, in: Erman, BGB, § 2094 Rz 2.

cher Hinsicht ebenfalls erhalten bleibt[207]. Scheidet mithin eine unmittelbare Anwendung der erbrechtlichen Anwachsungsvorschriften aus, läßt sich eine Begründung der Anwachsung als Rechtsfolge nur durch Analogie erreichen.

(1) Keine entsprechende Anwendung des § 738 S.1 BGB

Den Fall eines ex nunc wirkenden Ausscheidens aus einer Gesamthandsgemeinschaft regelt das BGB in § 738 Abs.1 S.1 für die Gesellschaft bürgerlichen Rechts. Dort sah sich der Gesetzgeber vor die Wahl gestellt, den ausscheidenden Gesellschafter entweder entsprechend § 658 Abs.4 BGB des ersten Entwurfs zu verpflichten, seinen Anteil am Gesellschaftsvermögen den übrigen Gesellschaftern nach dem Verhältnis ihrer Anteile zu übertragen oder Anwachsung eintreten zu lassen[208]. Eine Verpflichtung des Gesellschafters zur Anteilsübertragung sollte dabei primär zu dessen Sicherung dienen. Auf diese Weise wollten Teile der zweiten Kommission gewährleisten, daß der Gesellschafter die Mitberechtigung an dem Gesellschaftsvermögen bis zur Erfüllung seines Anspruchs auf das Auseinandersetzungsguthaben behalten kann[209]. Diesem Antrag entsprach die Mehrheit der zweiten Kommission jedoch nicht, sondern hielt es im Interesse der Gesellschaft für zweckmäßig, daß stets ausschließlich die Gesellschafter Inhaber des Gesellschaftsvermögen sind und entschied sich für die Anwachsung als Rechtsfolge des Ausscheidens[210]. Teile von Rechtsprechung[211] und Literatur[212] ziehen für das Ausscheiden aus einer Erbengemeinschaft im Wege der Abschichtung daher (zumindest indirekt) die Regelung des § 738 S.1 BGB heran.

Ein solcher Rückgriff auf das Personengesellschaftsrecht erscheint indes problematisch. Der Gesetzgeber hat die Gesamthandsgemeinschaften „Gesellschaft bürgerlichen Rechts“ und „Erbengemeinschaft“ unterschiedlich geregelt. Die Gesellschaft bürgerlichen Rechts ist auf Dauer ausgerichtet, die Erbengemeinschaft nur zu dem Zweck ihrer Liquidation geschaffen. Aus diesem Grund gewährt § 2042 Abs.1 BGB jedem Miterben das Recht, jederzeit die Auseinandersetzung der Erbengemeinschaft verlangen zu können. Während die Personengesellschaft vertraglich begründet wird, entsteht die Erbengemeinschaft aus-

---

[207]) So zu Recht *Petzold*, Teilauseinandersetzung, S. 65; vgl. auch *Keller*, Formproblematik, Rz 80.

[208]) Protokolle, Band II, S. 445.

[209]) Protokolle, Band II, S. 446; des weiteren spielten auch Fragen des Grundbuchrechts eine Rolle, die in diesem Zusammenhang aber nicht von Bedeutung sind.

[210]) Protokolle, Band II, S. 446 f.

[211]) LG Ulm, BWNotZ 1985, 141, 143; vgl. auch KG OLGZ 1965, 244, 247; BFH NJW 1991, 249, 251.

[212]) *Dütz*, in: MK, BGB, § 2042 Rz 14; *Wolf*, in: Soergel, § 2042 Rz 39; wohl auch *Stürner*, in: Jauernig, BGB, § 2042 Rz 10.

schließlich kraft Gesetzes. Als Ausgleich hierfür wiederum hat der Gesetzgeber dem Miterben im Gegensatz zum Gesellschafter einer BGB-Gesellschaft die Möglichkeit eingeräumt, über seinen Anteil an dem Gesamtgut frei zu verfügen. Aufgrund dieser Verschiedenheit zwischen Gesellschaft bürgerlichen Rechts und Erbengemeinschaft aber erscheint das Vorliegen eines die analoge Anwendung des § 738 S.1 BGB rechtfertigenden vergleichbaren Sachverhalts zumindest zweifelhaft[213].

(2) Entsprechende Anwendung der §§ 1935, 2094, 2095 BGB

Dem Verzicht auf den Nachlaßanteil systematisch näher als die entsprechenden Normen des Personengesellschaftsrechts stehen die erbrechtlichen Anwachsungsvorschriften der §§ 1935, 2094, 2095 BGB. Zwar erfassen diese unmittelbar nur diejenigen Fälle, in denen ein Erbe seinen Anteil am Nachlaß von vornherein nicht erhält, doch stellt sich eine vergleichbare Interessenlage auch dann, wenn ein Miterbe seinen Gesamthandsanteil verliert. So wendet die herrschende Meinung[214] die §§ 1935, 2094, 2095 BGB entsprechend an, wenn ein Miterbe seinen Nachlaßanteil auf die übrigen Gesamthänder überträgt und die Parteien keine abweichende Vereinbarung treffen[215]. Nichts anderes kann für die Folgen eines Ausscheidens aus der Erbengemeinschaft durch Abschichtung gelten[216].

Im Gegensatz zur Anteilsübertragung ist die Anwachsung nach dem Verhältnis der Erbteile als Rechtsfolge eines Verzichts zwingender Natur, denn in diesem Fall tritt die Anwachsung nicht als zweite, auf dem (mutmaßlichen) Willen der Parteien beruhende Stufe eines Rechtsüberganges ein, sondern erweist sich vielmehr als logische Konsequenz des Ausscheidens, da die Gesamthandsberechtigung, d.h. die Mitinhaberschaft an den der Erbengemeinschaft zugeordneten Gegenständen, eine Folge der Zugehörigkeit zur Gesamthand ist und nicht ohne diese fortbestehen kann[217]. Bleibt nur ein Miterbe übrig, so erwirbt dieser

---

[213]) So sprechen sich *Bühler*, BWNotZ 1987, 73, 75, sowie *Schlüter*, in: Erman, BGB, § 2042 Rz 18 gegen eine analoge Anwendung des § 738 S.1 BGB aus, da diese Regelung auf die vertraglich begründete Personengesellschaft zugeschnitten sei.

[214]) BGHZ 21, 229, 231; BayObLG NJW-RR 1991, 1030 f.; NJW 1981, 830; KG OLGZ 1965, 247 (obiter dictum); *Edenhofer*, in: Palandt, BGB, § 2033 Rz 4; *Dütz*, in: MK, BGB, § 2033 Rz 26; *Werner*, in: Staudinger, BGB, § 2033 Rz 7; *Wolf*, in: Soergel, BGB, § 2033 Rz 15; *Schlüter*, in: Erman, BGB, § 2033 Rz 5; *Stürner*, in: Jauernig, BGB, § 2033 Rz 5; *Pardey*, in: AK, BGB, § 2033 Rz 5; *Damrau*, ZEV 1996, 361, 363.

[215]) In diesem Fall beruht der Verlust der gesamthänderischen Beteiligung auf der Abtretung, vgl. *Keller*, ZEV 1998, 281, 282 (Fn 7). Siehe hierzu näher unten B VII.

[216]) Vgl. BGHZ 138, 8, 13.

[217]) Aus diesem Grund ist auch ein Verzicht „zugunsten" eines Miterben nicht möglich. In solchen Fällen kann eine Auslegung der Vereinbarung jedoch dazu führen, daß die Parteien eigentlich eine Anteilsübertragung im Auge hatten.

infolge der Anwachsung alleiniges Eigentum an sämtlichen Nachlaßgegenständen, denn unter rechtsdogmatischem Gesichtspunkt ist kein Grund ersichtlich, weshalb sich die Folgen eines Verzichts in diesen Fällen unterschiedlich gestalten sollten[218].

e) Vereinbarkeit eines Verzichts auf den Nachlaßanteil mit der Interessenbewertung des Gesetzes

Steht somit fest, daß ein Verzicht auf den Anteil am Nachlaß die Anwachsung der restlichen Erbteile analog §§ 1935, 2094, 2095 BGB zur Folge hätte, ist weiter zu fordern, daß nicht schützenswerte Interessen anderer oder der Allgemeinheit einem Verzicht auf den Nachlaßanteil entgegenstehen.

Gegen die Möglichkeit eines einseitigen Verzichts, wie *Cohn*[219] ihn befürwortet, spricht die Wertung, die der Gesetzgeber in § 748 BGB getroffen hat. Die Regelung des § 748 BGB, die über § 2038 Abs.2 S.1 BGB auch auf die Erbengemeinschaft Anwendung findet, verpflichtet die Mitglieder der Erbengemeinschaft zur Tragung der Lasten und Kosten des Nachlasses nach dem Verhältnis ihrer Erbteile. Dieser Verpflichtung kann sich ein Miterbe nicht einseitig auf Kosten der übrigen entziehen. Insbesondere gilt dies unter Berücksichtigung des Umstandes, daß ein Wertzuwachs auf Seiten der restlichen Miterben als Folge der Anwachsung keineswegs garantiert ist, sondern vom Wert des jeweiligen Nachlasses abhängt[220]. Darüber hinaus spricht gegen einen Verzicht durch einseitige Willenserklärung auch der Wortlaut des § 2033 Abs.1 S.2 BGB, wonach „der Vertrag", durch den ein Miterbe über seinen Nachlaßanteil verfügt, der notariellen Beurkundung bedarf. Wäre der Gesetzgeber davon ausgegangen, daß eine Verfügung über den Nachlaßanteil auch durch einseitiges Rechtsgeschäft erfolgen kann, so dürfte sich § 2033 Abs.1 S.2 BGB richtigerweise nicht auf „den", sondern allenfalls auf „einen" Vertrag beziehen. In diesem Fall wäre aber kein Grund ersichtlich, warum das Gesetz einen Verfügungsvertrag dem Erfordernis notarieller Beurkundung unterwerfen sollte, während es hinsichtlich der Verfügung durch einseitiges Rechtsgeschäft keinerlei Formvorschriften enthielte. Der Zweck des § 2033 Abs.1 S.2 BGB (Übereilungsschutz, Klarstellung der Rechtsverhältnisse, Beweiserleichterung[221]) greift für die einseitige Verfügung in vergleichbarer Weise ein wie für einen Verfügungsvertrag[222]. Durch einseitige Willenserklärung ist eine Aufgabe des Nachlaßanteils folglich nicht möglich.

---

218) So im Ergebnis auch BGHZ 138, 8, 11.
219) Gruchot 47 (1903), 221, 284 f.
220) Vgl. *Keller*, Formproblematik, Rz 70.
221) Vgl. Protokolle, Band V, S. 839.
222) Vgl. *Petzold*, Teilauseinandersetzung, S. 66 f.

Die Interessen der übrigen Miterben werden dagegen hinreichend gewahrt, verlangt man für den Verzicht auf den Nachlaßanteil einen Vertrag unter Beteiligung aller Gesamthänder. Ist ein Miterbe dann nicht bereit, Kosten und Lasten des Nachlasses nach dem Verhältnis eines erhöhten Erbteils zu tragen, kann er die Abschichtung verhindern, indem er seine Mitwirkung an dem Verzicht verweigert. Erklärt er sich mit der Abschichtung jedoch einverstanden, so ist ein entgegenstehender Wille zur Tragung der Kosten und Lasten unerheblich[223].

Berechtigte Interessen von Nachlaßgläubigern werden durch den Verzicht nicht tangiert. Verfügungen über den Nachlaßanteil erfassen nur die vermögensrechtliche Stellung des jeweiligen Miterben, wohingegen das Erbrecht als solches unberührt bleibt. Der Verzicht auf den Nachlaßanteil ändert somit nichts daran, daß der Verfügende Erbe und nach § 1967 Abs.1 BGB auch Schuldner der Nachlaßverbindlichkeiten geworden ist. Da sich aber niemand durch Vertrag mit Dritten ohne Zutun des Gläubigers seiner Schuldnerstellung einfach entledigen kann[224], haftet der weichende Miterbe auch nach seinem Ausscheiden aus der Erbengemeinschaft weiterhin für die Nachlaßverbindlichkeiten[225]. Die Nachlaßgläubiger können daher unverändert sowohl den abgeschichteten als auch die in Erbengemeinschaft verbliebenen Miterben im Wege der Gesamtschuldklage in Anspruch nehmen[226]. Verlangt ein Nachlaßgläubiger gemäß § 747 ZPO Befriedigung aus dem ungeteilten Nachlaß (Gesamthandsklage), ist die Klage nach vollzogener Anteilsverfügung ausschließlich gegen die (Rest-) Erbengemeinschaft zu richten[227]. Schützenswerte Gläubigerinteressen sind jedoch auch in diesem Fall nicht tangiert, da den Gläubigern der Nachlaß als Vermögensmasse erhalten bleibt. Dem Gesetz lassen sich somit keine Gründe entnehmen, die

---

223) Eines Rückgriffs auf § 242 BGB bedarf es hierbei nicht, da sich die Verpflichtung zur Tragung von Kosten und Lasten nach dem Verhältnis des nunmehr erhöhten Erbteils unmittelbar aus den §§ 2038 Abs.2 S.1, 748 BGB ergibt.

224) Vgl. *Leipold*, Erbrecht, Rz 608.

225) Betrachtet man die Abschichtung als Veräußerung des Nachlaßanteils im Sinne von § 2385 Abs.1 BGB, ergibt sich die Fortdauer der Haftung bereits aus den §§ 2385 Abs.1, 2382 Abs.1 S.1 BGB. Zu demselben Ergebnis gelangt man aber auch, wenn man die Abschichtung mit dem BGH als Auseinandersetzung ansieht (vgl. hierzu *Manfred Wolf*, BGH LM § 2042 Nr.7).

226) Die Miterben haften gemäß §§ 2058, 421 BGB als Gesamtschuldner für die Nachlaßverbindlichkeiten.

227) Die ganz h.M. sieht die Erbengemeinschaft nicht als parteifähig an; eingehend hierzu *Bayer*, Die Schuld- und Haftungsstruktur der Erbengemeinschaft, S. 178 ff. mit weiteren Nachweisen. Wenn man aber die Rechtsfähigkeit der Erbengemeinschaft bejaht, muß man sie konsequenterweise auch als parteifähig ansehen (vgl. § 50 Abs.1 ZPO). Die Regelung des § 747 ZPO spricht jedenfalls nicht zwingend gegen die Parteifähigkeit der Erbengemeinschaft, entgegen § 124 Abs.2 HGB reicht jedoch auch ein Titel gegen die Miterben aus; siehe näher *Hohensee*, Die unternehmenstragende Erbengemeinschaft, S. 205 f.

zwingend gegen die Zulässigkeit eines Verzichts auf den Nachlaßanteil sprechen.

f) Ergebnis

Das sich aus § 2033 Abs.1 S.1 BGB ergebende Recht eines Miterben, über seinen Anteil am Nachlaß zu verfügen, erfaßt auch den Verzicht. Für das dingliche Rechtsgeschäft bedarf es dabei eines Vertrages unter Beteiligung sämtlicher Mitglieder der Erbengemeinschaft; ein einseitiger Verzicht auf den Nachlaßanteil ist nicht möglich.

4. Ergebnis

Einzelne Miterben können im Wege der Abschichtung aus einer Erbengemeinschaft ausscheiden, ohne daß es einer Übertragung des Nachlaßanteils bedarf. Eine solche Aufgabe der mitgliedschaftlichen Beteiligung an der Erbengemeinschaft ergibt sich jedoch nicht bereits als unmittelbare Folge einer Zuweisung von Nachlaßgegenständen, ebensowenig besteht die Möglichkeit eines Verzichts auf die einzelnen, zusammen den Anteil am Nachlaß ausmachenden Beteiligungsrechte eines Miterben, für das Ausscheiden bedarf es vielmehr eines Verzichts auf den Gesamthandsanteil im ganzen.

II Zulässigkeit einer Teil-Abschichtung

Es ist denkbar, daß ein Miterbe einen bestimmten Nachlaßgegenstand, wie z.B. ein Haus oder Grundstück, alsbald auf sich übertragen haben möchte, sein vollständiges Ausscheiden aus der Erbengemeinschaft ist aber entweder noch nicht gewollt oder noch gar nicht möglich, etwa weil hinsichtlich der Verteilung anderer Nachlaßgegenstände noch keine Einigkeit besteht. In einem solchen Fall stellt sich die Frage, ob ein Verzicht nach § 2033 Abs.1 S.1 BGB zwingend zum vollständigen Ausscheiden des Verfügenden aus der Erbengemeinschaft führen muß.

1. Verzichtsgegenstand

Was im einzelnen unter den Begriffen „Nachlaßanteil" und „Erbteil" zu verstehen ist, wurde bisher in Rechtsprechung und Literatur uneinheitlich behandelt. Es erstaunt, daß so zentrale Begriffe des Erbrechts dermaßen undifferenziert gehandhabt werden; vielfach gewinnt man den Eindruck, daß unterschiedliche Bezeichnungen nur verwendet werden, um grammatikalische Wiederholungen zu vermeiden. Zwar scheint zunächst der Wortlaut des § 1922 Abs.2 BGB darauf hinzudeuten, daß es sich in der Tat um beliebig austauschbare Begriffe handelt, doch läßt sich der Terminologie des BGB bei näherer Betrachtung durchaus ein System entnehmen: Während der Anteil am Nachlaß nämlich für die Summe der sich aus der Zugehörigkeit zur Erbengemeinschaft ergebenden Rechte und Pflichten eines Miterben steht und quotal weder bestimmt noch bestimmbar ist, bezeichnet der Erbteil den ideellen Bruchteil der Berechtigung am Gesamtgut, wie er zunächst in der Erbquote der einzelnen Miterben seinen Ausdruck findet. Zwar geht mit dem Anteil am Nachlaß auch eine reale Machtstellung des jeweiligen Miterben einher, deren Stärke richtet sich jedoch nicht nach der Erbquote, sondern allein nach der Zahl der konkurrierenden Erben. Je mehr Mitglieder eine Erbengemeinschaft aufweist, desto schwieriger wird es für den einzelnen Erben, seine persönlichen Vorstellungen im Hinblick auf eine einvernehmliche Auseinandersetzung zu realisieren. Deutlich wird dies z.B. an § 2040 Abs.1 BGB, wonach die Miterben über einzelne Nachlaßgegenstände nur gemeinschaftlich verfügen können.

So spricht etwa § 2033 Abs.1 BGB von der Verfügung über den „Anteil am Nachlasse“ und nicht von der Verfügung über den Erbteil. Ebenso beziehen sich die §§ 2034 ff. BGB auf einen Verkauf des Anteils am Nachlaß und nicht des Erbteils[228]. Dagegen bestimmt beispielsweise § 2061 Abs.1 S.2 BGB, daß nach erfolgter Teilung des Nachlasses und öffentlicher Aufforderung an die Nachlaßgläubiger zur Anmeldung ihrer Forderungen jeder Miterbe nur „für den seinem Erbteil entsprechenden Teil einer Forderung“ haftet, soweit nicht eine fristgemäße Anmeldung erfolgt oder die Forderung ihm zur Zeit der Teilung bekannt ist[229]. Besonders deutlich wird die Unterscheidung bei einem Vergleich der §§ 1927 und 1934 BGB. Nach § 1927 S.1 BGB erhält, wer in der ersten, der zweiten oder der dritten Ordnung verschiedenen Stämmen angehört, „den in jedem dieser Stämme ihm zufallenden Anteil“. Hier spricht das Gesetz deshalb zu Recht von „Anteilen“, weil mehrere Stämme zusammenlaufen und sich in der Person eines Erben vereinigen. Wenn S.2 der Norm sodann anordnet, daß jeder Anteil als „besonderer Erbteil“ gilt, ist auch dies nur folgerichtig, da der Anteil am Nachlaß nicht nach Quoten teilbar ist, sondern lediglich der Erbteil. Im Gegensatz hierzu bestimmt § 1934 S.2 BGB, daß „der Erbteil“, der einem zu den erbberechtigten Verwandten gehörenden Ehegatten aufgrund der Verwandtschaft zufällt, als besonderer Erbteil gilt, weil es sich insoweit nicht um mehrere Stämme handelt, aus denen sich jeweils ein eigener Anteil ergibt, sondern nur

228) Vgl. weiter die §§ 1926 Abs.3 S.2, 1927, 1931 Abs.1, 2059 Abs.1 BGB.

229) Vgl. weiter die §§ 1927, 1932, 1934, 1935, 1951, 1952 Abs.3, 1963, 2007, 2043, 2047 Abs.1, 2052, 2055 Abs.1, 2056, 2057a Abs.4, 2059 Abs.1 S.2, 2060, 2066 S.1, 2067 S.1, 2091, 2093 bis 2095, 2098, 2303 Abs.1 S.2, 2305, 2306 Abs.1, 2310, 2316 Abs.1 und 2, 2326, 2353 f., 2357 Abs.2, 2373 S.1 BGB.

um verschiedene Berufungsgründe als Erbe. Der Erbteil ist folglich mit dem Anteil am Nachlaß entgegen verbreiteter Ansicht keineswegs identisch, sondern bildet lediglich ein Korrelat desselben. Es handelt sich um „zwei Seiten einer Medaille". Fraglich ist daher, was den Gegenstand eines Verzichts bilden müßte, der eine Schmälerung der vermögensrechtlichen Stellung des Miterben zur Folge hat, ohne dabei gleichzeitig zu einem vollständigen Ausscheiden aus der Erbengemeinschaft zu führen.

Bei einer vollständigen Abschichtung bildet Gegenstand des Verzichts, dem Wortlaut des § 2033 Abs.1 BGB entsprechend, der Anteil am Nachlaß. Mit Untergang sämtlicher Beteiligungsrechte des weichenden Miterben erlischt dann zwangsläufig auch dessen Erbteil. Soll der Miterbe dagegen als selbständiges Glied der Erbengemeinschaft erhalten bleiben, müssen ihm auch die einzelnen, aus der Zugehörigkeit zur Erbengemeinschaft resultierenden Beteiligungsrechte, wie etwa der Auseinandersetzungsanspruch aus § 2042 Abs.1 BGB, unverändert zustehen. Das wiederum bedeutet, daß der Nachlaßanteil in diesem Fall nicht Gegenstand des Verzichts sein kann; der Miterbe müßte vielmehr lediglich auf einen Teil seiner ideellen quotalen Mitberechtigung an dem Nachlaß, d.h. auf einen Teil seines Erbteils verzichten. Da § 2033 Abs.1 BGB dem Miterben die Möglichkeit eröffnen soll, seinen Anteil am Nachlaß wirtschaftlich zu verwerten, ohne daß zugleich eine vollständige Auseinandersetzung der Erbengemeinschaft erfolgt, bestehen keine Bedenken, a maiore ad minus auch den Verzicht auf nur einen Bruchteil des Erbteils zuzulassen[230]. Die Rechtsfolge kann indes nicht anders sein als bei einem vollständigen Untergang des Erbteils[231], es kommt zu einer Anwachsung der übrigen Erbteile analog §§ 1935, 2094, 2095 BGB.

2. Mathematische Probleme

Die Ermittlung des aufzugebenden Teilerbteils ist mathematisch schwierig, was folgender Beispielsfall verdeutlicht[232]:

A, B und C sind zu je 1/3 Miterben. Der Netto-Nachlaß beträgt 450.000,- DM und setzt sich zusammen aus zwei Grundstücken im Wert von je 200.000,- DM sowie 50.000,- DM in bar. A benötigt dringend Bargeld. Weil die auf den

[230]) Die Zulässigkeit der Verfügung über einen Teilerbteil bejahend daher BGH WM 1969, 592; BayObLG NJW-RR 1991, 1030; *Edenhofer*, in: Palandt, BGB, § 2033 Rz 1; *Dütz*, in: MK, BGB, § 2033 Rz 9; *Werner*, in: Staudinger, BGB, § 2033 Rz 7; *Wolf*, in: Soergel, BGB, § 2033 Rz 4; *Stürner*, in: Jauernig, BGB, § 2033 Rz 1; a.A. *von Lübtow*, Erbrecht, 2. Halbband, S. 817; *Kretzschmar*, Recht 1908, 265, 266.
[231]) Vgl. *Petzold*, Teilauseinandersetzung, S. 67.
[232]) Beispiel nach *Petzold*, Teilauseinandersetzung, S. 43 ff. (Anteilsübertragung).

Grundstücken stehenden Einfamilienhäuser vermietet sind und B und C später selbst dort einziehen möchten, wollen sie eine Flüssigmachung durch Veräußerung vermeiden. B und C erklären sich deshalb bereit, dem A die 50.000,- DM zu überlassen, verlangen aber zum Ausgleich eine entsprechende Schmälerung dessen Beteiligung an dem Restnachlaß.

Bei einer vollständigen Abschichtung würde A normalerweise 150.000,- DM erhalten gegen Aufgabe seines Erbteils von 1/3. B und C wären dann an dem Restnachlaß mit einem Wert von 300.000,- DM jeweils zur Hälfte beteiligt. Würde A nun als Gegenleistung für die 50.000,- DM auf 1/3 seines Erbteils, also auf 1/9 des Gesamtnachlasses verzichten, beliefen sich die Erbteile von B und C hinsichtlich des Restnachlasses auf je 6/18 + 1/18 = 7/18, während A 4/18 behielte. Der durch Auseinandersetzung realisierbare Wert würde somit für A 88.888, 88 DM und für B und C jeweils 155.555, 54 DM betragen. B und C erhielten folglich mehr, als ihnen eigentlich zusteht.

Um zu dem richtigen Ergebnis zu gelangen, muß man diejenigen Nachlaßwerte, die der verzichtende Erbe nach der bereits vorgenommenen Zahlung noch zu erwarten hat, zu dem Restnachlaß ins Verhältnis setzen.

Die Höhe des auf den Restnachlaß bezogenen Teilerbteils, dessen Aufgabe die vorweggenommene Zahlung ausgleicht, läßt sich dabei mit folgender Gleichung ermitteln[233]:

$$TE = ET - \frac{NW - nW}{RN}$$

TE = Teilerbteil, dessen Aufgabe die vorweggenommene Zahlung ausgleicht

ET = Erbteil des verzichtenden Miterben

NW = der bei einer Totalauseinandersetzung für den verzichtenden Erben zu erwartende Nachlaßwert

nW = vorweg erhaltener Nachlaßwert

RN = Restnachlaß

---

[233]) Vgl. hierzu auch *Petzold*, Teilauseinandersetzung, S. 43; *Damrau*, ZEV 1996, 361, 362.

Für den Beispielsfall bedeutet dies:

$$TE = \frac{1}{3} - \frac{150.000 - 50.000}{400.000} = \frac{1}{3} - \frac{1}{4}$$

$$= \frac{1}{12}$$

A müßte demnach auf 1/12 des Restnachlasses verzichten, so daß im Ergebnis A zu 1/4 und B und C zu je 3/8 am Restnachlaß beteiligt sind.

Will man errechnen, auf welchen Bruchteil seines Erbteils (*BE*) der abzuschichtende Miterbe verzichten muß, ist der soeben ermittelte Teilerbteil zu dem Erbteil des Verfügenden ins Verhältnis zu setzen[234]:

$$BE = TE : ET$$

Im Beispielsfall:

$$BE = \frac{1}{12} : \frac{1}{3} = \frac{1}{4}$$

A müßte somit auf 1/4 seines Erbteils verzichten.

3. Ergebnis

Der Verzicht nach § 2033 Abs.1 S.1 BGB muß nicht notwendig zu einem vollständigen Ausscheiden aus der Erbengemeinschaft führen, möglich ist auch der Verzicht auf nur einen Bruchteil des Erbteils. Erfolgt ein solcher Verzicht auf einen Teilerbteil (wie regelmäßig) gegen Entgelt, läßt sich von „teilweiser Abschichtung" oder – mit *Damrau*[235] – von „Teil-Abschichtung" sprechen.

---

[234]) Vgl. *Petzold*, Teilauseinandersetzung, S. 44; *Damrau*, ZEV 1996, 361, 362.
[235]) ZEV 1996, 361, 362.

III Einzuhaltende Form

Von herausragender praktischer Bedeutung ist die Frage, ob das Ausscheiden aus der Erbengemeinschaft im Wege der Abschichtung formfrei möglich ist oder ob es dazu der Einhaltung einer besonderen Form bedarf. Nach Ansicht des BGH[236] soll sich die Abschichtung von der Anteilsübertragung gerade dadurch unterscheiden, daß sie keinem Formzwang unterfällt, solange sich eine Formbedürftigkeit nicht bereits aus den als Abfindung zu gewährenden Gegenständen ergibt. Soweit dagegen das Schrifttum die Zulässigkeit eines Verzichts auf den Nachlaßanteil bejaht, geht es überwiegend von dem Erfordernis notarieller Beurkundung aus[237].

Dem Verzicht auf den Nachlaßanteil liegen nicht nur unverbindliche wirtschaftliche und persönliche Zwecke der Miterben zugrunde, er beruht vielmehr auf einer Abrede der Beteiligten, durch welche sich der abzuschichtende Miterbe zum Verzicht auf seinen Nachlaßanteil verpflichtet (Abschichtungsvertrag)[238]. Im Hinblick auf eine Formbedürftigkeit der Abschichtung ist daher streng zwischen dem schuldrechtlichen Grundgeschäft und dem dinglichen Vollzugsgeschäft zu unterscheiden[239].

1. Form des schuldrechtlichen Grundgeschäfts

Bei der Abschichtung tritt die dingliche Rechtsänderung kraft Gesetzes durch Anwachsung ein. Daher kann, auch wenn ein Grundstück zu dem verbleibenden Nachlaß gehört, § 313 S.1 BGB ebensowenig angewandt werden, wie wenn ein Gesellschafter gegen Abfindung aus einer Gesellschaft bürgerlichen Rechts mit Grundeigentum ausscheidet[240]. Für die schuldrechtliche Abschichtungsvereinbarung könnte aber die Formvorschrift des § 2371 BGB in Verbindung mit § 1922 Abs.2 BGB zur Anwendung gelangen, wenn es sich bei der Abschichtung um einen Erbschaftskauf im Sinne der §§ 2371 ff. BGB handelt.

---

[236]) BGHZ 138, 8 ff. mit zustimmenden Anmerkungen von *Manfred Wolf*, BGH LM § 2042 Nr.7 sowie *Lüdecke*, NJ 1998, 424.

[237]) *Gerner*, ZblFG 1915/1916, 653, 656; *Petzold*, Teilauseinandersetzung, S. 66; *Walsmann*, Verzicht, S. 200, 299; für einen Formzwang auch *Reimann*, MittBayNot 1998, 190 f.; *Keller*, ZEV 1998, 281, 283 f.; *Eberl-Borges*, MittRhNotK 1998, 242, 243; *Rieger*, DNotZ 1999, 64, 70 ff.; a.A. *Manfred Wolf*, BGH LM § 2042 Nr.7.

[238]) Vgl. *Rieger*, DNotZ 1999, 64, 70.

[239]) Vgl. *Wolf*, in: Soergel, BGB, § 2033 Rz 17; *Keller*, ZEV 1998, 281, 282; zu undifferenziert dagegen BGHZ 138, 8 ff.

[240]) BGHZ 138, 8, 11.

Der Erbschaftskauf verpflichtet den Erben zur Verschaffung der ihm angefallenen Erbschaft gegen Geld[241], wobei die einem Miterben angefallene Erbschaft in seinem Anteil am Nachlaß besteht. Bei der Abschichtung verschafft der weichende Miterbe seinen Nachlaßanteil den übrigen Erben jedoch gerade nicht, sondern er gibt ihn mit dinglicher Wirkung auf. Zwar profitieren die restlichen Miterben wirtschaftlich von dem Verzicht auf den Anteil, doch basiert diese Begünstigung nicht auf dem Erwerb einer weiteren, fremden Erbschaft sondern auf einer Erhöhung ihnen selbst bereits zustehender Erbteile im Wege der Anwachsung. Eine unmittelbare Anwendung des § 2371 BGB scheidet somit aus[242].

§ 2385 Abs.1 Alt.2 BGB erklärt jedoch die Vorschriften über den Erbschaftskauf auf andere Verträge, die auf die Veräußerung einer dem Veräußerer angefallenen oder anderweit von ihm erworbenen Erbschaft gerichtet sind, für entsprechend anwendbar. Die Formbedürftigkeit der Abschichtungsvereinbarung könnte sich daher aus einer entsprechenden Anwendung des § 2371 BGB ergeben, sofern es sich hierbei um einen Veräußerungsvertrag im Sinne des § 2385 Abs.1 BGB handelt, einem Formzwang nicht andere, höher einzustufende Wertentscheidungen des Gesetzgebers entgegenstehen und die Formzwecke des § 2371 BGB eine Anwendung der Vorschrift auch auf die Verpflichtung eines Miterben zum Verzicht auf seinen Nachlaßanteil gebieten.

a) Meinungsstand

Nach Ansicht des BGH[243] handelt es sich bei dem Ausscheiden aus der Erbengemeinschaft im Wege der Abschichtung um eine „weitere Gestaltungsmöglichkeit der vom Gesetz formfrei zugelassenen vertraglichen Erbauseinandersetzung“. Der Schutzzweck des § 2371 BGB lasse sich nicht auf die Abschichtung übertragen. Die Formvorschrift diene dem Schutz vor Übereilung, der Beweiserleichterung sowie der sachkundigen Beratung. Der Schutz gelte dabei dem Veräußerer, der vor einem unüberlegten Verlust seines Gesamtrechts bewahrt werden soll. Darüber hinaus solle im Interesse der Nachlaßgläubiger der Zeitpunkt des Vertragsschlusses als des Eintritts der Haftung des Erbschaftserwerbers eindeutig bestimmt werden. Des Schutzes durch notarielle Beurkundung bedürfe ebensosehr ein nicht zum Kreis der Miterben gehörender Anteilserwerber, der dem gesetzlichen Vorkaufsrecht der Miterben nach § 2034 ff. BGB ausgesetzt ist und außerdem mit seinem Eigenvermögen den Nachlaßgläubigern

---

241) *Musielak*, in: MK, BGB, vor § 2371 Rz 8, 10.

242) Einen Erbschaftskauf verneinend auch *Eberl-Borges*, MittRhNotK 1998, 242, 243; *Keller*, ZEV 1998, 281, 282; *Grunau*, DNotZ 1951, 366, 367; vgl. auch *Rieger*, DNotZ 1999, 64, 70.

243) BGHZ 138, 8, 10.

haftet. Diese besonderen Probleme der Anteilsveräußerung aber stellten sich nicht in gleichem Maße bei der von § 2371 BGB miterfaßten Konstellation, daß der Erwerber selbst Miterbe ist und den Nachlaßgläubigern somit ohnehin nach den §§ 2058 ff. BGB haftet. Umso weniger treffe der Schutzzweck dann zu, wenn ein Miterbe einvernehmlich im Wege der Abschichtung aus der Erbengemeinschaft ausscheidet. Dieser Weg werfe für die Miterben sowie für die Nachlaß- und Eigengläubiger der Erben keine wesentlich anderen Schwierigkeiten auf als jede Erbauseinandersetzung. Darüber hinaus führe eine Formbedürftigkeit insofern zu unbefriedigenden Ergebnissen, als auch bei einem Nachlaß, zu dem keine Grundstücke gehören, das Ausscheiden eines Miterben gegen Abfindung nicht ohne notarielle Beurkundung wirksam wäre. Solche Nachlässe würden jedoch seit jeher formfrei abgewickelt. Um die Rechtsbeständigkeit einer formfrei vereinbarten Abschichtung eines Miterben nicht zu gefährden, müßte sie stets in eine Übertragung aller einzelnen Nachlaßgegenstände auf die verbleibenden Miterben umgedeutet werden. Blieben zwei oder mehr Miterben zurück, würden sie allerdings keine Erbengemeinschaft mehr bilden, denn diese wäre durch die unterstellte gegenständliche Auseinandersetzung aufgelöst. Vielmehr müsse von einer Bruchteilsgemeinschaft ausgegangen werden, womit dem Rechtsverkehr nicht gedient sei.

Das OLG Celle vertrat in einem Beschluß aus dem Jahr 1950[244] die Auffassung, es entspreche dem Bestreben des Gesetzgebers, das Band der Erbengemeinschaft durch die Verfügungsfreiheit des Erben über seinen Anteil zu lockern, diese Verfügung durch einen Formzwang, noch dazu der öffentlichen Beurkundung, jedenfalls dann nicht zu erschweren, wenn sie der Auflösung der Erbengemeinschaft als dem natürlichen und wirtschaftlich zweckmäßigen Ziel einer nur als vorübergehend gedachten und aufgezwungenen Verbindung diene[245]. Die Formfreiheit der Auseinandersetzung als höheres Prinzip hebe einen Formzwang für die ihrer Durchführung dienende Anteilsverfügung auf. Hierfür spreche zusätzlich die Erwägung, daß jede Auseinandersetzung als Beendigung der Erbengemeinschaft notwendig den Untergang der an ihr bestehenden Erbteile zur Folge habe. Sie vollziehe sich also in der Weise, daß jeder Miterbe über seinen Anteil verfügt, an dessen Stelle das auf ihn entfallende Ergebnis der Auseinandersetzung trete. Er gebe seinen Anteil auf, um ihn durch die Auseinandersetzung zu verwirklichen. Liege aber in jeder Erbauseinandersetzung eine Verfügung der Miterben über ihr Anteile, so müßte folgerichtig die Formgebundenheit solcher Verfügungen auch für jede Erbauseinandersetzung gelten. Dies wider-

244) NJW 1951, 198. Zwar beschränkt sich die Entscheidung auf die Frage nach einer Anwendung des § 2033 Abs.1 S.2 BGB, somit auf die Form des dinglichen Vollzugsgeschäfts, folgt man hier jedoch der Auffassung des Gerichts, muß man konsequenterweise aus denselben Gründen auch die Formbedürftigkeit des schuldrechtlichen Grundgeschäfts verneinen.
245) Dahin tendierend auch BGHZ 138, 8 ff.

spräche allerdings nicht nur dem unser Recht beherrschenden Grundsatz der Formfreiheit, indem auf einem Umwege die Erbauseinandersetzung einem gesetzlich für sie nicht vorgeschriebenen Formzwang unterworfen würde, sondern auch dem gesetzgeberischen Bestreben, die Härten der Erbengemeinschaft zu mildern. Schließlich sei es auch nur eine Frage der wirtschaftlichen Zweckmäßigkeit, in welcher Art sich die Miterben auseinandersetzen, ob also der eine Miterbe zwecks Auflösung der Gemeinschaft Nachlaßwerte in natura übernimmt oder seinen ganzen Anteil mit oder ohne Abfindung zugunsten des anderen aufgibt. Von dieser auf rein tatsächlichem Gebiete liegenden Zufälligkeit könne es nicht abhängen, daß er in dem einen Fall an keine Formvorschrift gebunden ist, wohl aber in dem anderen.

Im Schrifttum sind die Auffassungen hinsichtlich einer Formbedürftigkeit des Abschichtungsvertrages geteilt:

Manfred Wolf[246] schließt sich der Argumentation des BGH von einer Formfreiheit des schuldrechtlichen Grundgeschäfts an. Die Formzwecke des § 2371 BGB seien für den ausscheidenden Miterben nicht von solcher Bedeutung, daß in Abweichung vom Grundsatz der Formfreiheit eine notarielle Beurkundung geboten wäre. Soweit als Formzweck des § 2371 BGB der Übereilungsschutz genannt wird, sei dieser bei der Auseinandersetzung entbehrlich, da die Miterbengemeinschaft auf Auseinandersetzung angelegt sei und das Gesetz in § 2042 BGB die jederzeitige Auseinandersetzung begünstigen wolle. Eines Übereilungsschutzes bedürfe es deshalb nicht. Die Erleichterung des Beweises reiche für sich allein als Formzweck nicht aus, zumal dadurch der Grundsatz der freien Beweiswürdigung eingeschränkt würde. Das Bedürfnis für eine notarielle Belehrung und Beratung rechtfertige beim einvernehmlichen Ausscheiden eines Miterben ebenfalls keinen Formzwang. Bei der Anteilsübertragung sei die notarielle Belehrung angebracht, weil die Parteien die komplexen Rechtsverhältnisse zwischen dem Anteil am Nachlaß und dem Anteil an den einzelnen Gegenständen nicht leicht durchschauten und deshalb der Belehrung bedürften, welche Gegenstände und welche Rechtsstellung sie willensgemäß übertragen bzw. erwerben wollen. Dieses Belehrungsbedürfnis entfalle beim Ausscheiden des Miterben, weil der Sinn des Ausscheidens als Ausstieg aus der rechtlichen Beteiligung am Nachlaß insgesamt ohne weiteres verständlich sei. Soweit der Formzwang beim Anteilskauf auch den Interessen des Erwerbers diene, der auf die Belastung mit dem Vorkaufsrecht und mit der Haftung für die Nachlaßverbindlichkeiten hingewiesen werden soll, entfalle ein solches Belehrungsbedürfnis beim Ausscheiden eines Miterben, weil ein Vorkaufsrecht dabei gar nicht entstehe und die

---

[246]) BGH LM § 2042 Nr.7.

Haftung für die Nachlaßschulden die Miterben bereits unabhängig vom Ausscheiden treffe.

Nach *Petzold*[247] muß von einer Anwendung der §§ 2385 Abs.1, 2371 BGB jedenfalls dann abgesehen werden, wenn die Abfindung aus dem Nachlaß erbracht wird, da aus Sicht des abgefundenen Miterben hierbei letztlich das gleiche geschehe, wie bei einer vollständigen Auseinandersetzung der Erbengemeinschaft. In beiden Fällen verliere der Miterbe seinen Anteil für den Erhalt von Nachlaßgegenständen, d.h. der Wert des Nachlaßanteils werde auf Kosten des Nachlasses realisiert. Die Verpflichtung zur Verfügung über den Anteil gliedere sich somit wesensmäßig und rechtstechnisch notwendig in den Auseinandersetzungsvertrag ein und könne deshalb kein eigenes Gewicht als Anteilsveräußerung im Sinne des § 2385 Abs.1 BGB haben. Hiermit in Einklang stehe auch der Zweck des § 2371 BGB. Die Vorschrift solle primär den seinen Anteil veräußernden Miterben vor Übereilung und Übervorteilung schützen. Ein solcher Schutz könne im Rahmen einer persönlichen Teilauseinandersetzung jedoch nicht gefordert werden, weil dies im Gegensatz dazu stünde, daß die Erbauseinandersetzung durch Anteilsverfügung kaum größere Gefahren der Übervorteilung beinhalte, als die grundsätzlich formlos wirksame Auseinandersetzung durch Nachlaßteilung gemäß § 2042 BGB. Im übrigen solle das Formerfordernis nach § 2371 BGB dem Erwerber den Nachweis seines Rechts gegenüber Dritten erleichtern. Eine solche Funktion sei aber wenig bedeutungsvoll, da dem Erwerber durch Abschluß des Vertrages nur obligatorische Ansprüche gegen den Veräußerer zustünden.

Nach der Auffassung *Kellers*[248] sind die Vorschriften der §§ 2385 Abs.1, 2371 BGB schon deshalb nicht anwendbar, weil der Begriff der Veräußerung die Übertragung eines Rechts voraussetze. Werde das Recht dagegen aufgegeben, so liege gerade keine Übertragung und demnach auch keine Veräußerung vor.

Mit derselben Begründung verneint *Eberl-Borges*[249] eine unmittelbare Anwendung des § 2385 Abs.1 BGB. Weil sie einen Schutz des verfügenden Miterben vor einem unüberlegten Verlust seines Gesamtrechts durch eine Formbedürftigkeit des Abschichtungsvertrages aber dennoch als notwendig erachtet, tritt sie für eine analoge Anwendung der §§ 2385 Abs.1, 2371, 1922 Abs.2 BGB ein.

---

[247]) Teilauseinandersetzung, S. 73 f.
[248]) ZEV 1998, 281, 283.
[249]) MittRhNotK 1998, 242, 243.

Grunau[250] vertritt die Ansicht, bei einem Vertrag, durch welchen sich ein Miterbe zum Verzicht auf seinen Anteil am Nachlaß verpflichtet, handele es sich um einen gemischten Vertrag mit Elementen der Erbauseinandersetzung und der Anteilsveräußerung gemäß §§ 2385, 1922 Abs.2 BGB. Für die Frage, welchem Vertragstypus der gemischte Vertrag zu unterstellen ist, komme es im wesentlichen auf die schutzwürdigen Belange der Vertragsparteien an. Der Gesetzgeber habe gerade da die Einhaltung einer Form vorgeschrieben, wo die Gefahr einer Übervorteilung naheliegt und wo die Form zur Erleichterung des Nachweises eines Rechts erforderlich ist. Diese Belange seien aber nicht nur bei der Veräußerung eines Anteils an einen Dritten, sondern auch bei der Veräußerung an einen Miterben innerhalb der Erbengemeinschaft zu schützen.

Rieger[251] schließlich tendiert dahin, die Abschichtungsvereinbarung unter die weit gefaßte Auffangnorm des § 2385 Abs.1 Alt.2 BGB zu subsumieren, denn das Vertragsgefüge sei davon bestimmt, daß gerade die Vertragspartner des ausscheidenden Miterben den Nachlaßanteil erhalten. Dies sei der Erfolg, den der Ausscheidende bei interessen- und wirklichkeitsnaher Auslegung des schuldrechtlichen Vertrages herbeiführen und schulden soll, unabhängig von der Konstruktion auf dinglicher Ebene.

b) Entstehungsgeschichte und ratio des § 2371 BGB

In den ersten Entwürfen des BGB war der Erbschaftskauf noch im 4. Titel des 2. Abschnitts des das Recht der Schuldverhältnisse behandelnden 2. Buches geregelt[252]. Der Erbschaftskauf wurde also rein schuldrechtlich aufgefaßt, wobei eine besondere Form nicht vorgesehen war. Zur Begründung der Formfreiheit führte die erste Kommission an, es liege im Wesen und Zweck des Erbschaftskaufs kein Grund, von dem Prinzip der Formfreiheit abzuweichen. Zwar sei das Erfordernis der gerichtlichen oder notariellen Beurkundung für die Fälle vorgesehen, in denen sich jemand zur Veräußerung seines ganzen gegenwärtigen Vermögens oder eines Bruchteils davon verpflichtet, der Erbschaftskauf unterscheide sich von diesen Verträgen aber sowohl nach dem Umfang als auch nach seiner Bedeutung. Indem die Übertragung des Vermögens meist eine antizipierte Erbfolge enthalte, sei ein solcher Vertrag weit inhaltsschwerer als der Erbschaftskauf, bei welchem es sich nur um die Veräußerung eines Vermögensbestandteils handele. Beim Erbschaftskauf bestünde auch nicht, wie dort, die Gefahr einer Umgehung der Vorschriften über letztwillige Verfügungen. Ebensowenig ließen sich die sonstigen praktischen Gründe, welche für die Formalisierung des auf Übertra-

---

250) DNotZ 1951, 366, 367.
251) DNotZ 1999, 64, 70.
252) I §§ 488 ff.; II §§ 448 ff.; siehe hierzu Motive Band II, S. 352.

gung des Vermögens gerichteten Vertrages mit maßgebend sind, auf den Erbschaftskauf übertragen. Die Formalisierung hätte vielmehr eine unnötige, nicht unbedenkliche Beengung des Rechtsverkehrs zur Folge. Namentlich würden unter Miterben nicht selten vorkommende Verträge, durch welche ein ausscheidender Miterbe seine Quote den übrigen Erben gegen Abfindung überläßt, erheblich erschwert. Aus diesem Grund sei insbesondere auch die Vorschrift des ALR I 11 § 473, wonach für den Erbschaftskauf der gerichtliche Abschluß vorgesehen war, durch Gesetz vom 11.07.1845 aufgehoben worden[253].

Die Redaktionskommission beschloß dagegen sachgemäß die Einreihung des Erbschaftskaufs in das Erbrecht und unterwarf ihn aus folgenden Erwägungen dem Erfordernis der gerichtlichen[254] oder notariellen Beurkundung[255]: Aus denselben Gründen, aus welchen ein Vertrag, durch den sich jemand zur Übertragung seines gegenwärtigen Vermögens, eines Bruchteils davon oder eines Grundstückes verpflichtet, dem Formzwang unterfällt[256], bedürfe auch der Erbschaftskauf der Formalisierung. Auch beim Erbschaftskauf handele es sich regelmäßig um einen Gegenstand von besonderem Wert, zumal nicht selten Grundstücke zum Nachlaß zählten. Selbst von dem Wert abgesehen sei der Veräußerungsgegenstand insofern ein besonderer, als beim Erbschaftskauf – wie auch bei einem Vertrag, der auf die Veräußerung des Vermögens im ganzen gerichtet ist - stets ein Komplex von Rechten in Frage steht[257]. Ein Schutz des Veräußerers vor Übereilung sei hier deshalb mindestens ebenso erforderlich wie dort, insbesondere gelte dies unter Berücksichtigung der Tatsache, daß Erbschaftskäufe oft von gewerbsmäßigen Käufern zum Zwecke der Spekulation geschlossen würden. Von einer Belästigung des Rechtsverkehrs könne keine Rede sein; Erbschaftskäufe seien keine Verkehrsgeschäfte. Die Form sei auch wünschenswert, um Klarheit über die Rechtsverhältnisse zu gewährleisten und um dem Käufer den Nachweis seines Rechts gegenüber Dritten zu erleichtern. Weiter sei zu beachten, daß das Formerfordernis schon nach § 351 des Entwurfs[258] insoweit immer bestehe, als Grundstücke zum Nachlaß gehören. In solchen Fällen aber würde die Formfreiheit des Erbschaftskaufs zu Zweifeln darüber führen, ob infolge der Ungültigkeit des Grundstücksverkaufs auch der Erbschaftskauf im übrigen hinfällig ist[259]. Die geschichtliche Entwicklung des preußischen Rechts dürfe nicht überbewertet werden. Es sei zu beachten, daß im

[253]) Motive Band II, S. 354.
[254]) Die Möglichkeit der gerichtlichen Beurkundung wurde durch § 56 Abs.1 BeurkG vom 28.08.1969 (BGBl. I 1513) mit Wirkung vom 01.01.1970 (§ 71 BeurkG) aufgehoben.
[255]) Vgl. Protokolle, Band II, S. 114 f.
[256]) Vgl. §§ 311, 313; im zweiten Entwurf noch §§ 350, 351.
[257]) Protokolle, Band II, S. 114.
[258]) Heute § 313.
[259]) Protokolle, Band II, S. 115.

preußischen Recht für Verträge über 150,- Mark auch nach der Aufhebung der besonderen Formvorschrift für den Erbschaftskauf immer noch die Schriftform erforderlich geblieben sei. Außerdem habe das Allgemeine Landrecht (I 11 § 473) stets gerichtliche Form verlangt, nicht auch einen notariellen Abschluß zugelassen. Nach preußischem Recht sei der Erbschaftskauf ein Verkauf des Erbrechts selbst gewesen[260] und als solcher unter Miterben zum Zwecke der Auseinandersetzung vorgekommen. Nach dem Entwurf werde jedoch infolge des in § 488 Abs.1[261] enthaltenen Grundsatzes eine Auseinandersetzung der Miterben auf diesem Weg ohnehin seltener stattfinden[262], so daß eine Erschwerung der Auseinandersetzung von der Formvorschrift nicht zu befürchten sei[263].

c) Stellungnahme

Dem Argument, Abschichtungsverträge könnten schon deshalb nicht als Veräußerungsverträge im Sinne des § 2385 Abs.1 BGB angesehen werden, weil sie nicht auf eine Übertragung des Nachlaßanteils gerichtet sind, sondern auf dessen Aufhebung, ist mit *Rieger*[264] entgegenzuhalten, daß die verbleibenden Miterben eine Abfindung kaum als Gegenleistung für den bloßen Verzicht des Abzuschichtenden erbringen werden, schon gar nicht dann, wenn die Abfindung mit privaten Mitteln erfolgt. Die Erhöhung des eigenen Erbteils ist es, was sie bei lebensnaher Auslegung des Vorganges anstreben. Demnach sollte aber auch für eine Klassifizierung der schuldrechtlichen Abschichtungsvereinbarung als Veräußerungsvertrag nicht auf die rein formalistische Frage nach dem Vorliegen eines Rechtsüberganges abgestellt werden; entscheidend ist vielmehr das Bestreben, eine Vermögensverschiebung zwischen den Parteien herbeizuführen, sei es durch Übertragung des Nachlaßanteils oder auf sonstige Weise. Daß ein Veräußerungsvertrag auch dann vorliegt, wenn dem Erwerber ein Wert verschafft wird, der nicht in einer Übertragung von Rechten sondern in deren Aufhebung besteht, ist im Rahmen des § 445 BGB weitgehend anerkannt[265]. Versteht man den Veräußerungsbegriff des BGB aber einheitlich, bestehen keine Bedenken, auch die schuldrechtliche Abschichtungsvereinbarung darunter zu subsumieren. Bei der Verpflichtung eines Miterben zum Verzicht auf seinen Anteil am Nach-

---

260) Vgl. ALR I 11 § 455.

261) Heute § 2371.

262) Vgl. Motive, Band II, S. 353, wo der Grundsatz zwar nicht formuliert wird, der Gesetzgeber dürfte hierbei jedoch den Umstand gemeint haben, daß Gegenstand des Erbschaftskaufes nicht das Erbrecht als solches, sondern lediglich der Inbegriff der zur Erbschaft gehörenden Vermögensstücke bildet.

263) Protokolle, Band II, S. 115.

264) DNotZ 1999, 64, 70.

265) Vgl. *Köhler*, in: Staudinger, BGB, § 445 Rz 6; *Huber*, in: Soergel, BGB, § 445 Rz 6.

laß handelt es sich somit um einen Veräußerungsvertrag im Sinne des § 2385 Abs.1 BGB.

Trotz Vorliegens der tatbestandlichen Voraussetzungen der §§ 2385 Abs.1, 2371, 1922 Abs.2 BGB könnte die schuldrechtliche Vereinbarung über das Ausscheiden aus der Erbengemeinschaft formlos möglich sein, wenn dem Formzwang ein höheres Prinzip von der formfreien Erbauseinandersetzung entgegensteht[266].

Streitig ist insoweit jedoch bereits, ob bzw. unter welchen Voraussetzungen Anteilsverfügungen nach § 2033 Abs.1 BGB überhaupt ein Mittel zur Auseinandersetzung der Erbengemeinschaft darstellen. Während die herrschende Meinung[267] die Anteilsverfügung als einen Weg zur (teilweisen) Auseinandersetzung der Erbengemeinschaft ansieht, sofern sie nur zu einem vollständigen Ausscheiden aus der Gemeinschaft führt und sich unter Beteiligung aller Gesamthänder vollzieht, handelt es sich nach der Gegenauffassung[268] bei Erbauseinandersetzung und Verfügung über den Nachlaßanteil um zwei selbständig nebeneinander bestehende Möglichkeiten zur Beendigung der Erbengemeinschaft. Eine vermittelnde Ansicht[269] schließlich nimmt nur dann eine Auseinandersetzung an, wenn es durch die Anteilsverfügung zu einer Beendigung der Erbengemeinschaft kommt.

Die Erbauseinandersetzung durch Anteilsverfügung ist im BGB nicht als eigenständiger Vertragstypus geregelt. Die §§ 2042 ff. BGB, insbesondere § 2042 Abs.2 in Verbindung mit §§ 752 bis 754 und 2047 BGB beziehen sich lediglich auf die Auseinandersetzung im Wege der Verteilung der einzelnen Nachlaßgegenstände[270]. Deshalb verdient diejenige Auffassung den Vorzug, die Anteilsveräußerungen rechtlich nicht als eine Spielart der Erbauseinandersetzung ansieht, sondern als etwas völlig anderes. Das Erbrecht bietet mit der Auseinandersetzung nach §§ 2042 ff. BGB und der Verfügung über den Anteil am Nachlaß gemäß § 2033 Abs.1 BGB zwei voneinander rechtlich völlig getrennte Möglichkeiten, das gesamthänderische Eigentum in Alleineigentum eines Miterben zu verwandeln. Wählen die Beteiligten aber den zweiten Weg, dann müssen auch diejenigen Vorschriften Anwendung finden, die für diesen Weg geschaffen sind.

---

[266]) So OLG Celle, NJW 1951, 198 f.

[267]) Vgl. *Edenhofer*, in: Palandt, BGB, § 2042 Rz 18; *Werner*, in: Staudinger, BGB, § 2042 Rz 30; *Schlüter*, in: Erman, BGB, § 2042 Rz 17 f.; *Kregel*, in: BGB-RGRK, § 2042 Rz 18; vgl. auch *Johannsen*, WM 1970, 573.

[268]) *Patschke*, NJW 1955, 444, 445 f.; *Damrau*, in: Soergel, BGB, § 2385 Rz 2; *Kipp/Coing*, Erbrecht, § 118 III 3., S. 639 (keine Auseinandersetzung in strengem Sinne).

[269]) *Zunft*, JZ 1956, 550, 551; *Rötelmann*, NJW 1951, 198.

[270]) *Keller*, Formproblematik, Rz 51.

Lediglich im wirtschaftlichen Ergebnis kommt eine Anteilsveräußerung an den übernehmenden Miterben der Erbauseinandersetzung, bei der sämtliche Nachlaßgegenstände einem Miterben übertragen werden, gleich[271].

Selbst wenn man in dieser Frage einer anderen Auffassung folgt und die Anteilsverfügung unter bestimmten Umständen als ein Mittel zur Auseinandersetzung der Erbengemeinschaft ansieht, ist dies insofern ohne praktische Relevanz, als sich dem Gesetz ein höheres Prinzip von der formfreien Erbauseinandersetzung nicht entnehmen läßt. Das Privatrecht enthält nur den allgemeinen Grundsatz, daß Rechtsgeschäfte formfrei wirksam sind, sofern das Gesetz keinen Formzwang anordnet[272]. Zwar mag ein weites Verständnis des Begriffes „Erbauseinandersetzung" insofern berechtigt sein, als die Miterben eine Beendigung der Erbengemeinschaft auch durch Anteilsverfügungen nach § 2033 Abs.1 BGB herbeiführen können, doch darf eine solche - vom Gesetz abweichende - Begriffsbildung nicht dazu führen, daß der Formzwang des § 2371 BGB entfällt, wenn ein Vertrag die Voraussetzungen des § 2385 Abs.1 BGB erfüllt. Die letztlich willkürliche Umbenennung eines Vertrages, der seinem Inhalt nach einen Veräußerungsvertrag darstellt, kann nicht die Nichtanwendung der §§ 2385 Abs.1, 2371 BGB zur Folge haben[273], zumal nach dem ausdrücklichen Willen des Gesetzgebers der Vertragstyp für die Frage nach der einzuhaltenden Form gerade keine ausschlaggebende Rolle spielen sollte. Dies ergibt sich aus der Regelung des § 2385 Abs.1 BGB, der zu entnehmen ist, daß die Formvorschrift des § 2371 BGB keine einengende, sondern eine ausdehnende Anwendung erfahren soll[274]. Soweit das OLG Celle[275] die Ansicht vertritt, in jeder gegenständlichen Erbauseinandersetzung seien notwendig auch Verfügungen der Miterben über ihre Anteile am Nachlaß enthalten, so daß eine Formbedürftigkeit in Widerspruch zu der auf Auflösung ausgerichteten Struktur der Erbengemeinschaft trete, verkennt es den durch die Vorschriften des § 2040 Abs.1 BGB einerseits und des § 2033 Abs.1 BGB andererseits artikulierten Unterschied zwischen einer Verfügung über den einzelnen Nachlaßgegenstand und über den Anteil am Nachlaß im ganzen[276].

---

271) Vgl. *Patschke*, NJW 1955, 444, 445 f. – „zwei Paar Stiefel".
272) *Keller*, Formproblematik, Rz 57.
273) So insbesondere auch *Keller*, Formproblematik, Rz 51.
274) Motive, Band II, S 365 f.; *Patschke*, NJW 1955, 444, 446.
275) NJW 1951, 198 f.
276) *Petzold*, Teilauseinandersetzung, S. 75; vgl. auch die kritische Anmerkung von *Grunau*, DNotZ 1951, 366, 367.

Mit einem höheren Prinzip von der formfreien Erbauseinandersetzung läßt sich eine Abweichung vom Formzwang der §§ 2385 Abs.1, 2371, 1922 Abs.2 BGB somit nicht begründen[277].

Das Ausscheiden aus der Erbengemeinschaft könnte aber deshalb formfrei möglich sein, weil die Motive, welche den Gesetzgeber zur Formvorschrift des § 2371 BGB bewogen haben, die Verpflichtung zum Verzicht auf den Nachlaßanteil nicht erfassen. Hierbei verdient es jedoch zunächst Kritik, wenn *Petzold* die Formbedürftigkeit des schuldrechtlichen Grundgeschäfts mit der Frage verbindet, ob die Abfindung für das Ausscheiden aus der Erbengemeinschaft aus dem Nachlaß erbracht wird oder nicht, denn die Gefahren, welche sich mit einer Aufgabe des Nachlaßanteils verbinden, sind für den weichenden Miterben in beiden Fällen gleich[278]. Dem BGH wiederum ist zwar insoweit zuzustimmen, als der Normzweck, den Eintritt der Haftung des Erbschaftserwerbers eindeutig bestimmen zu können, nicht für die Abschichtung gilt, weil die in Erbengemeinschaft verbleibenden Miterben den Nachlaßgläubigern ohnehin bereits nach den §§ 2058 ff. BGB haften, in erster Linie bezweckt § 2371 BGB jedoch den Schutz des Veräußerers vor einem unüberlegten Verlust seines Gesamtrechts[279]. Des Übereilungsschutzes bedarf aber ein Miterbe, der auf seinen Nachlaßanteil verzichtet ebenso wie ein Miterbe, der seinen Nachlaßanteil überträgt. Deutlich wird dies schon daran, daß beide Vorgehensweisen aus wirtschaftlicher Sicht des Verfügenden zu demselben Ergebnis führen.

Dem Einwand, eines Schutzes des Veräußerers vor Übereilung bedürfe es deshalb nicht, weil die Abschichtung kaum größere Gefahren beinhalte als die grundsätzlich formlos wirksame Auseinandersetzung durch Nachlaßteilung gemäß § 2042 BGB[280] ist entgegenzuhalten, daß der weichende Miterbe mit der Anteilsverfügung seine Rechtsstellung am gesamten Nachlaß verliert, unabhängig davon, ob die Erben den Nachlaß vollständig ermittelt haben oder nicht. Auch an übersehenen oder unbekannten Nachlaßgegenständen ist der verfügende Miterbe nach Aufgabe seines Anteils nicht mehr beteiligt. Die Gefahr, daß einzelne Nachlaßgegenstände bei der Abwicklung übersehen werden, ist heute mindestens ebenso groß wie zu Zeiten der Schaffung des BGB. Dies hat seine Ursache in den aus wirtschaftlichen und steuerlichen Gründen zunehmend komplizierter strukturierten Vermögensmassen, deren örtliche Verteilung sich nicht

---

277) Vgl. für die Form des § 2033 Abs.1 S.2 BGB auch *Werner*, in: Staudinger, BGB, § 2033 Rz 17.

278) Vgl. *Keller*, Formproblematik, Rz 54 (Fn 36).

279) Vgl. Protokolle, Band II, S. 114 f.; RGZ 137, 171, 174; *Eberl-Borges*, MittRhNotK 1998, 242, 243.

280) So BGHZ 138, 8, 12 f.; *Manfred Wolf*, BGH LM § 2042 Nr.7; *Petzold*, Teilauseinandersetzung, S. 73 ff.

nur auf das Inland beschränkt, sowie in der demographischen Entwicklung, aufgrund derer immer häufiger entfernte Verwandte als gesetzliche Erben zum Zuge kommen[281]. Eine Anfechtung des schuldrechtlichen Vertrages nach § 119 Abs.1 oder Abs.2 BGB sowie eine Berufung auf den Wegfall der Geschäftsgrundlage erscheinen aus rechtlichen[282] und tatsächlichen (Beweislast!) Gründen wenig erfolgversprechend[283]. Bei einer Erbauseinandersetzung ausschließlich durch Verteilung der einzelnen Nachlaßgegenstände dagegen ist die Rechtsstellung des weichenden Miterben wesentlich gesicherter, da hier seine Beteiligung an übersehenen Nachlaßgegenständen unverändert bestehen bleibt. Aufgrund dieses unterschiedlichen Risikos aber kann davon, daß es eines Schutzes vor Übereilung bei schuldrechtlichen Abschichtungsvereinbarungen nicht bedarf, keine Rede sein[284].

Neben dem häufig hohen Wert des Nachlasses war zudem gerade dieser Zusammenhang ausschlaggebend für die Formbedürftigkeit der Erbschaftsveräußerung[285]. Wenn § 2371 BGB über den Schutz des Veräußerers hinaus noch den Interessen der Anteilserwerber und Nachlaßgläubiger dient und hier eine Schutzbedürftigkeit nicht in gleicher Weise besteht wie bei der Übertragung des Anteils auf einen Außenstehenden, ist dies kein Grund, die Vorschrift nicht anzuwenden[286]. Folglich sind auch die Voraussetzungen einer teleologischen Reduktion des § 2371 BGB nicht gegeben; der Hauptzweck der Vorschrift, den Veräußerer vor einem vorschnellen Verlust seines Gesamtrechts zu bewahren, gebietet vielmehr die entsprechende Anwendung der Norm auch auf diejenigen Fälle, in denen ein Miterbe auf seinen Anteil am Nachlaß verzichtet.

Soweit der BGH schließlich zur Begründung seiner Ansicht auf das Interesse des Rechtsverkehrs hinsichtlich der Möglichkeit eines formfreien Ausscheidens aus der Erbengemeinschaft verweist, begegnet es erheblichen Bedenken, wenn ein Formerfordernis, das primär dem Schutz des Veräußerers dienen soll, mit dem Hinweis auf vor allem den Erwerbern entstehende Lästigkeiten ausgehebelt

---

281) *Rieger*, DNotZ 1999, 64, 75.

282) Die unvollständige Ermittlung des Nachlasses durch die Miterben bildet rechtlich einen Kalkulationsirrtum, der nach herrschender Ansicht nicht zur Anfechtung nach § 119 Abs.1 BGB berechtigt; vgl. BGH DB 1998, 1909; *Heinrichs*, in: Palandt, BGB, § 119 Rz 18; *Larenz/Wolf*, AT, § 36 Rz 70 ff. Mit einer Berufung auf den Wegfall der Geschäftsgrundlage dagegen läßt sich grundsätzlich nur eine Anpassung des Vertrages, nicht aber dessen Rückgängigmachung erreichen (BGH NJW 1984, 1746, 1747; *Heinrichs*, in: Palandt, BGB, § 242 Rz 130 mit weiteren Nachweisen).

283) *Petzold*, Teilauseinandersetzung, S. 76 ff.; *Keller*, Formproblematik, Rz 53; *Grunau*, DNotZ 1951, 366, 368.

284) Vgl. auch *Rieger*, DNotZ 1999, 64, 72; *Keller*, Formproblematik, Rz 53.

285) Protokolle, Band II, S. 114 f.; *Rieger*, DNotZ 1999, 64, 73.

286) Vgl. *Eberl-Borges*, MittRhNotK 1998, 242, 243.

werden soll[287]. Wie die Enstehungsgeschichte des § 2371 BGB zeigt, war dem Gesetzgeber durchaus bewußt, daß ein Formzwang die Auseinandersetzung von Erbengemeinschaften durch Anteilsverfügungen erschweren würde[288]. Diese Umstände wurden bei Schaffung des BGB aber sehenden Auges in Kauf genommen[289]. Dem Interesse an der Möglichkeit eines formfreien Ausscheidens aus der Erbengemeinschaft steht zudem das Interesse des Rechtsverkehrs gegenüber, möglichst klar und unmißverständlich erkennen zu können, wann eine Form eingehalten werden muß und wann nicht[290]. Eine sinnvolle Klarstellung der Formgrenzen durch § 2385 Abs.1 BGB würde aber ins Gegenteil verkehrt, ließe man die schuldrechtliche Abschichtungsvereinbarung formfrei zu, obwohl sich der abzuschichtende Miterbe zur Veräußerung seines Nachlaßanteils verpflichtet[291]. Mit den praktischen Bedürfnissen des Rechtsverkehrs läßt sich eine Abweichung von dem Formerfordernis der §§ 2385 Abs.1, 2371, 1922 Abs.2 BGB somit ebenfalls nicht begründen.

d) Ergebnis

Die schuldrechtliche Vereinbarung, durch welche sich ein Miterbe zum Verzicht auf seinen Anteil am Nachlaß und die übrigen sich zur Abfindung dieses Miterben verpflichten (Abschichtungsvertrag), bedarf nach den §§ 2385 Abs.1, 2371, 1922 Abs.2 BGB notarieller Beurkundung. Der Formzwang besteht unabhängig von der Frage, ob die Erbengemeinschaft nach dem Ausscheiden einzelner Miterben fortgesetzt wird oder ob es infolge der Anteilsverfügung zur Beendigung der Erbengemeinschaft kommt. Ebensowenig spielt es für die Formbedürftigkeit des schuldrechtlichen Grundgeschäfts eine Rolle, ob die Abfindung mit Nachlaßmitteln erfolgt oder aus dem Eigenvermögen des bzw. der erwerbenden Miterben erbracht wird.

e) Reichweite des Formzwanges

Der Formzwang erstreckt sich auf das obligatorische Rechtsgeschäft im ganzen, denn die Schutzfunktion des § 2371 BGB, den Erben vor einer unüberlegten Veräußerung des ihm unentgeltlich angefallenen Nachlasses zu warnen, würde zumindest teilweise vereitelt, hätten es die Vertragspartner in der Hand, bestimmte nach ihren Vorstellungen für den gesamten Vertrag wesentliche Abre-

---

287) *Rieger*, DNotZ 1999, 64, 75.
288) Protokolle, Band II, S. 115
289) Vgl. auch *Rieger*, DNotZ 1999, 64, 75.
290) Siehe hierzu *Häsemeyer*, Die gesetzliche Form der Rechtsgeschäfte, S. 211 ff.; vgl. auch *Keller*, Formproblematik, Rz 56.
291) Vgl. auch *Keller*, Formproblematik, Rz 56.

den formlos zu treffen[292]. Der Form bedürfen daher neben den Verpflichtungen zu Anteilsverfügung und Abfindungsleistung auch alle sonstigen Abreden und Nebenabreden, sofern nach dem erkennbaren Willen auch nur einer Partei der gesamte Vertrag mit diesen „stehen und fallen“ soll[293].

2. Form des dinglichen Vollzugsgeschäfts

Für das dingliche Vollzugsgeschäft könnte aufgrund des in der Abschichtung enthaltenen Verzichts auf den Nachlaßanteil die Formvorschrift des § 2033 Abs.1 S.2 BGB zur Anwendung gelangen.

a) Meinungsstand

Während das überwiegende Schrifttum[294] den Verzicht auf den Nachlaßanteil dem Formzwang des § 2033 Abs.1 S. 2 BGB unterwirft, soll die Vorschrift nach Ansicht des BGH[295] und Teilen der Literatur[296] im Rahmen der Abschichtung keine Anwendung erfahren. Nach Meinung des BGH lasse sich das Aufgeben des Nachlaßanteils schon tatbestandlich von der Verfügung gemäß § 2033 Abs.1 BGB abgrenzen, da der im Wege der Abschichtung aus der Erbengemeinschaft ausscheidende Miterbe seine Rechte als Mitglied der Erbengemeinschaft nicht auf einen oder mehrere Rechtsnachfolger übertrage, sondern lediglich auf sie verzichte. Darüber hinaus sei auch der Schutzzweck der in § 2033 Abs.1 S.2 BGB vorgeschriebenen Form bei einem Verzicht auf den Nachlaßanteil ebensowenig einschlägig wie der des § 2371 BGB.

Nach Auffassung des OLG Celle[297] schließlich sei die vom Gesetzgeber angeführte Begründung des Formzwanges als deshalb „angemessen“, weil der obligatorische Veräußerungsvertrag derselben Form unterliegt, so schwach, daß sich damit jedenfalls eine ausdehnende Anwendung des § 2033 Abs.1 S.2 BGB nicht rechtfertigen lasse.

---

[292]) Vgl. *Schlüter*, JuS 1969, 10.
[293]) Vgl. *Olshausen*, in: Staudinger, BGB, § 2371 Rz 7.
[294]) *Reimann*, MittBayNot 1998, 190 f.; *Eberl-Borges*, MittRhNotK 1998, 242, 243; *Rieger*, DNotZ 1999, 64, 70 ff.; *Gerner*, ZblFG 1915/1916, 653, 656; *Petzold*, Teilauseinandersetzung, S. 66; *Walsmann*, Verzicht, S. 200, 299; vgl. auch *Keller*, ZEV 1998, 281, 283 ff.; *Grunau*, DNotZ 151, 366 ff.
[295]) BGHZ 138, 8, 12 f.
[296]) *Manfred Wolf*, BGH LM § 2042 Nr.7, *Lüdecke*, NJ 1998, 424.
[297]) DNotZ 1951, 365, 366.

b) Entstehungsgeschichte und ratio des § 2033 Abs.1 S.2 BGB

Die Vorschrift des § 2033 Abs.1 S. 2 BGB wurde vom Gesetzgeber als Ergänzung zu § 2371 BGB gesehen[298]. Nachdem die Entscheidung für eine Formalisierung des obligatorischen Veräußerungsvertrages bereits gefallen war, hielt die zweite Kommission es für „angemessen", auch den dinglichen Vertrag dieser Form zu unterwerfen[299]. Auch die Vorschrift des § 2033 Absl S. 2 BGB dient somit dem Schutz des Veräußerers vor einem unüberlegten Verlust seines Gesamtrechts[300]. Da gerade bei Verfügungsgeschäften ein besonderes Interesse des Rechtsverkehrs an klaren Rechtsverhältnissen besteht, soll der Formzwang darüber hinaus den dinglichen Vorgang der Anteilsverfügung klarstellen (sachenrechtlicher Publizitätsgrundsatz). Schließlich bezweckt § 2033 Abs.1 S. 2 BGB auch eine Beweiserleichterung[301]; dies gilt insbesondere unter Berücksichtigung des Umstandes, daß kein öffentliches Register existiert, das die Anteilsberechtigten aufführt und die Anteilserwerber im Erbschein nicht genannt werden[302].

c) Stellungnahme

Nach § 2033 Abs.1 S. 2 BGB bedarf ein Vertrag, durch welchen ein Miterbe über seinen Anteil am Nachlaß verfügt, der notariellen Beurkundung. Wenn der BGH die Auffassung vertritt, die Abschichtung eines Miterben lasse sich bereits tatbestandlich von der Verfügung über den Anteil nach § 2033 Abs.1 BGB abgrenzen, so berücksichtigt er nicht, daß auch der Verzicht auf ein Recht eine Verfügung darstellt[303]. Ob der Rechtserwerb der übrigen Miterben kraft Gesetzes eintritt oder nicht, ist insoweit ohne Belang. Ausschlaggebend für das Vorliegen einer Verfügung im Sinne des § 2033 Abs.1 BGB ist vielmehr allein die Tatsache, daß der auf den abzuschichtenden Miterben entfallende Erbteil durch die Aufgabe eine unmittelbare Änderung der Zuordnung erfährt[304]. Fraglich ist somit nur, ob sich der Formzwang des § 2033 Abs.1 S. 2 BGB auch nach dem Zweck der Norm auf diejenigen Fallkonstellationen erstreckt, in denen ein Miterbe auf seinen Anteil am Nachlaß verzichtet.

---

[298]) Protokolle, Band V, S. 839; *Dütz*, in: MK, BGB, § 2033 Rz 2; *Wolf*, in: Soergel, BGB, § 2033 Rz 8; *Keller*, Formproblematik, Rz 8.
[299]) Protokolle, Band V, S. 839.
[300]) *Dütz*, in: MK, BGB, § 2033 Rz 2; *Werner*, in: Staudinger, BGB, § 2033 Rz 17; *Wolf*, in: Soergel, BGB, § 2033 Rz 8.
[301]) *Dütz*, in: MK, BGB, § 2033 Rz 2; *Wolf*, in: Soergel, BGB, § 2033 Rz 8; *Keller*, Formproblematik, Rz 8.
[302]) Vgl. *Patschke*, NJW 1955, 444, 446; *Keller*, Formproblematik, Rz 8.
[303]) Vgl. *von Tuhr*, AT, Band II, 1. Hälfte, § 54 VI, S. 264 f.; *Walsmann*, Verzicht, S. 200.
[304]) So insbesondere auch *Rieger*, DNotZ 1999, 64, 71.

Richtig ist, daß die Formvorschrift ungeeignet ist, den Verfügenden vor Übereilung zu schützen, da dieser bei Vorliegen eines wirksamen Grundgeschäfts zur Anteilsverfügung verpflichtet ist. Ein Übereilungsschutz, der dem Miterben nur Bedenkzeit darüber sichert, ob er die Verpflichtung zur Anteilsverfügung durch notarielle Beurkundung erfüllen oder erst einen Prozeß hierüber verlieren will, ist augenscheinlich sinnlos. Die Formzwecke Klarstellung der Rechtsverhältnisse und Beweiserleichterung kommen indes auch im Rahmen eines Verzichts auf den Nachlaßanteil zum tragen. Durch den Verzicht wird – wie bei der Übertragung des Nachlaßanteils – die Zuordnung des Nachlasses neu strukturiert[305]. Auch in diesem Fall gebietet daher der sachenrechtliche Publizitätsgrundsatz die notarielle Beurkundung, um dem Rechtsverkehr Klarheit über die Träger der Nachlaßanteile zu verschaffen und schwierige Beweiserhebungen zu vermeiden, zumal kein öffentliches Register existiert, in dem die Erbteilsträger vermerkt werden und auch aus dem Erbschein nicht erkennbar ist, daß ein Erbteil an jemand anderen veräußert wurde[306]. Das Ausscheiden einzelner Miterben aus der Erbengemeinschaft ist für den Rechtsverkehr nur erkennbar, wenn sich die Anteilsverfügung in der Form der notariellen Beurkundung vollzieht; dies gilt vor allem für den Zeitpunkt des Ausscheidens, denn bei einem formlos möglichen Ausscheiden wäre häufig unklar, ob das Ausscheiden sofort oder erst nach Erbringung der Abfindungsleistung erfolgen soll[307]. Der Argumentation des BGH kann daher nicht gefolgt werden.

Ebensowenig greifen die vom OLG Celle für die Formfreiheit geltend gemachten Gründe durch. Zwar ist die Begründung des Gesetzgebers für die Formbedürftigkeit der Anteilsverfügung zugegebenermaßen knapp, die Frage nach der einzuhaltenden Form bei Erbteilsveräußerungen war aber ausführlich schon bei § 2371 BGB erörtert worden; und daß die Anteilsverfügung hinsichtlich ihrer Form nicht anders geregelt werden kann als das entsprechende schuldrechtliche Grundgeschäft der §§ 2371, 2385 BGB, war in den Augen des Gesetzgebers selbstverständlich[308].

d) Ergebnis

Der Vertrag, durch welchen ein Miterbe auf seinen Anteil am Nachlaß verzichtet, bedarf als Verfügungsvertrag gemäß § 2033 Abs.1 S.2 BGB der notariellen Beurkundung.

---

[305]) Vgl. *Keller*, ZEV 1998, 281, 284.
[306]) Vgl. *Patschke*, NJW 1955, 444, 446; *Rieger*, DNotZ 1999, 64, 72.
[307]) Vgl. *Keller*, ZEV 1998, 281, 284.
[308]) Vgl. daher auch die Anmerkung von *Grunau*, DNotZ 1951, 366 f.

3. Ergebnis

Sowohl das schuldrechtliche Grundgeschäft als auch das dingliche Vollzugsgeschäft eines Ausscheidens aus der Erbengemeinschaft durch Abschichtung ist notariell zu beurkunden. Für die schuldrechtliche Abschichtungsvereinbarung folgt der Formzwang aus den §§ 2385 Abs.1, 2371, 1922 Abs.2 BGB, für die Verfügung über den Nachlaßanteil ergibt er sich aus § 2033 Abs.1 S.2 BGB.

IV Heilung formnichtiger Abschichtungsverträge durch Erfüllung?

Wird dem Formzwang der §§ 2385 Abs.1, 2371, 1922 Abs.2 BGB für die schuldrechtliche Abschichtungsvereinbarung nicht oder nicht hinreichend genügt, ordnet § 125 S.1 BGB grundsätzlich die Nichtigkeit des Rechtsgeschäfts als Rechtsfolge an. Sofern die Vertragsparteien von der Formbedürftigkeit des schuldrechtlichen Grundgeschäfts keine Kenntnis haben und daher die Abschichtungsvereinbarung mündlich oder privatschriftlich schließen, hat der Notar sie vor Beurkundung des dinglichen Vollzugsgeschäfts gemäß § 17 BeurkG auf die Nichtigkeit des nicht notariell beurkundeten Kausalgeschäfts hinzuweisen[309]. Anderes gilt jedoch für den in der Praxis häufig vorkommenden Fall, daß der Abschichtungsvertrag bewußt unrichtig oder unvollständig beurkundet wurde, um Notarkosten oder Steuern zu sparen, da hier die Nichtigkeit des schuldrechtlichen Grundgeschäfts für den Notar gar nicht erkennbar ist. Eine unvollständige Beurkundung kann sich ferner aus dem Umstand ergeben, daß bereits vor Beurkundung des Abschichtungsvertrages Nachlaßgegenstände verteilt worden sind, der abzuschichtende Miterbe beispielsweise schon Bargeld aus dem Nachlaß erhalten hat, und diese bereits erbrachte Abfindungsleistung in der Urkunde keine Erwähnung findet[310]. Schließlich dürfte die Gefahr einer unvollständigen Beurkundung bei Abschichtungsvereinbarungen auch deshalb besonders groß sein, weil die Vertragspartner häufig Abweichungen von den gesetzlichen Bestimmungen anstreben werden, zu denken ist hier etwa an den Verwendungsersatzanspruch des Veräußerers aus §§ 2385 Abs.1, 2381 Abs.1 BGB oder die Regelung des § 2379 S.3 BGB, nach welcher der Erwerber die Erbschaftsteuer zu tragen hat[311]. In allen Fällen einer fehlenden oder unrichtigen Beurkundung des schuldrechtlichen Grundgeschäfts stellt sich die Frage, ob bzw. unter welchen Voraussetzungen der Mangel der Form durch Erfüllung geheilt werden kann.

---

309) Vgl. *Pohlmann*, Heilung, S. 57; *Schlüter*, JuS 1969, 10, 15.
310) Vgl. *Keller*, Formproblematik, Rz 85.
311) Vgl. für die Anteilsübertragung *Keller*, Formproblematik, Rz 86.

1. Heilung unter Rückgriff auf einen allgemeinen Heilungsgrundsatz ohne Analogie

In der Literatur wurde wiederholt der Versuch unternommen, einen allgemeinen Heilungsgrundsatz zu begründen, nach welchem formnichtige Verpflichtungsgeschäfte durch Erfüllung Wirksamkeit erlangen, ohne daß es einer Analogie zu gesetzlichen Heilungsvorschriften bedarf. Die Ansätze zur Begründung dieser Ansicht differieren.

a) Prophylaktische Bedeutung der Form und argumentum a maiore ad minus

aa) Die Argumentation *Reichels*

Nach der Auffassung *Reichels*[312] komme der Form nur eine einstweilige, prophylaktische Bedeutung zu. Dabei sei es ohne Belang, ob die jeweilige Formvorschrift dem Übereilungsschutz, der Beweisfunktion oder der Sicherheit des Rechtsverkehrs dient[313]. Ein Verpflichtungsgeschäft, das trotz Formmangels von den Parteien von Anfang bis Ende als gültig behandelt wird, habe seinen wirtschaftlichen Zweck erreicht, so daß kein Anlaß bestehe, es nachträglich wieder in Frage zu stellen. Wer auf Ehre und Wort geleistet habe, sei nicht mehr schutzwürdig. Ebensowenig bedürfe ein erfülltes Geschäft aus Gründen der Beweissicherung einer Formalisierung, denn durch das zum Ende gekommene Geschäft sei alle Ungewißheit beseitigt. *Reichel* glaubt daher einen allgemeinen Rechtssatz aufstellen zu können, der besagt, daß die Nichtigkeit eines gemäß § 125 BGB nichtigen Verpflichtungsgeschäfts nicht mehr geltend gemacht und vom Richter nicht mehr beachtet werden kann, sobald das Geschäft allenthalben erfüllt ist. Dieser Satz ergebe sich aus der praktischen Anschauung sogar dergestalt von selbst, daß er geradezu als „unmittelbar einleuchtend und keines weiteren Beweises bedürftig“ erscheine.

Aus dem Umstand, daß das BGB eine Heilung nur in den §§ 518 Abs.2, 766 S.2 und 313 S.2 ausdrücklich vorsieht, dürfe nicht im Wege eines Umkehrschlusses abgeleitet werden, die Heilung sei in allen anderen Fällen ausgeschlossen. Diesen Vorschriften lasse sich weniger ein argumentum e contrario als ein argumentum a maiore ad minus entnehmen, da die §§ 518 Abs. 2, 766 S.2 BGB eine Rückforderung auch dann ausschließen, wenn die versprochene Leistung nur

---

312) AcP 104 (1909), 1, 32 ff.
313) Siehe auch *Regelsberger*, JherJb 58 (1911), 146, 171; *von Gierke*, Deutsches Privatrecht, Band III, S. 351 (Fn 116), der in den gesetzlichen Heilungsvorschriften einen nachträglichen Formersatz erblickt.

teilweise bewirkt worden ist. Der Gesetzgeber gehe also insofern über das sonst Statuierte hinaus, als er nicht erst der ganzen Erfüllung sondern schon einer Teilerfüllung heilende Kraft beigemessen habe. Noch einen Schritt weiter gehe § 313 S.2 BGB, wenn die Vorschrift einem bestimmten Teil der Vertragserfüllung, nämlich der Auflassung und Eintragung in das Grundbuch, die Kraft beimißt, den (ganzen) Vertrag einschließlich der noch nicht erfüllten Teile voll wirksam werden zu lassen. Die Norm lasse somit die Frage, ob eine Heilung auch dann eintritt, wenn der Vertrag seinem vollen Inhalt nach erfüllt ist, vollständig auf sich beruhen. Es sei aber nicht nur nicht ausgeschlossen sondern sogar höchst wahrscheinlich, daß der Gesetzgeber die Heilung des Formmangels in letzterem Fall als selbstverständlich angesehen hat.

bb) Kritik

Gegen die Ansicht von einer nur prophylaktischen Bedeutung der Form spricht die Tatsache, daß eine Heilung in den Fällen gesetzlicher Heilungsnormen auch dann eintritt, wenn sich der Leistende irrtümlich zur Leistung verpflichtet glaubte, denn unter dieser Voraussetzung wird der Zweck, den Veräußerer vor Übereilung zu schützen, gar nicht wirksam[314]. Die psychologische Erkenntnis, daß der Vollzug der versprochenen Leistung die Warnfunktion der Formvorschrift ersetzt, trifft nur zu, wenn die Erfüllung auf einem autonomen Willensentschluß beruht. Von einer solchen Freiwilligkeit kann bei dem irrigen Glauben des Verpflichtetseins aber keine Rede sein[315]. Sieht man von einer Heilungswirkung dagegen ab, ist die Form durchaus noch geeignet, Schutzwirkung zu entfalten, da der Verfügende seine Leistung aufgrund der dauernden Formnichtigkeit nach Bereicherungsrecht zurückverlangen kann. Der Schutz des Veräußerers wäre hiernach bei den Formvorschriften ohne Heilungsnorm ein deutlich stärkerer[316]. Auch der Formzweck Beweiserleichterung wird mit Vornahme des Erfüllungsgeschäfts nicht zwingend hinfällig, da eine Heilung im Rahmen der §§ 313 S.2 BGB, 15 Abs.4 S.2 GmbHG auch dann eintritt, wenn der schuldrechtliche Vertrag unrichtig oder unvollständig beurkundet worden ist. In diesen Fällen ist ein Streit, insbesondere über formlose Nebenabreden, keineswegs ausgeschlossen[317]. Daß die Heilungsvorschrift des § 313 S.2 BGB in vielen Fällen die Formvorschrift des § 313 S.1 BGB insoweit wesentlich abschwächt, als letztere dazu bestimmt ist, auf eine verständliche und vollständige Beurkundung

---

[314]) Vgl. *Werner Lorenz*, AcP 156 (1957), 381, 395 f.; *ders.*, JuS 1966, 429, 434; *Keller*, Formproblematik, Rz 90; *Reinhart*, Das Verhältnis von Formnichtigkeit und Heilung des Formmangels im bürgerlichen Recht, S. 130.

[315]) *Werner Lorenz*, AcP 156 (1957), 381, 396.

[316]) Vgl. *Pohlmann*, Heilung, S. 179; *Keller*, Formproblematik, Rz 90.

[317]) *Keller*, Formproblematik, Rz 91.

des Vertrages hinzuwirken, wurde vom Gesetzgeber selbst eingeräumt[318]. Die Behauptung, die Bedeutung der Form sei nur eine vorübergehende, ist somit nicht zutreffend.

Ebensowenig läßt sich ein allgemeiner Heilungsgrundsatz mit einem argumentum a maiore ad minus begründen. *Keller*[319] weist mit Recht darauf hin, daß kein Grund ersichtlich ist, weshalb der Zweck des § 766 S.2 BGB (Wegfall der Warnfunktion der Schriftform bei Erfüllung der Verbindlichkeit durch den Bürgen) bei einer Totalerfüllung in einem höheren Maße zutreffen sollte als bei einer nur teilweisen Erfüllung. Im Rahmen der Abschichtung würden die Formzwecke des § 2371 BGB bei einer Heilung durch vollständige beiderseitige Erfüllung des Vertrages sogar in geringerem Umfang erreicht werden als durch die Anteilsverfügung alleine. Im Hinblick auf den Schutz des abzuschichtenden Miterben spielt die Gegenleistung des Erwerbers keine Rolle. Dieser hat vielmehr ein Interesse daran, daß der Abschichtungsvertrag bereits mit der Anteilsverfügung wirksam wird, da er dann einen in der Regel nach § 794 Abs.1 Nr.5 ZPO vollstreckbaren Anspruch auf die Gegenleistung erlangt[320]. Auch die Formzwecke Klarstellung des Rechtsverhältnisses und Beweiserleichterung gegenüber Dritten würden bei einer Heilung lediglich durch die Anteilsverfügung besser verwirklicht, da in diesem Fall der Zeitpunkt der Heilung durch die notarielle Beurkundung (§ 2033 Abs.1 S.2 BGB) eindeutig feststünde[321].

cc) Ergebnis

Die Ansicht, nach welcher ein allgemeiner Heilungsgrundsatz auf die angeblich nur prophylaktische Bedeutung der Form sowie auf ein argumentum a maiore ad minus gestützt werden kann, ist abzulehnen.

b) Formlos gültige Rechtsgrundabrede

Nach einer weiteren Auffassung lasse sich ein allgemeiner Heilungsgrundsatz damit begründen, daß – entgegen dem Wortlaut der gesetzlichen Heilungsvorschriften – nicht der ursprüngliche, nichtige Vertrag Wirksamkeit erlangt, sondern eine in diesem enthaltene formlos gültige Rechtsgrundabrede. Diese Rechtsgrundabrede besage, daß der versprochene Gegenstand (hinsichtlich dessen keine Leistungspflicht besteht), wenn er denn geleistet worden ist, behalten werden darf.

---

[318]) Protokolle, Band I, S. 463.
[319]) Formproblematik, Rz 92.
[320]) Vgl. *Keller*, Formproblematik, Rz 92 (Erbschaftskauf).
[321]) Vgl. *Keller*, a.a.O.

aa) Die Argumentation *Sibers*

Siber[322] unterscheidet zwischen Verpflichtungsgeschäften und Rechtsgrundgeschäften. Ein Verpflichtungsgeschäft liege vor, wenn mindestens eine der Vertragsparteien durch Rechtsgeschäft unmittelbar zu einer Leistung – sei es auch nur zur Gewährleistung von Sach- oder Rechtsmängeln - verpflichtet wird. Das Verpflichtungsgeschäft bilde in diesen Fällen den rechtlichen Grund der Leistungen, so daß eine Rückforderung nach Bereicherungsrecht grundsätzlich ausscheide. Ein Rechtsgrundverhältnis könne aber auch als bloßes Rechtsgrundgeschäft geschaffen werden, ohne daß es einer Verpflichtung zur Leistung bedarf. Dies sei der Fall beim formlosen Schenkungsversprechen (§ 518 Abs.2 BGB), beim Spiel (§ 762 BGB), beim Ehemäklervertrag (§ 656 BGB) oder in Verbindung mit einer Verfügung, wie etwa der Handschenkung. Wenn aber sogar die Handschenkung ohne besondere Form wirksam und sogar das formlose Schenkungsversprechen gültiger Erwerbstitel für den späteren Vollzug sein könne, so müsse dies erst recht für den gegenseitigen Leistungsaustausch und für sein formloses Versprechen gelten. Eine andere Auffassung hätte zur Folge, daß die Schenkung vor entgeltlichen Verträgen rechtlich bevorzugt würde, während das BGB im Gegenteil das Bestreben verfolge, sie hinter solchen zurückzusetzen. Eine Rückforderung des Geleisteten sei daher ausgeschlossen, wenn beide Teile vollständig geleistet haben. Hierbei handele es sich nicht etwa um eine singuläre Heilung der Unwirksamkeit entsprechend § 313 S.2 BGB, sondern nur um die Konsequenz des Grundsatzes, daß bloße Rechtsgrundabreden keiner Form bedürfen.

bb) Die Argumentation *Häsemeyers*

Nach der Auffassung *Häsemeyers*[323] begründen alle Schuldverhältnisse neben oder mit den Leistungspflichten zugleich auch entsprechende Erwerbstitel. Im Gesetz werde diese Ambivalenz daran deutlich, daß mit dem Bewirken der geschuldeten Leistung das Schuldverhältnis gemäß § 362 Abs.1 BGB erlischt und die vertragliche Beziehung nur noch als Rechtsgrund der Leistung (§ 812 BGB) bestehen bleibt. Die Rechtsgrundabrede bilde gegenüber dem (verpflichtenden) Schuldvertrag somit kein aliud, sondern liege vielmehr als minus in ihm. Unter diesen Voraussetzungen aber könne jeder Schuldvertrag in der beschränkten Qualität einer Rechtsgrundabrede gültig sein, wenn er als Verpflichtungsgeschäft unwirksam ist. Wenn das Recht die Leistungspflicht auf das minus des Rechtsgrundes beschränke, greife es nicht etwa unzulässig in die privatautonome Gestaltungsfreiheit ein, denn in dieser Hinsicht unterscheide sich die von

---

[322]) JherJb 70 (1968), 223, 230 ff.
[323]) Die gesetzliche Form der Rechtsgeschäfte, S. 240 ff.; vgl. auch *ders.*, JuS 1980, 1, 5 f.

vornherein selbständige Rechtsgrundabrede nicht von einer später verselbständigten.

In den Fällen ohne gesetzliche Heilungsnorm sei nach dem Zweck der Form zu differenzieren: Eine funktionelle Erweiterung des Heilungsprinzips komme nur bei Formen aus Partei-, Einzel- oder Drittinteresse in Betracht, nicht dagegen bei solchen, die dem Verkehrsinteresse dienen. Die Formvorschrift des § 2371 BGB im Speziellen diene zum einen dem Parteiinteresse, zugleich aber auch Drittinteressen, nämlich denen der Nachlaßgläubiger an einer Klarstellung der Haftungsverhältnisse. Während das Parteiinteresse bei Nichtbeachtung der Form eine Heilung zuließe, verlange das Drittinteresse einen Akt mit Publizitätswirkung, der die Änderung der Haftungsverhältnisse anzeigt. Das Formgebot müsse somit jedenfalls dann auch das Rechtsgrundverhältnis erfassen, wenn mit dessen Begründung eine Änderung der Haftungsverhältnisse einhergeht und es ohne Formalisierung zu keinerlei Publizitätswirkung käme. Bei einer Anteilsveräußerung sei dies aber – im Unterschied zum Erwerb des gesamten Nachlasses vom Alleinerben – nicht der Fall, da hier der Vollzug (die Anteilsverfügung), ebenfalls formbedürftig ist (§ 2033 Abs.1 S.2 BGB). Die Haftungsverhältnisse würden daher in ausreichendem Maße klargestellt. Wegen der parteiinternen Funktion der Form sei die Rückabwicklung jedoch auch von der Leistung der Erwerber abhängig zu machen, weshalb eine Heilung die beiderseitige Erfüllung voraussetze.

cc) Die Argumentation *Krawielickis*

Eine Differenzierung zwischen Verpflichtungsgeschäft und Rechtsgrundgeschäft liegt auch der Arbeit *Krawielickis*[324] zugrunde, der zwischen reinen Handgeschäften, reinen Versprechensgeschäften und reinen Rechtsgrundgeschäften unterscheidet. Während beim reinen Handgeschäft die Einigung über den Rechtsgrund mit dem Vollzug der beiderseitigen Zuwendungen zeitlich zusammenfalle[325], liege beim reinen Versprechensgeschäft zwar ebenfalls ein mit dem Rechtsgrund zeitlich zusammentreffender Austausch gegenseitiger Zuwendungen vor, diese unterschieden sich von den sonstigen Handgeschäften aber dadurch, daß es sich bei ihnen um Ansprüche auf Vollzug einer anderen Zuwendung handelt. Die Parteien wendeten sich somit gegenseitig Ansprüche zu[326]. Bei den reinen Rechtsgrundgeschäften schließlich sei der Austauschvorgang gestreckt. Die Zuwendungen würden hier zeitlich nach der Vereinbarung über den Rechtsgrund erfolgen, worin zugleich der Unterschied zum Handgeschäft zu

[324]) Grundlagen des Bereicherungsanspruchs, S. 48 ff.
[325]) Grundlagen des Bereicherungsanspruchs, S. 48 f.
[326]) Grundlagen des Bereicherungsanspruchs, S. 63 f.

erblicken sei. Auf der anderen Seite bestehe bei den reinen Rechtsgrundgeschäften aber – im Gegensatz zu den Versprechensgeschäften – kein Anspruch auf die Zuwendung. Es handele sich vielmehr um einen verpflichtungsfreien Rechtsgrund, der vorher vereinbart wird und die Wirkung hat, später erfolgende freiwillige Leistungen der Rückforderung zu entziehen. Solche reinen Rechtsgrundgeschäfte fänden sich vor allen Dingen bei einseitigen Zuwendungen, wie dem formlosen Schenkungsversprechen (§ 518 Abs.2 BGB), der formlosen Bürgschaft (§ 766 S.2 BGB) sowie bei Spiel oder Wette (§ 762 BGB), seien aber auch bei entgeltlichen Verträgen, nämlich bei formnichtigen Versprechensgeschäften anzutreffen[327].

Neben diesen drei Grundformen der Bezugsetzung der Leistung zu einem Rechtsgrund gebe es noch drei Mischformen[328], nämlich eine Verbindung von Handgeschäft und Versprechensgeschäft, eine Verbindung von Handgeschäft und bloßem Rechtsgrundgeschäft (datio ob causam) sowie eine Verbindung aus Versprechensgeschäft und bloßem Rechtsgrundgeschäft (promissio ob causam)[329].

Letztere Konstellation liege den §§ 313 S.2, 652 BGB sowie § 15 Abs.4 GmbHG zugrunde. So sei etwa der Käufer eines Grundstücks zur Zahlung des Kaufpreises unter der aufschiebenden Bedingung verpflichtet, daß der Verkäufer ihm (freiwillig) das Grundstück übereignet. Die Heilung nach §§ 313 S.2 BGB, § 15 Abs.4 S.2 GmbHG sei nur die Umdeutung eines unwirksamen Versprechensgeschäfts in die Mischform der bedingten promissio (des Kaufpreises) ob causam (freiwillige Übereignung des Grundstücks bzw. freiwillige Abtretung des GmbH-Anteils). Eine Beschränkung derartiger Umdeutungen auf die gesetzlich geregelten Fälle sei indes keineswegs zwingend. Ein argumentum e contrario sei hier ebenso wertlos wie ein Analogieschluß. Die Frage nach der Zulässigkeit einer Umdeutung der Verpflichtung in einen reinen Rechtsgrund richte sich vielmehr allein nach dem sachlichen Zusammenhang der Bestimmungen sowie der Zweckmäßigkeit des Ergebnisses[330].

---

[327]) Grundlagen des Bereicherungsanspruchs, S. 76 f.
[328]) Grundlagen des Bereicherungsanspruchs, S. 84 ff.
[329]) Eine promissio ob causam liege beispielsweise vor, wenn A dem B eine Leistung verspricht zu dem vereinbarten Zweck, diesen damit zu einer freiwilligen Gegenleistung zu veranlassen. Die Leistung des A erscheine hier in Versprechensform. Die Gegenleistung des B wird nicht sofort vollzogen, sie wird auch nicht geschuldet, in Ansehung der Gegenleistung bestehe vielmehr ein reiner Rechtsgrund, was bedeute, daß sie behalten werden darf, wenn sie freiwillig erbracht wird. Auf der anderen Seite sei der Rechtsgrund dafür, daß B das Versprechen behalten darf, aufschiebend bedingt durch den freiwilligen Vollzug der nicht geschuldeten Gegenleistung.
[330]) Grundlagen des Bereicherungsanspruchs, S. 132.

Bei gegenseitigen Verpflichtungen unterscheidet *Krawielicki* zwei Gruppen von Formvorschriften: Formvorschriften mit zweiseitiger Erschwerungstendenz, die mit Rücksicht auf beide Zuwendungen (Leistung und Gegenleistung) aufgestellt wurden, und solche mit einseitiger Erschwerungstendenz, bei denen die Form nur den Interessen einer Partei dienen soll. Bei § 2371 BGB handele es sich um eine Vorschrift mit zweiseitiger Erschwerungstendenz, da das Formerfordernis sowohl dem Schutz des Verkäufers als auch – wegen der Haftung nach § 2382 BGB – dem des Käufers diene. Folglich könne aber auch eine Heilung nicht schon mit der Anteilsverfügung eintreten, sondern sei erst nach Leistung beider Parteien möglich[331].

Formnichtige Erbschaftskäufe enthielten somit einen reinen Rechtsgrund zum Behaltendürfen der Leistung und seien nach § 140 BGB in diesen umzudeuten, sobald beide Parteien freiwillig geleistet haben[332]. Die sog. „Heilung“ formunwirksamer Verpflichtungsgeschäfte durch „Erfüllung“ sei nur ein anderer, bildhafter Ausdruck für die Umdeutung unwirksamer Verpflichtungen in einen reinen Rechtsgrund[333].

dd) Kritik

Siber, *Häsemeyer* und *Krawielicki* ist insoweit zuzustimmen, als reine Rechtsgrundabreden von den Formvorschriften des Schuldrechts nicht erfaßt werden, da sie keine Leistungsverpflichtung begründen[334].

Siber begründet allerdings nicht, warum – soweit keine Heilungsvorschrift existiert – ein formnichtiger Verpflichtungsvertrag einen gültigen Erwerbstitel schaffen soll, was bei entgeltlichen Verträgen die beiderseitige Erfüllung voraussetze[335]. Nach der Auffassung *Pohlmanns*[336] gelte allein § 139 BGB, wonach im Zweifel das gesamte Rechtsgeschäft nichtig ist. Es sei keineswegs regelmäßig so, daß die Parteien im Falle der Kenntnis der Nichtigkeit zumindest eine Rechtsgrundabrede getroffen hätten. Man könne nicht unterstellen, daß sie sich des Schutzes, den ihnen die Formnichtigkeit auch nach der Erfüllung noch bietet, ohne weiteres begeben hätten. Zu Recht bezweifelt aber *Keller*[337], daß es sich hierbei überhaupt um eine Teilnichtigkeit im Sinne des § 139 BGB handelt.

---

[331]) Grundlagen des Bereicherungsanspruchs, S. 135.
[332]) Grundlagen des Bereicherungsanspruchs, S. 77 f., 132.
[333]) Grundlagen des Bereicherungsanspruchs, S. 132; siehe auch *von Tuhr*, AT, Band II, 1. Hälfte, S. 505 (Fn 60).
[334]) *Pohlmann*, Heilung, S. 46 f.; *Keller*, Formproblematik, Rz 121.
[335]) Vgl. *Keller*, Formproblematik, Rz 122.
[336]) Heilung, S. 47.
[337]) Formproblematik, Rz 122.

Der Gesetzgeber hatte bei Schaffung des § 139 BGB die Unwirksamkeit einzelner Bestimmungen und die Auswirkungen dieser Unwirksamkeit auf die Gültigkeit der übrigen Bestimmungen im Auge. Im hier vorliegenden Fall geht es jedoch nicht um die Nichtigkeit einzelner Bestimmungen, sondern darum, ob das Rechtsgeschäft als ein „inhaltliches Weniger“ bestehen bleiben kann. Es handelt sich mithin nicht um ein Problem quantitativer, sondern um eines qualitativer Teilnichtigkeit. Diese fällt nach zutreffender Ansicht nicht unter § 139 BGB, sondern ist in § 140 BGB geregelt[338]. Gegen eine Anwendung des § 140 BGB spricht aber wiederum, daß sich die gesetzlich vorgesehenen Heilungsfälle nicht als Umdeutung verstehen lassen, da der Gesetzgeber mit den Heilungsnormen nicht den Zweck verfolgte, dem Parteiwillen entsprechende Regelungen zu treffen[339].

Krawielicki ist überdies entgegenzuhalten, daß er sich für eine Anwendung des § 140 BGB ausspricht, ohne die tatbestandlichen Voraussetzungen der Norm, insbesondere das Vorliegen eines hypothetischen Parteiwillens, zu prüfen. Der Lösung *Krawielickis* kann deshalb schon aus methodischen Gründen nicht gefolgt werden[340]. Angreifbar ist *Krawielicki* auch insofern, als er für eine Umdeutung ohne Analogie zu Heilungsnormen eintritt. Es wäre somit - im Unterschied zu den Heilungsnormen - gemäß § 140 BGB zu prüfen, ob die Parteien in Kenntnis der Formnichtigkeit des Verpflichtungsvertrages eine Rechtsgrundabrede gewollt hätten, was im Prozeß von der Seite zu beweisen wäre, welche die Rückabwicklung des Vertrages verweigert. Will *Krawielicki* diesen Unterschied zu

---

338) Zur Konversion als einen Fall qualitativer Teilnichtigkeit vgl. *Flume*, AT, Band II, § 32 9 a, S. 590; *Fischer*, Konversion unwirksamer Rechtsgeschäfte, S. 11. Soweit allerdings *Keller*, a.a.O., die Teilnichtigkeit des Geschäfts bereits dann für bedenklich hält, wenn man mit einer in der Literatur vertretenen Auffassung fordert, daß das Rechtsgeschäft ohne Veränderung seines Gesamtcharakters in mehrere Teile zerlegt werden kann, vermag ich diese Bedenken nicht zu teilen. Die Vertreter dieser Ansicht bezwecken in erster Linie das Ausscheiden solcher Konstellationen, bei denen im Rahmen eines gegenseitigen Vertrages die Nichtigkeit einer Leistungspflicht auf der Gegenseite das Entstehen einer einseitigen Verpflichtung zur Folge hätte, vgl. *Larenz/Wolf*, AT, § 45 Rz 18, S. 850. In einem solchen Fall ginge der gegenseitige Vertrag in der Tat seines Charakters als Austauschvertrag verlustig, das Verhältnis von Leistung und Gegenleistung würde gestört. Anderes gilt aber dann, wenn ein Vertrag mit gegenseitigen Leistungsverpflichtungen nach beiderseitiger Leistung als Erwerbstitel aufrecht erhalten wird. An die Stelle der gegenseitigen Leistungsverpflichtungen treten dann die bereits erbrachten Leistungen, wobei jedoch das von den Parteien gewollte Äquivalenzverhältnis zwischen Leistung und Gegenleistung gewahrt bleibt. Fehl geht auch das Argument *Kellers*, eine Ermittlung des hypothetischen Parteiwillens würde erhebliche Rechtsunsicherheit erzeugen. In der Sache mag dies zwar zutreffen, diesbezügliche tatsächliche Schwierigkeiten wurden vom Gesetzgeber aber bewußt in Kauf genommen, vgl. Motive, in: *Mugdan*, Band I, S. 475.

339) Zum Zweck der Heilungsvorschriften siehe näher *Pohlmann*, Heilung, S. 78 ff. sowie unten B IV 2 e.

340) Vgl. *Keller*, Formproblematik, Rz 125; *Pohlmann*, Heilung, S. 47 f.

den Heilungsnormen vermeiden, so muß er diese doch entsprechend heranziehen[341].

Vor allen Dingen aber begibt sich eine Auffassung, nach welcher formnichtige Verpflichtungsgeschäfte auch in den Fällen ohne gesetzliche Heilungsnorm als formlos gültige Rechtsgrundabreden aufrecht erhalten werden können, in diametralen Widerspruch zur generalpräventiven Zwecksetzung des § 125 BGB. § 125 BGB soll als starre Sanktionsnorm die Durchsetzung der Formgebote gewährleisten. Als Rechtsfolge ordnet die Norm daher die Nichtigkeit des gesamten Rechtsgeschäfts an und beschränkt sich nicht etwa auf die Nichtigkeit des Verpflichtungsgeschäfts[342].

Durch eine Reduktion des Verpflichtungsgeschäfts auf eine Rechtsgrundabrede würde darüber hinaus der Formzweck, eine Klarstellung des Rechtsverhältnisses zu erreichen, entscheidend beeinträchtigt, da etwa bei einem Vertrag über das gegenwärtige Vermögen nach § 311 BGB oder einem Erbschaftskauf gemäß § 2371 BGB oft nur schwer feststellbar ist, wann der Vertrag vollständig erfüllt, also das letzte Vermögensstück übertragen wurde. Da der formlose Vertrag einen gültigen Erwerbstitel erst schaffen soll, wenn beide Seiten vollständig geleistet haben, wäre aus tatsächlichen Gründen häufig unklar, ob schon ein wirksamer Rechtsgrund vorliegt oder nicht[343]. Der Vereitelung von Formzwecken aber darf weder durch eine Anwendung des § 139 BGB, noch durch eine Konversion nach § 140 BGB Vorschub geleistet werden[344].

Schließlich ist auch der Gesetzgeber von der Möglichkeit einer Rückabwicklung nach Bereicherungsrecht als Folge der Formnichtigkeit eines Rechtsgeschäfts ausgegangen. Sofern das Gesetz eine besondere Form anordnet, sollte die freiwillige Erfüllung gerade keine Auswirkungen auf die Nichtigkeit des Vertrages und deren Folgen haben[345].

ee) Ergebnis

Die Auffassung, nach welcher formnichtige Abschichtungsvereinbarungen nach beiderseitiger Erfüllung als formlos gültige Rechtsgrundabreden aufrecht erhalten werden können, ist abzulehnen.

---

341) *Pohlmann*, Heilung, S. 47 f.
342) Vgl. *Pohlmann*, Heilung, S. 49; *Keller*, Formproblematik, Rz 124.
343) *Keller*, Formproblematik, Rz 124.
344) Vgl. BGH NJW 1980, 2517; *Hefermehl*, in: Soergel, BGB, § 139 Rz 49 sowie § 140 Rz 6.
345) Motive, in: *Mugdan*, Band I, S. 453.

c) Treu und Glauben (§ 242 BGB)

Eine weitere Auffassung folgert aus § 242 BGB, daß ein Vertrag Gültigkeit erlangt, sobald die Erfüllung in Kenntnis des Formmangels vorbehaltlos angenommen wird.

aa) Die Argumentation *Riezlers*

Nach *Riezler*[346] gebe, wer die ihm trotz des Formmangels angebotene Erfüllung in Kenntnis des Formmangels annehme, damit kund, daß er selbst den Vertrag als wirksam ansieht und errege bei der anderen Vertragspartei die gerechtfertigte Erwartung, daß er trotz des Formfehlers auch die Gegenleistung bewirken werde. Diese von ihm selbst erregte Erwartung dürfe er nicht enttäuschen. Es sei ein Gebot von Treu und Glauben, daß man sich nicht mit der Erfüllungsannahme als eigener Willensbetätigung zum Schaden des darauf Vertrauenden in Widerspruch setzt. Soweit daher die Erfüllung trotz Kenntnis des Formmangels angenommen ist, werde der Vertrag ex nunc gültig. Diese Heilungsmöglichkeit aufgrund Erfüllungsannahme hält *Riezler* insbesondere bei der Formvorschrift des § 2371 BGB für bedeutsam.

bb) Die Argumentation *Ebbeckes*

Nach der Auffassung *Ebbeckes*[347] kann die aus der mangelnden Form folgende Ungültigkeit zwar nicht durch Erfüllung geheilt werden, ohne die Vorschrift des § 242 BGB ausdrücklich zu nennen sei die Verfügung nach § 2033 Abs.1 BGB schuldrechtlich jedoch insofern von Bedeutung, als sie eine wirksame Bestätigung des die Verpflichtung zur Veräußerung begründenden Vertrages enthalte. Das schuldrechtliche Grundgeschäft werde allerdings erst ab dem Zeitpunkt der Bestätigung, somit ex nunc verbindlich.

cc) Kritik

Während § 125 S.1 BGB bestimmt, daß ein Rechtsgeschäft nichtig ist, wenn es der durch Gesetz vorgeschriebenen Form ermangelt, verpflichtet § 242 BGB den Schuldner, die Leistung so zu bewirken, wie Treu und Glauben es erfordern. Es fragt sich daher, welche Bestimmung die stärkere ist.

---

[346]) In: Staudinger, BGB, 9.A. § 125 II 5.
[347]) Das Recht 1911, 633, 645.

Der Gesetzgeber ging davon aus, daß § 125 BGB der Vorrang vor § 242 BGB zukommt. In den Motiven zum BGB heißt es: „[...] wenn für einzelne Rechtsgeschäfte dennoch eine besondere Form sich vorgeschrieben findet, so liegt darin zur Genüge, daß die Gründe für die Nothwendigkeit der Beobachtung der Form schwerer wiegen, als die Rücksicht auf die ethische Pflicht zum Worthalten"[348]. Auch das RG ist dieser Auffassung zunächst gefolgt mit dem Hinweis, daß die Formvorschriften bei einer Berufung auf Treu und Glauben bedeutungslos wären. Wer einen formwidrigen und daher nichtigen Vertrag schließe, müsse sich auch gefallen lassen, daß die andere Seite ihr Recht gebraucht und die Nichtigkeit geltend macht[349]. In der Folgezeit hat das RG jedoch schrittweise Ausnahmen von diesem Grundsatz zugelassen, bei denen es eine Anwendung des § 242 BGB bejahte[350], bis hin zu der gegenteiligen Feststellung, es sei „zu fragen, ob es nach den Beziehungen der Parteien und den gesamten Umständen Treu und Glauben widersprechen würde, die Vertragsansprüche am Formmangel scheitern zu lassen"[351].

Dieser Rechtsprechung des RG ist entgegenzuhalten, daß § 125 BGB seine Aufgabe als starre Sanktionsnorm nicht erfüllen kann, wenn formwidrig abgeschlossene Verträge nur dann nichtig sind, wenn sich dies im Einzelfall auch mit Treu und Glauben vereinbaren läßt[352]. Im Interesse des Rechtsverkehrs müssen die gesetzlichen Formvorschriften grundsätzlich eingehalten werden; es geht nicht an, sie aus allgemeinen Billigkeitserwägungen unbeachtet zu lassen[353]. Zu sachgerechten Lösungen gelangt man daher nur, wenn man die Vorschriften der §§ 125 und 242 BGB als gleichrangig ansieht. Übereilungsschutz und Rechtssicherheit auf der einen, und Einzelfallgerechtigkeit auf der anderen Seite sind grundsätzlich als gleichwertige Rechtsgüter zu betrachten, von denen keines generell den Vorrang genießt[354]. So geht auch der BGH in stetiger Rechtsprechung davon aus, es genüge für eine Berufung auf Treu und Glauben nicht, daß die Ergebnisse für den Betroffenen hart sind, die Formnichtigkeit könne unter dem Gesichtspunkt der Einzelfallgerechtigkeit vielmehr nur durchbrochen werden, wenn die Nichtigkeitsfolge für die betroffene Partei ein schlechterdings untragbares Ergebnis auslöst, wie etwa in den Fällen einer Existenzgefährdung oder besonders schweren Treupflichtverletzung[355]. Nur wenn diese Voraussetzung

---

[348]) Motive, in: *Mugdan*, Band I, S. 453.
[349]) RGZ 52, 1, 5; 72, 342, 343; 73, 205, 209 f.
[350]) Vgl. RGZ 96, 313, 315; 107, 180, 181; 107, 357, 361 f.; 117, 121, 124; 157, 207, 209; 169, 65, 73; 170, 203, 205.
[351]) RGZ 157, 207, 209.
[352]) Vgl. *Reinicke*, Rechtsfolgen formwidrig abgeschlossener Verträge, S. 31.
[353]) Vgl. BGH NJW 1969, 1167, 1169.
[354]) So auch *Reinicke*, Rechtsfolgen formwidrig abgeschlossener Verträge, S. 32.
[355]) Vgl. nur BGHZ 29, 6, 10; 48, 396, 398; 85, 315, 318 f.; 92, 164, 171f.; 138, 339, 348; BGH FamRZ 1967, 465, 469 (zu § 2371 BGB).

erfüllt ist, ist das Rechtsgeschäft als gültig zu behandeln und es entsteht ein Erfüllungsanspruch[356]. Der Argumentation *Ebbeckes* kann deshalb schon aus methodischen Gründen nicht gefolgt werden.

Riezler dagegen berücksichtigt zwar die Kenntnis des Leistungsempfängers vom Formmangel, nicht aber auch die des Leistenden. Ist nämlich beiden Parteien bekannt, daß ein Formerfordernis besteht, so haben sie auch Kenntnis von der Nichtigkeit ihrer Abmachungen, wenn sie die Form nicht einhalten. Dann aber geht jede Seite bewußt ein Risiko ein, das ihr nicht dadurch abgenommen werden kann, daß der Vertrag trotz seiner Formnichtigkeit als wirksam behandelt wird[357]. Bei Vorleistung einer Partei zu dem Zweck, die Gegenleistung zu erhalten, gewährt der Bereicherungsanspruch aus § 812 Abs.1 S.2 Alt.2 BGB ausreichenden Schutz, wenn die Gegenleistung wider Erwarten nicht erbracht wird[358].

Schließlich würde durch eine Aufrechterhaltung formnichtiger Erbteilsveräußerungen nach den Grundsätzen von Treu und Glauben auch das Vorkaufsrecht der übrigen Miterben nach §§ 2034 ff. BGB umgangen. Dieses setzt voraus, daß ein wirksamer Kaufvertrag abgeschlossen worden ist; zur Wirksamkeit des Vertrages aber gehört die Einhaltung der Form. Für die Schutzbedürftigkeit der vorkaufsberechtigten Miterben ist es ohne Belang, ob die Erbteilsveräußerung formgerecht zustande gekommen oder ob der Vertrag formwidrig abgeschlossen ist, nach dem Grundsatz von Treu und Glauben aber als rechtlich wirksam behandelt wird. Auch die Interessen der übrigen Miterben sprechen somit gegen eine Anwendung des § 242 BGB.

dd) Ergebnis

Aus dem Grundsatz von Treu und Glauben (§ 242 BGB) kann ein allgemeiner Rechtssatz mit dem Inhalt, daß ein formnichtiger Verpflichtungsvertrag durch die vorbehaltlose Annahme der Leistung bei Kenntnis des Formmangels oder durch die Anteilsverfügung gültig wird, nicht abgeleitet werden[359].

---

[356]) Diese Rechtsprechung des BGH hat in der Literatur durch Bildung von Fallgruppen eine Konkretisierung erfahren, siehe näher *Heinrichs*, in: Palandt, BGB, § 125 Rz 21 ff.

[357]) *Reinicke*, Rechtsfolgen formwidrig abgeschlossener Verträge, S.42; so auch BGH NJW 1969, 1167, 1169; 1973, 1455, 1456; LM § 313 Nr. 23 Bl. 3.

[358]) Vgl. *Thomas*, in: Palandt, BGB, § 812 Rz 89; *Keller*, Formproblematik, Rz 95.

[359]) Die Auffassung *Riezlers* wurde daher zu Recht in der 11. Auflage des Staudinger-Kommentares von *Coing* (§ 125 Rz 31) ausdrücklich aufgegeben.

d) Teleologische Reduktion des § 125 S.1 BGB

Einige Autoren schließlich versuchen, die Heilung formnichtiger Verpflichtungsgeschäfte mit dem Erreichen der Formzwecke im konkreten Einzelfall zu begründen[360].

aa) Die Argumentation von *Danz*

Nach *Danz* gehe das BGB davon aus, daß bei Rechtsgeschäften unter Lebenden die Form nicht der Form wegen aufrechterhalten werden soll. Der Zweck der Formvorschriften der §§ 313, 518, 766 BGB liege darin, daß sich die Abschließenden vor dem Abschluß dieser Geschäfte deren Folgen überlegen, damit sie später, wenn es um die Erfüllung geht, ihre Erklärungen nicht bereuen. Die Form gewähre ihnen insofern Schutz, als sie aus formlos eingegangenen Verbindlichkeiten nicht zur Erfüllung gezwungen werden können. Würden solche Verbindlichkeiten ohne Einhaltung der Form eingegangen aber freiwillig erfüllt, sei damit der Zweck der Formvorschriften erreicht. Durch die freiwillige Erfüllung zeige die leistende Partei, daß es ihr mit der Eingehung des Geschäfts ernst war und sie es nicht bereut, weshalb es sinnlos wäre, nun doch die Vornahme der Formalitäten zu verlangen. Das BGB sage dies in den erwähnten Bestimmungen ausdrücklich, doch müsse der Richter bei einer am Zweck der Vorschriften orientierten Auslegung ebenso entscheiden, auch wenn das Gesetz keine Heilungsnormen enthalte. Vor Anwendung einer jeden gesetzlichen Vorschrift auf einen konkreten Fall sei daher stets nach deren Zweck zu fragen; nur wenn sie danach auf den Fall zutrifft, sei sie anzuwenden. Sobald der Zweck, den die Form zu erreichen erstrebt, erreicht ist, dürfe auf das Einhalten der Form kein Gewicht mehr gelegt werden.

bb) Die Argumentation *Wüstendörfers*

Auch *Wüstendörfer*[361] tritt für eine restriktive Auslegung des § 125 S.1 BGB ein. Beruhe die soziale Berechtigung des Formzwanges lediglich darauf, daß die Einhaltung der Form der Verwirklichung eines bestimmten sozialen Zwecks dient, sei das Beharren auf den Formzwang dann ungerechtfertigt, wenn im konkreten Fall die Form zwar von den Beteiligten nicht beachtet wurde, es aber feststehe, daß der soziale Zweck der Form dennoch auf andere Weise als durch

---

[360]) So *Danz*, DJZ 1909, Sp.281, 283 f.; *ders.*, JherJb 54 (1909), 1 ff., 54 ff.; *Wüstendörfer*, AcP 110 (1913), 219, 327 ff.; *Werner Lorenz*, AcP 156 (1957), 381, 385; *Reinhart*, Das Verhältnis von Formnichtigkeit und Heilung des Formmangels im bürgerlichen Recht, S. 88 ff.; *ders.*, JZ 1971, 461, 462 f.; *ders.*, BB 1979, 1378, 1380; *Hart*, in: AK, BGB, § 125 Rz 9 ff.

[361]) AcP 110 (1913), 219, 327 ff.

Formbeachtung erreicht worden ist. Bei einer derartigen Sachlage sei das Festhalten an der Form zwecklos; es laufe darauf hinaus, die Form zum Selbstzweck zu machen[362].

cc) Die Argumentation *Reinharts*

Nach *Reinhart*[363] ist die Formnichtigkeit nach § 125 BGB begrifflich von anderen Fällen der Nichtigkeit zu unterscheiden, da das formnichtige Rechtsgeschäft kraft Gesetzes nachträglich durch Heilung „seinem ganzen Inhalt nach gültig" werden kann, vgl. § 313 S.2 BGB. Dies könne nur bedeuten, daß die Formnichtigkeit zumindest dann, wenn im Gesetz eine Heilung ausdrücklich zugelassen ist, nach dem System des BGB in ihrer Wirkung der schwebenden Unwirksamkeit gleichzusetzen ist. Das eigentliche Problem der Formnichtigkeit sieht *Reinhart* im Verhältnis von Willenserklärung und Form. Bilde die Willenserklärung mit der Form eine untrennbare Einheit (absolute Form) [364], so könne dem ohne Wahrung der Form erklärten Willen auch keine Wirkung für das intendierte Rechtsgeschäft zukommen. Handele es sich bei der Form dagegen nur um eine Formalität (additive Form), dann werde der erklärte Wille für das angestrebte Rechtsgeschäft als beachtlich angesehen, zur Wirksamkeit des Rechtsgeschäfts bedürfe es jedoch noch eines weiteren Umstandes. Bei jeder Form sei daher zu fragen, ob der Wille nur in der Form oder auch auf andere Weise erklärt werden kann[365].

Um additive Formen handele es sich bei Formvorschriften, bei denen das Gesetz eine Heilung ausdrücklich zuläßt (§§ 313 S.2, 518 Abs.2, 766 S.2 BGB). Die Heilungshandlung sei hier ebenso wie die Form Wirksamkeitsvoraussetzung. Form und Heilungshandlung seien in ihren Wirkungen identisch, wobei die Heilungshandlung die Form ersetzen könne. Der Gesetzgeber habe für die Wirksamkeit des Rechtsgeschäfts daher zwei Voraussetzungen wahlweise zugelassen: die Formwahrung und die Heilungshandlung[366]. Die additiven Formen sieht *Reinhart* aber nicht auf die Heilungsnormen beschränkt; eine Erreichung der Formzwecke komme auch in anderen Fällen in Betracht[367].

---

362) AcP 110 (1913), 219, 329.

363) Das Verhältnis von Formnichtigkeit und Heilung des Formmangels im bürgerlichen Recht, S. 88 ff.

364) Um absolute Formen handele es sich nach *Reinhart* etwa bei den §§ 2247 Abs.1, 2276 Abs.1 und 2; 2231, 2249 Abs.1 S.1, 2251 oder 2250 Abs.1 und 2 BGB; vgl. die Aufzählung von *Reinhart*, Fn 363, S. 165.

365) *Reinhart*, Fn 363, S. 91-93.

366) *Reinhart*, Fn 363, S. 95 f.

367) *Reinhart*, Fn 363, S. 99.

Auf dieser Grundlage einer Unterscheidung zwischen absoluter und additiver Form glaubt *Reinhart* die Probleme der Formnichtigkeit durch eine teleologische Auslegung des § 125 S.1 BGB überwinden zu können[368]. Bei additiven Formen werde die Formnichtigkeit dann aufgehoben, wenn der Zweck der betreffenden Formvorschrift erreicht ist. Die Bestimmung des § 125 BGB habe damit sinngemäß schon de lege lata folgenden Wortlaut: „Ein Rechtsgeschäft, das der vorgeschriebenen Form ermangelt, ist nichtig, soweit sich nicht aus dem Gesetz etwas anderes ergibt.“[369]

Im Gegensatz zur „allgemeinen Zweckerreichungslehre“ bejaht *Reinhart* eine Erledigung der Formzwecke allerdings nicht schon dann, wenn beide Seiten vollständig erfüllt haben: Während es in den Fällen absoluter Formen aufgrund der Tatbestandswirkung der Form von vornherein an einer Willenserklärung fehle, habe auch bei den additiven Formen die beiderseitige Erfüllung nicht zwingend eine Erledigung der Formzwecke zur Folge. So werde beispielsweise der Formzweck Übereilungsschutz nicht automatisch durch Erfüllung erreicht, wenn die zu schützende Partei von dem Formerfordernis und dem ihr dadurch zugedachten Schutz keine Kenntnis hatte[370].

Die Frage, welche Normen der Gruppe der absoluten und welche der Gruppe additiver Formvorschriften zuzuordnen sind, richte sich nach dem Zweck der jeweiligen Norm. Diene eine Formvorschrift nur dem Schutz beider Parteien vor unüberlegten Handlungen oder vor Beweisschwierigkeiten, spreche eine Vermutung dafür, daß die Form nicht Tatbestandsmerkmal der Willenserklärung ist, sondern lediglich eine (ersetzbare) Wirksamkeitsvoraussetzung des Rechtsgeschäfts bildet. Anderes gelte dagegen, wenn eine Vorschrift den Schutz Dritter oder der Allgemeinheit bezweckt. In diesen Fällen sei die Form vom Gesetzgeber in der Regel als Tatbestandsmerkmal der Willenserklärung und nicht als Wirksamkeitsvoraussetzung des Rechtsgeschäfts qualifiziert worden[371].

Bei einer Konkurrenz mehrerer Formzwecke könne die Wirksamkeitsvoraussetzung erst eintreten, wenn alle Formzecke erreicht sind. Dies gelte nur dann nicht, wenn neben dem Hauptzweck mit einer Formvorschrift noch untergeordnete Nebenzwecke verfolgt werden. In diesen Fällen reiche grundsätzlich die Erreichung des Hauptzwecks für den Eintritt der Wirksamkeitsvoraussetzung aus. In besonders gelagerten Fällen sei es jedoch auch denkbar, daß ein Neben-

---

368) *Reinhart*, Fn 363, S. 100 ff., 127.
369) *Reinhart*, Fn 363, S. 127.
370) *Reinhart*, Fn 363, S. 130.
371) *Reinhart*, Fn 363, S. 124 ff.

zweck den Charakter eines weiteren Hauptzwecks erreicht[372]. So könne etwa im Rahmen des § 313 BGB der Nebenzweck „fachmännische Beratung" gleichwertig neben den Hauptzweck „Schutz vor Übereilung" treten, wenn einem versierten Verkäufer eines Grundstückes ein besonders rechtsunkundiger Käufer gegenübersteht[373].

§ 2371 BGB bezwecke vor allem den Schutz des Veräußerers vor Übereilung und Übervorteilung gewerbsmäßiger Erwerber. Daneben solle die Form auch den Interessen der Nachlaßgläubiger dienen. Bei § 2371 BGB handele es sich somit lediglich um eine additive Form[374]. Nach der Auffassung *Reinharts* wird ein formnichtiger Abschichtungsvertrag daher wirksam, wenn die Formzwecke durch eine zusätzliche Handlung, wie sie die notariell beurkundete Anteilsverfügung nach § 2033 Abs.1 S.2 BGB darstellen kann, erreicht sind.

dd) Die Argumentation *Harts*

Hart[375] folgt im wesentlichen der Unterscheidung *Reinharts* zwischen absoluter und additiver Form. Eine Heilungswirkung könne dann eintreten, wenn Einzel- oder Parteiinteressen, nicht aber wenn Dritt-, Verkehrs- oder öffentliche Interessen durch die Formvorschrift geschützt werden sollen. Methodisch sei allen nicht den Zweck berücksichtigenden Ansätzen der willkürliche Ausschluß der teleologischen Auslegung als Mittel der Interpretation des § 125 S.1 BGB vorzuhalten. Die Vorschrift müsse im Zusammenhang mit der Regelung der Nichtigkeit aufgrund Verstoßes gegen ein Verbotsgesetz (§ 134 BGB) gesehen werden, was gerade die konkrete Herausarbeitung der Beziehung zwischen Zweck der Norm und Nichtigkeitsfolge erfordere. Allein durch den Rückgriff auf den Zweck der Formvorschrift werde gesichert, daß die Ausnahmen von der Nichtigkeit sich an problemadäquaten Kriterien orientieren und nicht relativ vage aus Treu und Glauben entwickelt werden müssen. Allgemein formuliert laute daher die Zwecksetzung des § 125 S.1 BGB: „Wenn die Form Wirksamkeitsvoraussetzung des Rechtsgeschäfts (additive Form; immer dann, wenn es um den Individualschutz eines Beteiligten am Rechtsgeschäft oder um Parteienschutz geht) ist, kann die fehlende Wirksamkeitsvoraussetzung der Form durch die Wirksamkeitsvoraussetzung der Zweckereichung des Formgebots ersetzt werden [...]. Handelt es sich um über den Rahmen des Rechtsgeschäfts hinausgehende Zwekke (Drittschutz, Verkehrsschutz, öffentliche Interessen; d.h. immer im Bereich

---

372) *Reinhart*, Fn 363, S. 141 ff.
373) *Reinhart*, Fn 363, S. 142 (Fn 28).
374) *Reinhart*, Fn 363, S. 158 f.
375) In: AK, BGB, § 125 Rz 9 ff.

der Verfügungsgeschäfte [...]), bleibt es bei der Formnichtigkeit (es sei denn, spezielle Heilungsvorschriften greifen ein), [...].“[376]

ee) Kritik

Eine Auffassung, nach welcher formnichtige Verpflichtungsgeschäfte wirksam werden können wenn die Formzwecke auf andere Weise erreicht sind, widerspricht nicht nur dem Wortlaut des § 125 BGB (die Vorschrift enthält im Gegensatz zu § 134 BGB gerade keinen dahingehenden Vorbehalt)[377], sondern auch der generalpräventiven Zwecksetzung dieser Norm. § 125 BGB soll die Formzwecke nicht nur im konkreten Einzelfall sichern, sondern generell[378]. Mit Recht weist *Keller*[379] darauf hin, daß der Rechtsverkehr die Form nicht mehr ernst nähme, könnte die Formnichtigkeit stets durch anderweitige Erreichung der Formzwecke überwunden werden. Der Sinn und Zweck der Formnichtigkeit ist somit von der ratio der einzelnen Formvorschriften zu unterscheiden; mit Erreichung der Formzwecke im Einzelfall wird nicht zugleich auch der Zweck der Formnichtigkeit erreicht[380]. Fehl geht deshalb der Vorwurf *Harts*, jede nicht den Zweck der jeweiligen Formvorschrift berücksichtigende Auffassung schließe die teleologische Auslegung als Mittel der Interpretation des § 125 S.1 BGB willkürlich aus[381]. Das Gesetz regelt das Problem der Nichtbeachtung von Formvorschriften nicht orientiert am Zweck der jeweiligen Form sondern durch eine generelle, starre Sanktionsnorm. Die Formnichtigkeit duldet daher keine Einschränkung unter funktionalem Aspekt. Folglich kommt es auf die Frage, ob die Gründe des Gesetzgebers für ein bestimmtes Formerfordernis die Anwendung der Formvorschrift im Einzelfall erforderlich machen oder nicht, gar nicht an[382].

Eine Unterscheidung zwischen absoluter und additiver Form wie *Reinhart* und *Hart* sie vornehmen, würde zudem zu erheblicher Rechtsunsicherheit führen. Die Feststellung, wann im konkreten Einzelfall die Formzwecke erreicht sind und wann nicht, wird nicht immer leicht zu treffen sein[383]. Bereits die Feststellung der Formzwecke bereitet Probleme, da der gesetzgeberische Wille in der

---

[376]) *Hart*, in: AK, BGB, § 125 Rz 11.
[377]) Vgl. *Keller*, Formproblematik, Rz 108.
[378]) *Pohlmann*, Heilung, S. 54; *Keller*, Formproblematik, Rz 108; *Westerhoff*, AcP 184 (1984), 341, 348 f.
[379]) A.a.O.
[380]) *Pohlmann*, Heilung, S. 54; *Westerhoff*, AcP 184 (1984), 341, 350 f.
[381]) Vgl. *Keller*, Formproblematik, Rz 108.
[382]) *Keller*, a.a.O; *Häsemeyer*, Die gesetzliche Form der Rechtsgeschäfte, S. 164 ff. (165), 226 ff. (231).
[383]) *Pohlmann*, Heilung, S. 54; *Keller*, Formproblematik, Rz 109; vgl. auch *Reinhart*, Das Verhältnis von Formnichtigkeit und Heilung des Formmangels im bürgerlichen Recht, S. 143.

Regel nur schwer zu ermitteln ist[384]. Auf noch größere Schwierigkeiten stößt man bei der Frage, ob ein Formzweck abstrakt als Hauptzweck oder als untergeordneter Nebenzweck anzusehen ist. Wenn dann noch geprüft werden muß, ob im Einzelfall wegen besonderer Umstände der Nebenzweck gleichwertig neben den Hauptzweck tritt, kann sich selbst ein sich redlich mühender Gesetzesanwender hinsichtlich des Vorliegens eines wirksamen Rechtsgrundes nicht mehr sicher sein[385].

Darüber hinaus sprechen gegen eine Heilung bei Erreichung der Formzwecke auch historische Argumente, denn der Gesetzgeber hat sich bewußt dafür entschieden, daß die Erfüllung grundsätzlich keine Auswirkungen auf die Formnichtigkeit des Rechtsgeschäfts haben soll[386].

Schließlich gelingt es den Vertretern dieser Auffassung nicht, die gesetzlichen Heilungsvorschriften dogmatisch zu erklären. Eine teleologische Reduktion des § 125 S.1 BGB wegen Erreichung der Formzwecke etwa würde voraussetzen, daß der Erfüllende die Formnichtigkeit kannte, da ansonsten der Formzweck „Übereilungsschutz“ nicht wirksam wird. Die Heilungsvorschriften greifen aber gerade unabhängig von der Frage ein, ob der Erfüllende Kenntnis vom Formmangel hatte oder nicht[387].

ff) Ergebnis

Der Ansicht von einer teleologischen Reduktion des § 125 S.1 BGB bei Erreichung der Formzwecke kann nicht gefolgt werden.

2. Heilung durch Gesamtanalogie

Lehnt man eine Heilung ohne entsprechende Anwendung von Heilungsnormen mit der hier vertretenen Auffassung ab, ist fraglich, ob sich die Heilungswirkung auf eine Gesamtanalogie zu den §§ 313 S.2, 518 Abs.2, 766 S.2 BGB (evtl. auch § 15 Abs.4 S.2 GmbHG) stützen läßt.

---

[384]) *Pohlmann*, Heilung, S. 54.
[385]) Vgl. *Keller*, Formproblematik, Rz 109.
[386]) Motive, Band I, S. 183.
[387]) Vgl. *Pohlmann*, Heilung, S. 55.

a) Die Argumentation *Hachenburgs*

Hachenburg[388] sieht den Zweck der Formvorschriften der §§ 313, 518 und 766 BGB in einer Schutz- und Warnfunktion. Das Bedürfnis für einen Schutz vor Übereilung könne sich dabei entweder aus der besonderen Wichtigkeit des geschuldeten Gegenstands (§ 313 BGB) oder aus der Vertragsursache ergeben (§§ 518, 766 BGB). Erfülle aber eine Partei das formnichtige Verpflichtungsgeschäft, so habe das Gesetz das Seinige getan. Die Erfüllung ersetze dann die vorgeschriebene Form; die Verpflichtung erscheine als gültig. Die gesetzlich vorgesehene Heilungswirkung sei daher nur die Konsequenz aus der Bestimmung des Formzwanges, weshalb einer Anwendung des Konvaleszenzprinzips auf die anderen Fälle, die ebenfalls „eine Formvorschrift als Warnungsruf" enthalten, nichts entgegenstehe. Auch im Rahmen des § 2371 BGB sei maßgeblicher Zweck der Form der Schutz des Verkäufers vor Übereilung. Im Wege einer Gesamtanalogie zu den §§ 313 S.2, 518 Abs.2, 766 S.2 BGB sei daher von einer Heilung formnichtiger Verpflichtungsverträge durch Erfüllung auszugehen. In dem Fall einer nur teilweisen Erfüllung, werde der formnichtige Vertrag nur insoweit gültig, als geleistet worden ist. Die Gegenleistung sei dann lediglich zu einem entsprechenden Teil zu erbringen.

b) Die Argumentation *Regelsbergers*

Ähnlich wie *Hachenburg* sieht auch *Regelsberger*[389] den Zweck der Heilungsnormen in dem Schutz vor Übereilung sowie in „der Sicherheit über das Dasein eines Verpflichtungswillens". Durch die Erfüllung des Versprechens würden die Zweifel nach beiden Richtungen beseitigt. Die heilende Kraft der Erfüllung gelte für alle Formgebote, die ihren Grund in den angeführten Zwecken haben, wobei es freilich für jedes einzelne Formgebot einer sorgfältigen Untersuchung bedürfe, ob diese Voraussetzung zutrifft. Die Erfüllung eines formnichtigen Abschichtungsvertrages könnte nach dieser Ansicht somit ebenfalls den Mangel der Form heilen.

c) Die Argumentation *Langes*

Nach *Lange*[390] müsse jede Rechtsordnung mit ihren Mitteln haushalten. Sie könne sich nicht jedem Verstoß gegen die Idealregelung entgegenstellen, sondern nur den schwerwiegenderen, dessen Ausgleichung das Allgemeininteresse

---

[388]) Das bürgerliche Gesetzbuch für das Deutsche Reich, Vorträge gehalten in den Jahren 1896/1897, S. 81 ff., 96 f.

[389]) JherJb 58 (1911), 146, 171 f.

[390]) AcP 144 (1938), 149, 151 ff.; *ders.*, JherJb 89 (1941), 277, 298 f.

erfordert. Die Rechtsordnung behandele das Leistungsversprechen anders als das bereits vollzogene Geschäft. Während sie dem ersteren die Durchsetzung schon dann verweigere, wenn diese nicht erwünscht ist, sei das Erledigte nur dann wieder aufzurollen, wenn es dringend geboten ist. Es sei der Gedanke des „quieta non movere", der auch in der Gesetzgebungspolitik gelte; das Sollen resigniere gegenüber dem Sein. Je mehr das Versprechen in den Vollzug übergehe, um so mehr verdiene es, um des Rechtsfriedens willen, eines Schutzes gegen Rückgängigmachung. Unter diesem Gesichtspunkt sei die sogenannte Heilung durch Erfüllung, wie sie das BGB in den §§ 313 S.2, 518 Abs.2 und 766 S.2 vorsieht, zu begrüßen und ihr Anwendungskreis zu erweitern[391]. *Lange* nimmt eine Heilung deshalb unabhängig von der Frage an, ob der Leistende Kenntnis von der Formnichtigkeit hatte oder nicht. Eine entsprechende Anwendung der Heilungsnormen sei insbesondere bei der formnichtigen Verpflichtung zur Veräußerung eines Nachlaßanteils geboten. Eine Heilungswirkung trete dabei bereits durch Vornahme der Verfügung nach § 2033 Abs.1 BGB ein[392].

d) Die Argumentation von *Werner Lorenz*

Nach *Werner Lorenz*[393] schließlich komme eine Erweiterung der Heilungsbestimmungen über die gesetzlichen Heilungsfälle hinaus – von der vollständigen beiderseitigen Erfüllung abgesehen - dort in Betracht, wo wenigstens diejenige Leistung voll erbracht ist, um derentwillen die Formvorschrift aufgestellt ist.

e) Stellungnahme

Eine Erweiterung des Konvaleszenzprinzips im Wege der Gesamtanalogie setzt voraus, daß sämtliche Einzelvorschriften, die eine Heilungsmöglichkeit vorsehen, auf eine gemeinsame ratio legis zurückzuführen sind. Darüber hinaus muß diese ratio legis auch verallgemeinerungsfähig sein, d.h. es darf nicht eine abweichende Bewertung durch die Besonderheiten bestimmter Fallgruppen gerechtfertigt sein[394]. Zur Beantwortung der Frage, ob sich ein Heilungsgrundsatz auf eine Gesamtanalogie zu den Heilungsnormen des Gesetzes stützen läßt, bedarf daher der Untersuchung, ob den §§ 313 S.2, 518 Abs.2, 766 S.2 BGB, 15 Abs.4 S.2 GmbHG eine gemeinsame verallgemeinerungsfähige Wertentscheidung des Gesetzgebers zugrunde liegt.

---

[391]) *Lange*, AcP 144 (1938), 149, 151 f.
[392]) *Lange*, AcP 144 (1938), 149, 161 f.
[393]) JuS 1966, 429, 435.
[394]) *Canaris*, Die Feststellung von Lücken im Gesetz, S. 99.

aa) Ratio der einzelnen Heilungsvorschriften

(1) Ratio des § 313 S.2 BGB

Zur Begründung des § 313 S.2 BGB[395] führte die Kommission zum ersten Entwurf des BGB an, in Ansehung der mit der Formvorschrift zu verbindenden Wirkung sei an dem unbeschränkten Nichtigkeitsprinzip nicht festzuhalten. Abgesehen davon, daß es Dunkelheiten mit sich bringe, insbesondere auch den Buchrichter leicht zu dem Mißverständnis veranlassen könnte, er dürfe ohne Vorlegung des Vertrages die Auflassung nicht entgegennehmen oder die Eintragung in das Grundbuch nicht vornehmen, führe es zu weit, wenn selbst nach vollzogener Übertragung des Eigentums unter Umständen noch dreißig Jahre lang kondiziert werden könnte. Ein Rücktritts- oder Reurecht genüge in Verbindung mit dem Formmangel nicht. Auch wäre ein solches Recht in seiner Gestaltung keineswegs einfach, so daß hieraus voraussichtlich eine Reihe neuer Zweifel und Streitigkeiten entstehen würden. Klar und einfach und für den durch die Form erstrebten Zweck vollkommen genügend sah die Kommission es daher an, daß der für sich allein in Folge des Formmangels nichtige Vertrag durch die nachfolgende Übertragung des Eigentums, d.h. Auflassung und Eintragung des Erwerbers in das Grundbuch, gültig wird. Hierdurch werde jede Schwierigkeit einer späteren Rückforderung ausgeschlossen und dennoch die Aussicht auf wohlüberlegtes, alle Verhältnisse berücksichtigendes Handeln gewährleistet. Darüber hinaus stelle die Regelung klar, daß mit der Auflassung und Eintragung in das Grundbuch der schuldrechtliche Vertrag so, wie er zur Zeit der Auflassung unter den Vertragschließenden besteht, nach seinem ganzen Inhalt Gültigkeit erlangt, womit viele Streitigkeiten, insbesondere über die Gültigkeit von Nebenabreden vermieden würden[396].

(2) Ratio des § 518 Abs.2 BGB

Im Rahmen des heutigen § 518 Abs.2 BGB[397] unterschied die Kommission zum ersten Entwurf des BGB noch danach, ob der Schenker in dem Irrtum geleistet hat, zur Erfüllung des formwidrigen Vertrages verpflichtet zu sein (solvendi causa) oder ob er unter Absehen von dem ungültigen Schenkungsversprechen bzw. in Kenntnis von dessen Nichtigkeit leistete (donandi causa). Während in dem erstgenannten Fall die Grundsätze über die Rückforderung wegen Leistung einer Nichtschuld anzuwenden seien, da keine vollzogene Schenkung vorliege, sondern nur die Erfüllung einer irrtümlich als bestehend vorausgesetzten Ver-

---

[395]) Entwurf I § 351 Abs.2; Entwurf II § 265 S.2.
[396]) Motive, Band II, S. 190 f.
[397]) Entwurf I § 441; Entwurf II § 465 Abs.2; Entwurf III § 513 Abs.2.

bindlichkeit, handele es sich bei letzterer Konstellation um eine selbständige Vermögenszuwendung, wenn auch das formnichtige Versprechen den Beweggrund hierfür gebildet haben möge. Die Rechtslage sei hierbei dieselbe wie da, wo der Schenker ohne vorausgegangenes Versprechen die Schenkung vollzieht[398].

Erst im zweiten Entwurf wurde diese Unterscheidung zwischen animo solvendi und animo donandi aufgegeben. Wolle man, so die Kommission, danach unterscheiden, ob die Leistung des Schenkers im Irrtum über die Nichtigkeit des Schenkungsversprechens oder unter Absehen vom Versprechen bzw. in Kenntnis seiner Nichtigkeit erfolgt ist, so würden Feinheiten in das Gesetz hinein getragen, die der Rechtsverkehr nicht verstünde und durch welche die Handhabung des Gesetzes unnötigerweise erschwert würde. Die Unterscheidung könne in einzelnen Fällen zu Unbilligkeiten führen. Die Praktikabilität des Rechts verlange hier, wo es sich um Bedeutung und Wirkung einer Formvorschrift handelt, eine Vereinfachung[399].

(3) Ratio des § 766 S.2 BGB

Während die ersten drei Entwürfe zum BGB noch keine Heilung einer formnichtigen Bürgschaftserklärung vorsahen, wurde § 766 S.2 BGB von der XII. Kommission des Reichstages damit begründet, daß der Grund des Erfordernisses der Schriftform, den Bürgen vor der Inanspruchnahme unüberlegter Bürgschaften zu sichern, nach der freiwilligen Erfüllung von Seiten des Bürgen weggefallen sei[400].

(4) Ratio des § 15 Abs.4 S.2 GmbHG

Der Zweck von § 15 Abs.4 S.2 GmbHG schließlich liegt nach der Begründung zum Entwurf des GmbHG[401] darin, den Bestand der formgerecht vollzogenen Abtretung zu gewährleisten und eine Rückforderung aus Gründen der Rechtssicherheit auszuschließen[402].

---

[398]) Motive, Band II, S. 295.
[399]) Protokolle, in: *Mugdan*, Band II, S. 741.
[400]) Bericht der XII. Kommission des Reichstags, in: *Mugdan*, Band II, S. 1295.
[401]) Stenographische Berichte über die Verhandlungen des Reichstages, I. Session, 1890/1892, 5. Anlagenband, S. 3738.
[402]) Siehe auch BGHZ 127, 129, 136; *Pohlmann*, Heilung, S. 91, 93; *dies.* GmbHR 1995, 412, 414.

bb) Schlußfolgerung

Eine gemeinsame ratio legis läßt sich den Heilungsvorschriften nicht entnehmen[403]. Während der Gesetzgeber mit den §§ 313 S.2, 518 Abs.2 BGB, 15 Abs.4 S.2 GmbHG den Zweck verfolgte, im Interesse des Rechtsverkehrs Bereicherungsansprüche auszuschließen, begründete er im Rahmen des § 766 BGB die Heilung damit, daß mit der freiwilligen Erfüllung des Bürgen die Formzwecke erreicht seien.

Auch die Entstehungsgeschichte des BGB belegt, daß der Gesetzgeber gerade kein allgemeines Heilungsprinzip einführen wollte. So ging die erste Kommission davon aus, daß die freiwillige Erfüllung keine Auswirkungen auf die Nichtigkeit des Vertrages und deren Folgen hat. Der in der Erfüllung liegenden formlosen Willensäußerung komme keine andere Bedeutung zu als der vorangegangenen, formnichtigen Willenserklärung. Der im Allgemeinen Landrecht, im österreichischen Gesetzbuch und im bayerischen Entwurf sich findende gegenteilige Grundsatz, nach welchem die Erfüllung die Form ersetzt, werde damit zu rechtfertigen versucht, daß auf diesem Wege die durch den Formzwang verdrängte Vertragstreue wieder zur Geltung gebracht werde. Der Formzwang werde aber zu Unrecht in einen grundsätzlichen Gegensatz zur Vertragstreue gebracht. Wenn auch der Vertragsbruch sich nicht selten unter seine Fahne stelle, so sei dies doch ein Mißbrauch, nicht eine Folge des Formzwanges. Außerdem trage der Entwurf dem Satz, daß jeder zu seinem Wort stehen muß, durch Annahme des Prinzips der Formfreiheit für die Rechtsgeschäfte gebührend Rechnung. Wenn für einzelne Rechtsgeschäfte dennoch eine besondere Form vorgeschrieben sei, seien die Gründe für die Notwendigkeit einer Beachtung der Form vorrangig gegenüber der Rücksicht auf die ethische Pflicht zum Worthalten[404].

Der Antrag, in das BGB eine allgemeine Bestimmung aufzunehmen, nach welcher der Mangel der Form durch Erfüllung des Rechtsgeschäfts geheilt wird, wurde von der XII. Kommission des Reichstags ausdrücklich abgelehnt, da eine solche Bestimmung in Widerspruch zu dem der Formvorschrift zugrundeliegenden Gedanken stünde. Mit der gesetzlich vorgeschriebenen Form müsse es ernst genommen werden[405]. Ablehnung fand auch der Antrag, eine derartige Bestimmung wenigstens im allgemeinen Schuldrecht für gegenseitige Verträge einzufügen, da andernfalls die Vorteile der Formvorschrift vollständig verloren gin-

---

403) So auch BGH NJW 1967, 1128, 1131; *Heinrichs*, in: Palandt, BGB, § 125 Rz 11; *Förschler*, in: MK, BGB, § 125 Rz 40; *Pohlmann*, Heilung, S. 94.
404) Motive, in: *Mugdan*, Band I, S. 453.
405) *Jakobs/Schubert*, Die Beratung des BGB, S. 682.

gen[406]. Der Gesetzgeber hat sich somit bewußt gegen eine generelle Ausweitung des Heilungsprinzips entschieden; die Heilung durch Erfüllung wurde lediglich als Ausnahme von dem allgemeinen Grundsatz der dauerhaften Formnichtigkeit nach §125 S.1 BGB angesehen. Methodisch unzulässig wäre es deshalb, das engere Prinzip der Ausnahmevorschriften zu einem allgemeinen und damit zur Regel zu machen[407].

f) Ergebnis

Eine Heilung formnichtiger Abschichtungsverträge durch Erfüllung im Wege einer Gesamtanalogie zu den §§ 313 S.2, 518 Abs.2, 766 S.2 BGB, 15 Abs.4 S.2 GmbHG ist abzulehnen.

3. Heilung durch Einzelanalogie

Eine Heilung formnichtiger Abschichtungsverträge durch Erfüllung läßt sich – wenn überhaupt - nur durch Einzelanalogie zu einer der gesetzlichen Heilungsnormen erreichen. Für eine entsprechende Anwendung der §§ 518, 766 BGB mangelt es jedoch an einer vergleichbaren Interessenlage, da diese Vorschriften nur einseitige Leistungspflichten betreffen. Ebenso verbietet sich eine Analogie zu § 15 Abs.4 GmbHG, weil hier die Form dem Erschwernis des Handels mit GmbH-Anteilen und somit ausschließlich öffentlichen Interessen dient. In Betracht kommt mithin allein eine analoge Anwendung des § 313 S.2 BGB.

a) Meinungsstand

Rechtsprechung[408] und Teile der Literatur[409] verneinen bereits das Vorliegen einer planwidrigen Gesetzeslücke mit der Begründung, die heilende Wirkung der Erfüllung sei in der geltenden Rechtsordnung nicht zu einem allgemeinen Prinzip erhoben worden. Die Heilung sei stets durch die besondere Fallgestaltung bedingt, weshalb sie ausschließlich in denjenigen Fällen eintreten könne, in denen sie ausdrücklich vorgesehen ist.

---

406) *Jakobs/Schubert*, Die Beratung des BGB, S. 684 f.
407) Vgl. *Canaris*, Die Feststellung von Lücken im Gesetz, S. 181 ff.
408) RGZ 129, 122, 123; 137, 171, 175; BGH NJW 1967, 1128, 1131.
409) *Edenhofer*, in: Palandt, BGB, § 2371 Rz 3; *Musielak*, in: MK, BGB, § 2371 Rz 7; *Stürner*, in: Jauernig, BGB, § 2371 Rz 2; *Kipp/Coing*, Erbrecht, § 111 II, S. 598; *Pohlmann*, Heilung, S. 207 ff.; *Deckart*, Der Erbschaftskauf, S. 63 ff.; *Preuss*, Der Erbschaftskauf, S. 18 f.; für weitere Nachweise siehe *Schlüter*, JuS 1969, 10, 14 (Fn 32).

Dagegen geht das wohl überwiegende Schrifttum[410] für die Veräußerung eines Erbteils – im Gegensatz zur Veräußerung einer Alleinerbschaft - von einer planwidrigen Unvollständigkeit des Gesetzes aus, wobei eine Analogie helfe, das Gesetz interessengerecht zu verbessern. Für das Vorliegen einer planwidrigen Gesetzeslücke spreche die Entstehungsgeschichte der §§ 2371, 2033 Abs.1 S.2 BGB. Die Geltung des § 2371 BGB für den Erbteilskauf folge aus der Verweisung in § 1922 Abs.2 BGB. Diese Bestimmung sei zwar bereits im ersten Entwurf zum BGB (§ 1750 Abs.2) enthalten gewesen, doch habe sie zu diesem Zeitpunkt für die Form der Erbteilsveräußerung keinerlei Bedeutung gehabt, da für den Erbschaftskauf ebenfalls noch keine Form vorgesehen war. Die Vorschrift sei inhaltlich unverändert in den zweiten Entwurf übernommen worden (§ 1900 Abs.2). Die Zweite Kommission habe dann zwar den Formzwang für die Veräußerung der Erbschaft eingeführt, da dieser aber zunächst im Schuldrecht geregelt war während der jetzige § 1922 Abs.2 BGB seinen Standort im Erbrecht hatte, bestehe schon deshalb Grund zu der Annahme, daß die Gesetzesverfasser sich die Auswirkungen der Verweisung auf die Veräußerung eines Erbteils nicht hinreichend vergegenwärtigt haben. Vor allem sei jedoch entscheidend, daß die Formbedürftigkeit der Anteilsverfügung (§ 2033 Abs.1 S.2 BGB) erst später eingeführt worden ist als der Formzwang für das Verpflichtungsgeschäft (§ 2371 BGB). Bei der Fassung des § 2371 BGB, der seit den Beratungen der Zweiten Kommission unverändert Gesetz geworden ist, habe sich somit die Frage, ob eine in derselben Form vorgenommene Anteilsverfügung die Formnichtigkeit des Kausalgeschäfts zu heilen vermag, gar nicht stellen können[411].

Der rechtspolitische Zweck des § 2371 BGB stehe einer Heilung durch Erfüllung nicht entgegen. Die Formzwecke Übereilungsschutz sowie Klarstellung der Rechtsverhältnisse würden durch die Anteilsverfügung – wenn auch auf anderer Ebene – im wesentlichen erreicht. So werde durch die Formbedürftigkeit des Verfügungsgeschäfts gewährleistet, daß der Erbe nicht unüberlegt über seinen Nachlaßanteil verfügt. Soweit der Formmangel für die Urkundsperson erkennbar ist, werde sie den abzuschichtenden Miterben auf die Unwirksamkeit des Rechtsgrundgeschäfts hinweisen. Da die Pflicht des Anteilsveräußerers (im Gegensatz zur Erbschaftsveräußerung des Alleinerben) durch ein einheitliches Geschäft erfüllt wird, seien auch Zweifel über den Zeitpunkt ausgeschlossen, zu

---

[410]) *Olshausen*, in: Staudinger, BGB, § 2371 Rz 24 ff.; *Damrau*, in: Soergel, BGB, § 2371 Rz 22; *Däubler*, in: AK, BGB, § 2371 Rz 7; *Schlüter*, in: Erman, BGB, § 2371 Rz 5; *ders.*, JuS 1969, 10; *ders.*, Erbrecht, Rz 1237; *von Lübtow*, Erbrecht, 2. Halbband, S. 1078; *Brox*, Erbrecht, Rz 765; *Ebenroth*, Erbrecht, Rz 1198; *Frank*, Erbrecht, § 23 Rz 6; *Keller*, Formproblematik, Rz 215; *ders.*, ZEV 1995, 427; *Lange*, AcP 144 (1938), 149, 161; *Habscheid*, FamRZ 1968, 13.

[411]) Vgl. *Ebenroth*, Erbrecht, Rz 1198; *Brox*, Erbrecht, Rz 765; *Schlüter*, JuS 1969, 10, 15 f.

welchem die Heilung eintritt. Schließlich sei der Anteilserwerber durch die Formbedürftigkeit der Anteilsverfügung jederzeit in der Lage, seine Rechte Dritten gegenüber nachzuweisen[412].

Ein praktisches Argument für eine analoge Anwendung des § 313 S.2 BGB führt *Habscheid*[413] an: Habe der Anteilsveräußerer bis zum Eintritt der Verjährung (30 Jahre) die Möglichkeit, das Geleistete über §§ 812 ff. BGB zurückzufordern, könne dies vor allem bei größeren Erbschaften, die in der Zwischenzeit aufgeteilt wurden, zu unlösbaren Schwierigkeiten führen, denn nach einer gewissen Zeit sei die Berechnung des Wertersatzes nach § 818 Abs.2 BGB kaum mehr möglich.

Schließlich wird das Bedürfnis für eine entsprechende Anwendung des § 313 S.2 BGB darauf gestützt, daß die gegenteilige Auffassung zu Widersprüchen innerhalb der erbrechtlichen Gesamtregelung führe: So setze etwa das gesetzliche Vorkaufsrecht nach § 2034 BGB stets einen gültigen Kaufvertrag voraus. Heile aber der formgerechte Vollzug der Anteilsverfügung das schuldrechtliche Grundgeschäft nicht, werde das stark ausgestaltete Vorkaufsrecht der übrigen Miterben vereitelt, wenn der Erbe den Nachlaßanteil nicht vom Erwerber zurückverlangt oder eine Rückforderung nach § 814 BGB ausgeschlossen ist. Auch hätte die Ablehnung einer Heilungsmöglichkeit zur Folge, daß im Rahmen eines formnichtigen Erbteilskaufs der Erwerber nicht für die Nachlaßverbindlichkeiten zu haften bräuchte, da § 2382 BGB ebenfalls einen wirksamen Kaufvertrag erfordere[414]. Die Nachlaßgläubiger auf eine Pfändung des Bereicherungsanspruchs zu verweisen, reiche nicht aus, weil ein solcher Anspruch nicht immer bestehe (etwa wegen § 814 BGB)[415].

b) Stellungnahme

Die Rechtsprechung verdient insoweit Zustimmung, als Vorschriften, die eine allgemeine Wertentscheidung des Gesetzgebers ausnahmsweise durchbrechen, nicht auch auf solche Fälle entsprechend angewendet werden dürfen, in denen eine vergleichbare Ausnahmesituation nicht besteht. Andernfalls würde die Ausnahme zur Regel erhoben. Dagegen kann es im Einzelfall durchaus zulässig, ja sogar geboten sein, einen Sondertatbestand einem anderen, rechtlich vergleichbaren Sondertatbestand gleichzusetzen. Beruht eine Ausnahmeregelung ihrerseits auf einem engeren Prinzip, dann ist innerhalb dieses Prinzips grund-

[412]) Vgl. *Schlüter*, JuS 1969, 10, 15.
[413]) FamRZ 1968, 13, 15.
[414]) Vgl. *Olshausen*, in: Staudinger, BGB, § 2371 Rz 26; *Schlüter*, JuS 1969, 10, 16.
[415]) Vgl. *Schlüter*, JuS 1969, 10, 16.

sätzlich auch eine Analogie gestattet[416]. Der Umstand, daß die Heilung durch Erfüllung vom Gesetzgeber nicht zu einem allgemeinen Prinzip erhoben wurde, spricht somit nicht zwingend gegen eine analoge Anwendung des § 313 S.2 BGB[417]. Eine entsprechende Anwendung des § 313 S.2 BGB verbietet sich auch nicht schon aufgrund der rechtlichen Eigenheit des in Frage stehenden Veräußerungsgegenstandes. Zwar handelt es sich im Rahmen des § 313 S.2 BGB um die Verfügung über *ein* Recht, während der Anteil eines Miterben am Nachlaß eine ganze Summe von Rechten verkörpert, doch wird der Nachlaßanteil hinsichtlich Rechtszuständigkeit und Verfügungsbefugnis vom Gesetz wie ein einheitliches Recht behandelt. Darüber hinaus ist zu berücksichtigen, daß der Gesetzgeber § 2371 BGB vor allem § 311 BGB nachgebildet hat.

Zu Recht bezweifelt allerdings *Pohlmann*[418] die Behauptung, die Verfasser des Gesetzes hätten sich über die Heilbarkeit von Formverstößen bei der Veräußerung von Erbteilen keine Gedanken gemacht, denn in den damaligen Stellungnahmen zum künftigen BGB wurde diese Frage durchaus erörtert[419]. Das Argument, der Gesetzgeber habe sich die Heilungsproblematik nicht hinreichend vergegenwärtigt, ist somit eine bloße petitio principii. Unzutreffend ist auch die These, die Formzwecke des § 2371 BGB würden durch die Formbedürftigkeit der Anteilsverfügung nach § 2033 Abs.1 S.2 BGB im wesentlichen erreicht. So wird etwa der Formzweck „Schutz vor Übereilung" nicht wirksam, wenn sich der Anteilsveräußerer irrtümlich zur Verfügung verpflichtet glaubt und der Mangel der Form für den Notar nicht erkennbar ist, weil das schuldrechtliche Grundgeschäft unrichtig oder unvollständig beurkundet wurde[420]. Auch der Zweck, Klarheit über die Rechtsverhältnisse zu erlangen, findet mit der Beurkundung der Anteilsverfügung keine vollständige Erledigung. Der Gesetzgeber wollte mit der Form des § 2371 BGB die Klarstellung des *schuldrechtlichen* Rechtsverhältnisses erreichen. Diesem Bestreben wird nicht genügt, wenn nur das dingliche Rechtsgeschäft beurkundet ist[421]. Schließlich wird auch der Formzweck „Beweiserleichterung" mit einer formgerechten Anteilsverfügung nicht notwendig hinfällig, da eine Heilung im Rahmen des § 313 S.2 BGB auch dann eintritt, wenn der schuldrechtliche Vertrag unrichtig oder unvollständig beurkundet worden ist. In diesen Fällen ist aber ein Streit, insbesondere über formlo-

---

[416]) Vgl. *Canaris*, Die Feststellung von Lücken im Gesetz, S. 181; *Schlüter*, JuS 1969, 10, 14.
[417]) So auch *Schlüter*, JuS 1969, 10, 14.
[418]) Heilung, S. 211.
[419]) Vgl. *Hachenburg*, Das Bürgerliche Gesetzbuch für das Deutsche Reich, Vorträge gehalten in den Jahren 1896/1897, S. 97.
[420]) Vgl. *Werner Lorenz*, AcP 156 (1957), 381, 395 f.; *ders.*, JuS 1966, 429, 434; *Keller*, Formproblematik, Rz 90; *Pohlmann*, Heilung, S. 212; *Reinhart*, Das Verhältnis von Formnichtigkeit und Heilung des Formmangels im bürgerlichen Recht, S. 130; siehe näher oben B IV 1 a bb.
[421]) Vgl. *Pohlmann*, Heilung, S. 212.

se Nebenabreden, nicht ausgeschlossen[422]. Dem Argument *Habscheids*, das Absehen von einer Heilungsmöglichkeit könne zu praktischen Schwierigkeiten bei der Rückabwicklung führen, ist entgegenzuhalten, daß dies gleichermaßen auch auf andere Verträge zutrifft, wie etwa auf die Veräußerung des gegenwärtigen Vermögens oder eines Bruchteils davon nach § 311 BGB. Im Rahmen des § 313 BGB wollte der Gesetzgeber eine Rückforderung lediglich wegen der Besonderheiten des Grundstücksverkehrs ausschließen, so daß sich die dort angestellten Erwägungen nicht auf § 2371 BGB übertragen lassen[423].

Bleibt noch der Einwand, das Fehlen einer Heilungsmöglichkeit führe zu Widersprüchen innerhalb der erbrechtlichen Gesamtregelung. Die Gefahr einer Vereitelung des gesetzlichen Vorkaufsrechts besteht jedoch nur bei einer Übertragung des Nachlaßanteils auf einen oder mehrere Nichterben, nicht dagegen bei einem Ausscheiden aus der Erbengemeinschaft durch Abschichtung, da in letzterem Fall ein Vorkaufsrecht nach § 2034 BGB gar nicht entsteht[424]. Hierfür spricht neben dem Wortlaut des § 2034 Abs.1 BGB („verkauft")[425] auch der Zweck, den der Gesetzgeber mit der Einräumung des Miterbenvorkaufsrechts nach § 2034 BGB verfolgt hat. Dieses soll den Miterben die Möglichkeit eröffnen, das Eindringen Außenstehender in der Erbengemeinschaft zu verhindern, um so die Zuordnung des Nachlasses an die Erbengemeinschaft zu erhalten und Auseinandersetzung oder Fortbestehen der Gemeinschaft zu erleichtern oder zu sichern[426]. Eine Überfremdung des Nachlasses ist aber nicht zu befürchten, gibt ein Miterbe seinen Anteil am Nachlaß mit dinglicher Wirkung auf. Ebensowenig vermag auch der Hinweis, die Haftung des Anteilserwerbers für Nachlaßverbindlichkeiten setze stets einen wirksamen Schuldvertrag voraus, eine analoge Anwendung des § 313 S.2 BGB auf formnichtige Abschichtungsverträge zu begründen, denn in diesem Fall sind die Begünstigten der Anteilsverfügung ja bereits sämtlich am Nachlaß beteiligt und haften den Nachlaßgläubigern somit ohnehin in gleicher Weise wie der Verfügende.

Gegen eine analoge Anwendung des § 313 S.2 BGB spricht zudem, daß der Formzwang des § 313 S.1 BGB nur solche Fallkonstellationen erfaßt, in denen die Vermögensverschiebung unmittelbar durch Rechtsgeschäft erfolgt. Die Vorschrift knüpft an den Übergang von Eigentum an und soll in erster Linie diejenigen Fälle erfassen, in denen eine Verpflichtung zur Eigentumsauflassung nach § 925 BGB begründet wird. Nach dem Wortlaut der Norm („zu übertragen oder zu

---

[422]) Vgl. *Keller*, Formproblematik, Rz 91.
[423]) *Pohlmann*, Heilung, S. 212.
[424]) BGH LM § 1098 Nr. 3.
[425]) Die herrschende Meinung wendet die Vorschrift deshalb auf andere Fälle der Veräußerung nicht an, vgl. *Edenhofer*, in: Palandt, BGB, § 2034 Rz 9.
[426]) BGH NJW 1982, 330.

erwerben“) greift der Formzwang aber auch dann ein, wenn der Eigentumsübergang nicht nach § 925 BGB, sondern auf anderem Wege, z.B. durch Zuschlag in der Zwangsversteigerung erfolgt. Dagegen ist § 313 S.1 BGB nach herrschender und zutreffender Ansicht nicht anwendbar, wenn der Eigentumsübergang kraft Gesetzes erfolgt und es an einer rechtsgeschäftlichen Übertragung des Eigentums fehlt[427]. Um einen solchen Eigentumsübergang kraft Gesetzes handelt es sich aber bei der Anwachsung, da diese als Folge einer rechtsgeschäftlichen Aufgabe von Rechten eintritt[428]. Für eine analoge Anwendung des § 313 S.2 BGB auf die Fälle formnichtiger Abschichtungsverträge bedürfte es somit einer doppelten Analogie, wobei die erste in der entsprechenden Anwendung einer Vorschrift des Grundstücksrechts bestünde und die zweite in der Erstreckung auch auf solche Konstellationen, in denen die Vermögensverschiebung gesetzlich begründet ist. Läßt sich aber schon das Vorliegen einer Gesetzeslücke nicht zweifelsfrei nachweisen, so erscheint es erst recht bedenklich, eine Heilungsnorm gleich in zweifacher Hinsicht analog heranzuziehen. Auf dem Boden eines (mutmaßlichen) Willens des Gesetzgebers ließe sich dabei jedenfalls schwerlich argumentieren.

c) Ergebnis

Auch durch Einzelanalogie - insbesondere zu § 313 S.2 BGB - läßt sich eine Heilung formnichtiger Abschichtungsverträge durch Erfüllung nicht begründen.

4. Ergebnis

Schuldrechtliche Abschichtungsvereinbarungen, welche der in § 2371 BGB vorgeschriebenen Form mangeln, sind nach § 125 S.1 BGB nichtig. Eine Heilung formnichtiger Abschichtungsverträge durch Erfüllung läßt sich weder mit einem allgemeinen Rechtsgrundsatz, noch mit Hilfe einer Analogie begründen.

---

[427]) *Heinrichs*, in: Palandt, BGB, § 313 Rz 9; *Kanzleiter*, in: MK, BGB, § 313 Rz 23; *Wolf*, in: Soergel, BGB, § 313 Rz 18; *Petzold*, BB 1975, 905, 906; siehe auch OLG Schleswig DNotZ 1981, 562, 563.

[428]) Vgl. BGHZ 138, 8, 11.

V Sicherung des abzuschichtenden Miterben gegen vorschnellen Verlust seines Gesamtrechts

Bei der dinglichen Abschichtung verzichtet der abzuschichtende Miterbe auf seine Berechtigung an dem Nachlaß, um eine bestimmte Abfindungsleistung zu erhalten. Aufgrund desselben Formerfordernisses von Abschichtungsvereinbarung und Anteilsverfügung erscheint es dabei zweckmäßig, beide Rechtsgeschäfte zeitgleich vorzunehmen und den Parteien so einen zweiten Gang zum Notar zu ersparen[429]. Es stellt sich daher die Frage, wie der weichende Miterbe davor geschützt werden kann, daß er seinen Anteil am Nachlaß verliert, aber die Abfindungsleistung nicht erhält.

Den Beteiligten steht es frei - und dies wird regelmäßig auch gewollt sein – den Verzicht auf den Nachlaßanteil und die Abfindung zum Gegenstand eines Vertrages im Sinne der §§ 320 ff. BGB zu machen, mit der Folge, daß jede der Parteien auf Erfüllung klagen kann, wenn die von der Gegenseite geschuldete Leistung ausbleibt. Die Klage der verbleibenden Miterben ist dann auf Abgabe eines Antrags zum Abschluß des Verzichtsvertrages zu richten (§ 894 Abs.1 ZPO)[430]. Ist die Abschichtungsvereinbarung – beispielsweise wegen Formmangels gemäß § 125 S.1 BGB – nichtig, sind bereits erbrachte Leistungen nach §§ 812 Abs.1 S.1 Alt.1 BGB zurückzugewähren. Die Pflicht zur Rückgewähr beinhaltet dabei auch die Mitwirkung an der Aufhebung des Verzichts. Für den abzuschichtenden Miterben besteht hierbei allerdings die Gefahr, daß die Erwerber über den wirtschaftlichen Wert seines Erbteils anderweitig verfügen, dieser gepfändet wird, die Erwerber in Konkurs fallen oder gemeinsam über Nachlaßgegenstände verfügen und damit den Wert des Nachlasses schmälern, bevor die Gegenleistung erbracht worden ist. Dem vorzubeugen ist Aufgabe des Notars, wobei verschiedene Wege denkbar sind, eine Sicherung des abzuschichtenden Miterben zu erreichen.

1. Vereinbarung einer Bedingung

Eine Möglichkeit der Sicherung besteht darin, das schuldrechtliche Grundgeschäft und den Verzicht auf den Nachlaßanteil durch eine – aufschiebende oder auflösende - Bedingung miteinander zu verknüpfen. Da es sich bei dem Verzicht – selbst wenn Grundbesitz zum Nachlaß zählt - nicht um eine Verfügung über

---

429) Vgl. RGZ 137, 171, 173 f.

430) Zu beachten ist, daß die §§ 2385 Abs.1, 2372 ff. BGB Sonderregelungen über die Leistungspflichten der Parteien enthalten, welche den allgemeinen Bestimmungen über gegenseitige Verträge sowie den Vorschriften über den Kauf vorgehen.

Grundstücke und auch um keine Auflassung handelt, ist § 925 Abs.2 BGB nicht (auch nicht analog) anwendbar[431].

a) Erklärung des Verzichts unter der auflösenden Bedingung der Nichtigkeit der Abschichtungsvereinbarung

Die Parteien können vereinbaren, daß der Verzicht des abzuschichtenden Miterben auf seinen Nachlaßanteil unter der auflösenden Bedingung der Nichtigkeit des Abschichtungsvertrages erfolgt (§ 158 Abs.2 BGB). Von einer solchen auflösenden Bedingung darf allerdings nicht schon immer dann ausgegangen werden, wenn der Verzicht auf den Nachlaßanteil – wie regelmäßig - gegen Entgelt erklärt wird[432]. Die Annahme einer konkludent vereinbarten Bedingung setzt vielmehr voraus, daß sich die Parteien über die Wirksamkeit des Rechtsgeschäfts, von dessen Bestand die Gültigkeit des Verzichts auf den Nachlaßanteil abhängen soll, im Unklaren waren. Dies wird in der Regel gerade nicht der Fall sein. Selbst wenn die Beteiligten ausnahmsweise Zweifel an der Gültigkeit des Rechtsgeschäfts hatten, so können sie den Verzicht doch trotzdem ohne die Vereinbarung einer Bedingung geschlossen haben. Ebensowenig reicht die rein äußerliche Verbindung von Verzicht und Abfindungsvereinbarung für die Annahme einer Bedingung aus; hierfür ist vielmehr zu fordern, daß sich aus dem Wortlaut der Urkunde Anhaltspunkte für einen derartigen einheitlichen Geschäftswillen entnehmen lassen, wie sie etwa in der Formulierung „als Abfindung für ..." oder „als Ersatz für die Erbansprüche ..." gesehen werden kann[433].

Gegen die Vereinbarung einer derartigen auflösenden Bedingung spricht jedoch, daß von ihr nur die Unwirksamkeit des zur Bedingung vereinbarten Rechtsgeschäfts erfaßt wird. Eine Leistung Zug-um-Zug muß aber auch in solchen Fällen gewährleistet sein, in denen die Abfindungsvereinbarung wirksam ist.

b) Erklärung des Verzichts unter der auflösenden Bedingung der Ausübung eines Rücktrittsrechts

Eine weitere Möglichkeit, den Verfügenden vor einem Verlust seines Gesamtrechts ohne Gegenleistung zu bewahren, besteht darin, den Verzicht auf den Nachlaßanteil auflösend bedingt durch die Ausübung eines vorbehaltenen Rücktrittsrechts bei Verzug der Erwerber mit der Leistung der Abfindung vor-

---

[431]) Vgl. *Bengel/Reimann*, in: Beck'sches Notar-Handbuch, C, Rz 240.
[432]) So aber für den Erbverzicht nach § 2346 BGB *Walsmann*, Verzicht, S. 298.
[433]) Vgl. zum Erbverzicht nach § 2346 BGB: *Strobel*, in: MK, BGB, § 2346 Rz 26; *Damrau*, Erbverzicht, S. 92 ff.

zunehmen[434]. In diesem Fall kann der Anteilsveräußerer durch die Eintragung einer Verfügungsbeschränkung gemäß § 161 Abs.2 BGB gegen eine anderweitige Verfügung der Erwerber gesichert werden. Eine solche Beschränkung ist zur Vermeidung gutgläubigen Erwerbs in Abteilung II des Grundbuchs eintragungsfähig und auch eintragungsbedürftig[435]. § 892 Abs.1 S.2 BGB ist insoweit nicht einschlägig, da sich die Bestimmung nur auf relative Verfügungsbeschränkungen bezieht. Wurde die Anteilsverfügung ohne Verfügungsbeschränkung eingetragen, dürfte entgegen der Ansicht *Reimanns*[436] nicht ein Eigentumswiderspruchs in Betracht kommen, der Widerspruch ist vielmehr dagegen zu richten, daß das Eigentum ohne die Verfügungsbeschränkung eingetragen ist und dadurch das Grundbuch unrichtig wird[437].

c) Erklärung des Verzichts unter der aufschiebenden Bedingung der Erbringung der Gegenleistung

Schließlich steht es den Parteien frei, den Verzicht auf den Nachlaßanteil aufschiebend bedingt durch die Erbringung der Abfindungsleistung zu gestalten. Dieser Lösungsweg wirft allerdings dann Probleme auf, wenn sich Grundstücke im Nachlaß befinden. Durch das Ausscheiden eines Miterben im Wege der Abschichtung wird das Grundbuch hinsichtlich des Grundbesitzes, das der (Rest-) Erbengemeinschaft verbleibt, unrichtig. Zwar genügt insoweit eine schlichte Grundbuchberichtigung, doch ist die Unrichtigkeit des Grundbuches in der Form des § 29 GBO nachzuweisen[438]. Diese Vorschrift verlangt, daß die Unterschriften der Vertragschließenden vor einem Notar geleistet bzw. von diesem anzuerkennen und öffentlich zu beglaubigen sind. Es fragt sich daher, wie der Eintritt der Bedingung (die Abfindungsleistung) und die hieraus folgende Unrichtigkeit des Grundbuchs dem Grundbuchamt gegenüber formgerecht nachgewiesen werden kann, ohne daß es einer neuerlichen Mitwirkung des Notars bedarf.

Die bloße Vorlage einer Ausfertigung oder Abschrift der Anteilsverfügung reicht nicht aus, da sie den Eintritt der Bedingung nicht erkennen läßt[439]. Die Beteiligten können jedoch vereinbaren, daß erst die Erteilung einer den Grundbuchberichtigungsantrag enthaltenden Ausfertigung oder Abschrift der Anteils-

---

[434]) Vgl. *Reimann*, ZEV 1998, 213, 215; *Mayer*, ZEV 1997, 105, 106; siehe auch *Reimann/Bengel*, in: Beck'sches Notar-Handbuch, C, Rz 241.

[435]) BayObLGZ 1994, 29, 31; *Demharter*, GBO, Anhang zu § 13 Rz 21.

[436]) ZEV 1998, 213, 215.

[437]) BayObLGZ 1994, 29, 31.

[438]) Zu den Anforderungen an die Form vgl. BayObLGZ 1971, 336, 339; DNotZ 1980, 103, 105; Rpfleger 1988, 525; OLG Hamm, Rpfleger 1984, 312 f.; *Demharter*, GBO, § 22 Rz 42; *Reimann*, ZEV 1998, 213, 215; *ders.*, MittBayNot 1998, 190, 191.

[439]) Vgl. *Bengel/Reimann*, in: Beck'sches Notar-Handbuch, C, Rz 240.

verfügung den Eintritt der aufschiebenden Bedingung herbeiführt. Der Notar wird dann vollständige Ausfertigungen nur erteilen, nachdem ihm die Leistung der Abfindung nachgewiesen worden ist[440].

2. Einheitliches Rechtsgeschäft

Zu erwägen wäre ferner, den Verzicht auf den Nachlaßanteil und die Abfindungsvereinbarung dergestalt zu einem einheitlichen Rechtsgeschäft zu verbinden, daß die Unwirksamkeit eines der Geschäfte nach § 139 BGB die Nichtigkeit des anderen zur Folge hat.

§ 139 BGB ist nicht nur anwendbar, wenn ein im Rechtssinne streng einheitliches Rechtsgeschäft in Frage steht, sondern auch dann, wenn eine Mehrzahl rechtlich verschiedener Geschäfte durch ihre wirtschaftliche Einheit so zu einem Ganzen verbunden wird, daß sie nur als Ganzes gewollt erscheinen[441]. Hierbei gilt es freilich Sorge zu tragen, daß durch die Annahme einer Geschäftseinheit das im Interesse des Rechtsverkehrs geltende Abstraktionsprinzip nicht umgangen wird[442]. Eine Anwendung des § 139 BGB verbietet sich deshalb grundsätzlich dort, wo Grund- und Erfüllungsgeschäft zu einem Rechtsgeschäft verbunden werden sollen[443].

Das bürgerlich-rechtliche Abstraktionsprinzip ist jedoch nicht so formal, daß es nicht im Einzelfall von den Parteien abgeändert und durchbrochen werden könnte. Das dingliche Erfüllungsgeschäft kann daher kraft Parteivereinbarung durch Verbindung zu einer rechtlichen Einheit im Sinne von § 139 BGB in seinem Bestand von der rechtlichen Wirksamkeit des Schuldgrundes abhängig gemacht werden[444]. Folglich muß den Miterben auch die Möglichkeit eingeräumt werden, durch einen entsprechenden Parteiwillen den Veräußerungsvertrag mit der dinglich wirkenden Anteilsverfügung zu einer gewollten Einheit zu verbinden.

---

[440]) Vgl. *Reimann*, ZEV 1998, 213, 215; *Bengel/Reimann*, in: Beck'sches Notar-Handbuch, C, Rz 240.

[441]) *Hefermehl*, in: Soergel, BGB, § 139 Rz 24; *Damrau*, Erbverzicht, S. 96 mit weiteren Nachweisen.

[442]) Vgl. *Musielak*, in: MK, BGB, § 2371 Rz 5.

[443]) *Hefermehl*, in: Soergel, BGB, § 139 Rz 20; *Roth*, in: Staudinger, BGB, § 139 Rz 54; *Mayer-Maly*, in: MK, BGB, § 139 Rz 16; *Larenz/Wolf*, AT § 45 Rz 11.

[444]) BGH NJW 1967, 1128, 1130 (Erbteilskauf); 1986, 2642, 2643; str., siehe näher *Roth*, in: Staudinger, BGB, § 139 Rz 54 ff.

3. Notaranderkonto

Erfolgt der Verzicht auf den Nachlaßanteil ausschließlich gegen Geld, besteht für die Beteiligten noch die Möglichkeit einer Hinterlegung der Abfindung auf einem Notaranderkonto. Hierunter ist ein Konto zu verstehen, das der Notar im eigenen Namen und mit eigener Verfügungsbefugnis treuhänderisch für die Beteiligten unterhält. Zu beachten ist, daß die Hinterlegung in diesem Fall bereits vor Beurkundung der Anteilsverfügung erfolgen muß.

VI Abschichtung und Steuerrecht

Aus steuerrechtlicher Sicht ist das Ausscheiden einzelner Miterben aus einer Erbengemeinschaft durch Abschichtung vor allen Dingen unter dem Aspekt der Erbschaftsteuer, der Grunderwerbsteuer sowie der Einkommensteuer relevant.

1. Erbschaftsteuer

Nach § 1 Abs.1 Nr.1 ErbStG unterliegt der Erwerb von Todes wegen der Erbschaftsteuer. Sämtliche Erben unterfallen daher mit dem Erbfall der Steuerpflicht nach §§ 1 Abs.1 Nr.1, 20 Abs.1 ErbStG. Das spätere Ausscheiden einzelner Miterben aus der Erbengemeinschaft ändert hieran nichts, da der Verzicht auf den Nachlaßanteil, ebenso wie die Anteilsübertragung, lediglich ex nunc wirkt und somit die bereits eingetretene Erbenstellung nicht berührt. Die Erwerber haften jedoch mit ihren nunmehr erhöhten Erbteilen für die entstandene Steuerschuld (§ 20 Abs.3 ErbStG, §§ 2382, 2383 BGB). Zudem ist im Innenverhältnis der Erbteilsveräußerer nach den §§ 2385 Abs.1, 2379 S.3 BGB von der Entrichtung der Erbschaftsteuer befreit, soweit die Beteiligten keine abweichende Vereinbarung treffen[445].

Fraglich ist allerdings, ob auch eine Erhöhung des Erbteils, die als Folge des Ausscheidens einzelner Mitglieder der Erbengemeinschaft durch Anwachsung eintritt, einen steuerpflichtigen Vorgang im Sinne des § 1 Abs.1 Nr.1 ErbStG bildet. Erwerber von Todes wegen im Sinne der §§ 1 Abs.1 Nr.1, 3 ErbStG ist, wer als Erbe, Vermächtnisnehmer, Pflichtteilsgläubiger etc. unmittelbar mit dem Erbfall von Todes wegen erwirbt, nicht dagegen, wer durch Rechtsgeschäft unter Lebenden in diese vermögensrechtliche Stellung einrückt[446]. Bei der Abschichtung tritt die Erhöhung der verbleibenden Erbteile als (gesetzliche) Folge

[445]) Vgl. zu § 2379 BGB als dispositives Recht *Olshausen*, in: Staudinger, BGB, § 2379 Rz 2.
[446]) *Meincke*, ErbStG, § 3 Rz 11.

eines Rechtsgeschäfts unter Lebenden ein, so daß es sich hierbei nicht um einen Erwerbstatbestand im Sinne der §§ 1 Abs.1 Nr.1, 3 ErbStG handelt.

Gleiches gilt im Hinblick auf die Abfindung, welche der abzuschichtende Miterbe für sein Ausscheiden aus der Erbengemeinschaft erhält. Zwar ist als vom Erblasser zugewendet gemäß § 3 Abs.2 Nr.4 ErbStG auch dasjenige anzusehen, was als Abfindung für den Verzicht auf einen entstandenen Pflichtteilsanspruch, die Ausschlagung einer Erbschaft, eines Erbersatzanspruchs oder eines Vermächtnisses gewährt wird, da die Abfindung in diesen Fällen vom Gesetzgeber als Surrogat des ausgeschlagenen Erwerbs angesehen wurde[447], darüber hinaus erfaßt § 3 Abs.2 Nr.5 ErbStG noch die Abfindung für bedingte, betagte oder befristete Vermächtniserwerbe, der Katalog des § 3 ErbStG ist jedoch abschließend[448], so daß sich die dort genannten Fälle nicht auf das Ausscheiden aus der Erbengemeinschaft im Wege der Abschichtung übertragen lassen.

Der abgeschichtete Miterbe bleibt somit auch nach seinem Ausscheiden aus der Erbengemeinschaft Steuerschuldner gemäß §§ 1 Abs.1 Nr.1, 20 Abs.1 ErbStG. Im Innenverhältnis gelten die §§ 2385 Abs.1, 2379 S.3 BGB, soweit nichts anderes vereinbart ist. Die als Folge des Ausscheidens eintretende Anwachsung der übrigen Erbteile erfüllt nicht den Erwerbstatbestand des § 1 Abs.1 Nr.1 ErbStG. Nicht der Erbschaftsteuerpflicht unterliegt ferner die Abfindung, die ein Miterbe für sein Ausscheiden aus der Erbengemeinschaft im Wege der Abschichtung erlangt.

2. Grunderwerbsteuer

Gehören Grundstücke zum Nachlaß, so fällt die Abschichtung einzelner Miterben nicht unter § 1 Abs.1 Nr.1 GrEStG, da der Abschichtungsvertrag keinen klagbaren Anspruch auf Übereignung des Grundstücks begründet[449]; Inhalt des Vertrages ist vielmehr der Anteil am Nachlaß im ganzen. Anderes gilt nur, soweit der weichende Miterbe nach dem Abschichtungsvertrag ein Grundstück als Abfindung erhalten soll[450].

---

[447]) Vgl. *Gebel*, in: Troll/Gebel/Jülicher, ErbStG, § 3 Tz 329; *Meincke*, ErbStG, § 3 Rz 98.
[448]) *Kapp/Ebeling*, Erbschaftsteuer- und Schenkungssteuergesetz, § 3 Rz 1; *Moench*, Erbschaft- und Schenkungssteuer, § 3 Rz 1; *Gebel*, in: Troll/Gebel/Jülicher, ErbStG, § 3 Tz 1; *Meincke*, ErbStG, § 3 Rz 6, 100.
[449]) Vgl. *Fischer*, in: Boruttau, GrEStG, § 1 Rz 571; *Hofmann*, GrEStG, § 1 Rz 34.
[450]) Dann § 1 Abs.1 Nr.1 GrEStG. In diesem Fall ist der abgefundene Miterbe allerdings nach § 3 Nr.3 GrEStG von der Steuerpflicht befreit, wenn das Grundstück aus dem Nachlaß erbracht wird.

Fraglich ist jedoch, ob die Abschichtung eine Steuerpflicht nach § 1 Abs.1 Nr.3 S.1 GrEStG zur Folge hat. Nach dieser Vorschrift unterliegt der Grunderwerbsteuer der Übergang von Grundeigentum, wenn kein den Anspruch auf Übereignung begründendes Rechtsgeschäft vorausgegangen ist und es auch keiner Auflassung bedarf. Hierbei ist danach zu unterscheiden, ob die Erbengemeinschaft nach der Anteilsverfügung fortbesteht oder ob es durch sie zur Beendigung der Erbengemeinschaft kommt:

Besteht die Erbengemeinschaft unter den übrigen Miterben fort, bleibt Rechtssubjekt hinsichtlich der einzelnen Nachlaßgegenstände auch nach vollzogener Abschichtung die Gesamthand als Gruppe der am Nachlaß beteiligten Miterben. Da das Eigentum an dem Grundbesitz den Miterben nicht als Einzelpersonen, sondern zu kollektiver Einheit zusteht und durch die Abschichtung lediglich die personelle Zusammensetzung dieser Gruppe eine Änderung erfährt[451], kommt es auch nicht zu einem Eigentumsübergang im Sinne des § 1 Abs.1 Nr.3 S.1 GrEStG. Die tatbestandlichen Voraussetzungen der Steuerpflicht nach § 1 Abs.1 Nr.3 S.1 GrEStG sind folglich nicht gegeben[452].

Anderes gilt indes, wenn es infolge der Anteilsverfügung zu einer Vereinigung sämtlicher Erbteile in einer Hand und damit zur Beendigung der Erbengemeinschaft kommt. Hier bleibt Rechtssubjekt nicht die Gesamthand als solche; diese löst sich vielmehr auf und der Erwerber sämtlicher Erbteile erlangt als Gesamtrechtsnachfolger der Erbengemeinschaft alleiniges Eigentum an allen Nachlaßgegenständen[453]. Da das Eigentum somit von der Gesamthand als Gruppe auf einen Miterben als Einzelperson übergeht, bildet der Rechtsvorgang einen Erwerbstatbestand im Sinne des § 1 Abs.1 Nr.3 S.1 GrEStG.

Der Erwerb eines zum Nachlaß gehörigen Grundstücks durch Miterben zur Teilung des Nachlasses wird jedoch in § 3 Nr.3 GrEStG von der Besteuerung ausgenommen, um den Beteiligten die Aufhebung der Erbengemeinschaft zu erleichtern und eine Zersplitterung wirtschaftlicher Einheiten zu verhindern, die zu befürchten wäre, wenn nur die Befreiung gemäß § 6 GrEStG gegeben wäre. § 3 Nr.3 GrEStG begünstigt nach zutreffender Ansicht auch den Erbteilserwerb durch einen Miterben[454]. Der Erwerber bleibt somit nach § 3 Nr.3 GrEStG steu-

---

451) Zur Beteiligung der Miterben am Nachlaß siehe näher oben B I 3 d aa.

452) Anders für die Anteilsübertragung indes BFHE 117, 270, 274 ff.: Übergang des Miteigentums, wenn auch nicht im Sinne der §§ 1008 ff., 741 ff. BGB; kritisch hierzu *Petzoldt*, BB 1976, 734; *Lehmann*, NJW 1976, 263; *Carlé*, DStR 1977, 281; siehe auch *Fischer*, in: Boruttau, GrEStG, § 1 Rz 617.

453) Vgl. RGZ 88, 116, 118; OLG Düsseldorf NJW 1977, 1828.

454) So *Sack*, in: Boruttau, GrEStG, § 3 Rz 276, 340; *Franz*, in: Pahlke/Franz, GrEStG, § 3 Rz 144; *Hofmann*, GrEStG, § 3 Rz 20.

erfrei, so daß sich im Ergebnis kein Unterschied zu derjenigen Konstellation ergibt, in welcher die Erbengemeinschaft nach der Anteilsverfügung fortbesteht.

3. Einkommensteuer

Aus einkommensteuerrechtlicher Sicht ist bei der Abschichtung einzelner Miterben danach zu differenzieren, ob die Erbengemeinschaft nur über Betriebsvermögen, nur über Privatvermögen oder aber über einen Mischnachlaß verfügt, der sich aus beiden Vermögensarten zusammensetzt[455]:

Besteht ein Nachlaß ausschließlich aus Betriebsvermögen, so erlangen die Miterben mit dem Erbfall den Status „geborener" Mitunternehmer[456]; die berufliche Tätigkeit des Erblassers ist zumindest bis zur Auseinandersetzung der Erbengemeinschaft fortzuführen. Hierbei wird die Erbengemeinschaft regelmäßig gewerblich tätig sein, da die Erben einen freien Beruf des Erblassers ob dem Erfordernis persönlicher Leistungserbringung im allgemeinen nicht fortzusetzen vermögen[457]. Der laufende Gewinn der Erbengemeinschaft ist dann nicht anders als der Gewinn einer gewerblich tätigen Personengesellschaft entsprechend §§ 4, 5 EStG zu ermitteln, nach den Erbteilen auf die Miterben aufzuteilen und von ihnen als Mitunternehmern entsprechend § 15 Abs.1 S.1 Nr.2 EStG zu versteuern[458], unabhängig davon, ob die Miterben den Gewerbebetrieb auf Dauer fortführen oder nur vorübergehend[459]. Deshalb liegt es nahe, auch das Ausscheiden aus der Erbengemeinschaft nach dem Vorbild entsprechender Vorgänge im Personengesellschaftsrecht zu beurteilen und Anschaffungskosten wie Veräußerungsgewinn entsprechend dem Ausscheiden eines Gesellschafters zu berechnen (vgl. § 16 Abs.1 Nr.2, Abs.2 EStG)[460]. Gleiches gilt auch dann, wenn alle Miterben bis auf einen gegen Abfindung aus der Erbengemeinschaft ausscheiden und der verbleibende Miterbe den Gewerbebetrieb alleine fortführt[461]. Der Große Senat des BFH[462] stellt daher die Anwachsung einkommensteuerrechtlich der Übertragung von Gesellschaftsanteilen gleich und beurteilt die Rechtsfolgen ei-

[455]) Vgl. GrS BFH NJW 1991, 249, 251.

[456]) GrS BFH NJW 1991, 249, 251; *Bitz*, in: Littmann/Bitz/Hellwig, EStG, § 15 Rz 57; *Stuhrmann*, in: Blümich, EStG, § 15 Rz 322.

[457]) GrS BFH NJW 1991, 249, 251. Erfüllen die Erben jedoch zufälligerweise die Berufsvoraussetzungen, bleibt die Freiberuflichkeit erhalten.

[458]) GrS BFH NJW 1991, 249, 251; *Stuhrmann*, in: Blümich, EStG, § 15 Rz 322 f.; *Schmidt*, in: Schmidt, EStG, § 15 Rz 171.

[459]) BMF BStBl 1988 Teil II, 245; *Stuhrmann*, in: Blümich, EStG, § 15 Rz 322; *Schmidt*, in: Schmidt, EStG, § 15 Rz 383.

[460]) Vg. *Ebenroth*, Erbrecht, Rz 821; *Ruban*, DStR 1991, 65, 69.

[461]) *Wacker*, in: Schmidt, EStG, § 16 Rz 610; für Realteilung *Spiegelberger*, Vermögensnachfolge, Rz 672; vgl. auch *Groh*, DB 1990, 2135, 2139.

[462]) NJW 1991, 249, 251 ff.

nes Ausscheidens aus der Erbengemeinschaft nach dem Vorbild entsprechender Vorgänge im Personengesellschaftsrecht[463]. Sofern die Abfindung aus dem Nachlaß erfolgt und nicht in Geld, sondern in Sachwerten geleistet wird, kann sich auch für die verbliebenen Miterben im Hinblick auf ihren Anteil an den stillen Reserven[464] der hingegebenen Wirtschaftsgüter ein Veräußerungsgewinn ergeben[465]. Gelangt die Sachwertabfindung beim ausscheidenden Gesellschafter in ein Betriebsvermögen, so können nach einem BMF-Schreiben[466] die Buchwerte der Gesellschafter fortgeführt werden[467]; der Vorgang gestaltet sich dann nach den Grundsätzen der Realteilung erfolgsneutral[468]. Gleiches gilt auch für eine Erbengemeinschaft mit Betriebsvermögen und den ausscheidenden Miterben[469]. Soweit die Abfindung in Geld geleistet wird, handelt es sich allerdings auch hier um ein Anschaffungs- und Veräußerungsgeschäft[470].

Besteht der Nachlaß nur aus steuerlichem Privatvermögen, kann von der Veräußerung und dem Erwerb eines Mitunternehmeranteils keine Rede sein[471]. In diesem Fall erscheint vielmehr eine Parallele zu Bruchteilsgemeinschaft als vorzugswürdig. Für diese Auffassung spricht auch der Wortlaut des § 39 Abs.2 Nr.2 AO, wonach Wirtschaftsgüter, die mehreren zur gesamten Hand zustehen, den Beteiligten anteilig zugerechnet werden. Wie beim Ausscheiden aus einer Bruchteilsgemeinschaft gegen Abfindung aus dem bisher gemeinschaftlichen Vermögen[472] gelangen deshalb Realteilungsgrundsätze[473] zur Anwendung[474].

---

463) Vgl. auch BFH, BStBl 1996 Teil II, 310; *Wacker*, in: Schmidt, EStG, § 16 Rz 612, 610.
464) Als „stille Reserven" bezeichnet man Teile des Unternehmensgewinns, die in der Bilanz nicht als solche ausgewiesen und deshalb zunächst nicht zur Besteuerung herangezogen werden. Siehe hierzu *Kübler*, Gesellschaftsrecht, § 19 III 2b, S. 273 mit Beispielen.
465) Vgl. GrS BFH NJW 1991, 249, 251; BStBl 1973 Teil II, 655; *Spiegelberger*, Vermögensnachfolge, Rz 664; *Groh*, DB 1990, 2135, 2139.
466) BStBl 1978 Teil I, 8, Tz 77, 57-65.
467) *Ruban*, DStR 1991, 65, 69; *Wacker*, in: Schmidt, EStG, § 16 Rz 647; *Ebenroth*, Erbrecht, Rz 822.
468) *Groh*, DB 1990, 2135, 2139.
469) GrS BFH NJW 1991, 249, 251 f.
470) *Groh*, DB 1990, 2135, 2139.
471) *Groh*, DB 1990, 2135, 2140.
472) Vgl. hierzu Hessisches FG, EFG 1972, 24.
473) Siehe näher hierzu *Wacker*, in: Schmidt, EStG, § 16 Rz 625 ff.
474) Vgl. BMF BStBl 1993 Teil I, 62 Rz 43-46; Rz 51-53; *Söffing*, DB 1991, 828, 836; *Wakker*, in: Schmidt, EStG, § 16 Rz 631, 625 ff.; dahin tendierend auch *Groh*, DB 1990, 2135, 2140; vgl. auch *Ebenroth*, Erbrecht, Rz 824.

Setzt sich der Nachlaß sowohl aus Betriebs- als auch aus Privatvermögen zusammen[475] und scheidet ein Miterbe durch Abschichtung aus der Erbengemeinschaft aus, ist der Veräußerungsvorgang beim Veräußerer und den Erwerbern beiden Bereichen zuzuteilen[476]: Erhält der weichende Miterbe als Abfindung ein Wirtschaftsgut, das zum Betriebsvermögen des von den anderen Miterben fortgeführten Gewerbebetriebes gehört, beurteilt sich der Vorgang nach den Rechtsgrundsätzen, die auf eine Sachwertabfindung beim Ausscheiden eines Gesellschafters aus einer gewerblich tätigen Personengesellschaft anzuwenden sind[477]. Realteilungsgrundsätze gelangen dagegen zur Anwendung, soweit die Abfindung mit privaten Mitteln erfolgt.

Unerheblich ist, ob die erwerbenden Miterben das vereinbarte Entgelt aus dem Nachlaß entrichten oder die Abfindung mit Eigenmitteln leisten[478]. Der Große Senat des BFH folgt insoweit zu Recht nicht der Auffassung des IX. Senats[479], wonach ein entgeltliches Geschäft nur angenommen werden kann, soweit der Miterbe für den Erwerb Vermögenswerte außerhalb der Erbmasse einsetzt. Ausschlaggebend ist vielmehr allein, daß „der Miterbe mehr erlangt hat als seinem Erbanteil entspricht und den Mehrempfang aus seinem Vermögen ausgleicht, mag es sich dabei auch um vormaliges Nachlaßvermögen handeln“[480].

VII Das Ausscheiden durch Abschichtung und durch Anteilsübertragung im Vergleich

Nach Bejahung der Möglichkeit eines dinglichen Ausscheidens aus der Erbengemeinschaft ohne Anteilsübertragung und Untersuchung der damit verbundenen Folgeprobleme stellt sich noch die für die Praxis entscheidende Frage, ob sich für eine derartige Vorgehensweise überhaupt ein praktisches Bedürfnis feststellen läßt oder ob den Beteiligten nicht besser weiterhin zu einer Übertragung des Nachlaßanteils zu raten ist. Hierzu bedarf es eines Vergleichs beider Wege in ihren Voraussetzungen, den Rechtsfolgen sowie in steuerrechtlicher Hinsicht.

---

[475]) Diese Vermögensarten können in einer Erbengemeinschaft ungeachtet der Regelung des § 15 Abs.3 Nr.2 EStG nebeneinander bestehen, vgl. GrS BFH NJW 1991, 249, 253; BStBl Teil II 1987, 120.

[476]) Vgl. GrS BFH NJW 1991, 249, 253.

[477]) *Wacker*, in: Schmidt, EStG, § 16 Rz 647.

[478]) GrS BFH NJW 1991, 249, 253; *Wacker*, in: Schmidt, EStG, § 16 Rz 610.

[479]) NJW 1986, 608.

[480]) NJW 1991, 249, 253.

1. Wirksamkeitsvoraussetzungen

Wie oben gezeigt, vollzieht sich das Ausscheiden einzelner Miterben aus der Erbengemeinschaft im Wege der Abschichtung durch einen Verzicht des abzuschichtenden Miterben auf seinen Anteil am Nachlaß. Dieser wiederum erlangt nur Wirksamkeit, wenn er sich unter Beteiligung aller Gesamthänder vollzieht[481]. Bleibt auch nur ein am Nachlaß berechtigter Gesamthänder an dem Verzicht unbeteiligt, etwa weil er die Mitwirkung an der Abschichtung verweigert oder weil die Erben zum Zeitpunkt der Abschichtung noch nicht vollständig ermittelt werden konnten, ist der Verzicht nicht wirksam erklärt. Dagegen kann eine Übertragung des Nachlaßanteils auch an einzelne oder sogar nur einen der in Erbengemeinschaft verbleibenden Gesamthänder erfolgen; einer Beteiligung aller Miterben bedarf es hierbei nicht. Die Anteilsübertragung ermöglicht somit ein Ausscheiden mit dinglicher Wirkung auch in solchen Fällen, in denen einzelne Miterben ihre Mitwirkung an der Abschichtung verweigern. Was den Umfang der erforderlichen Beteiligung an der Anteilsverfügung angeht, erweist sich die Übertragung des Nachlaßanteils folglich als weniger streng.

Hinsichtlich der einzuhaltenden Form wurde festgestellt, daß bei einem Ausscheiden aus der Erbengemeinschaft durch Abschichtung sowohl das schuldrechtliche Grundgeschäft als auch das dingliche Vollzugsgeschäft der notariellen Beurkundung bedürfen[482]. Für eine Übertragung des Nachlaßanteils auf die übrigen Mitglieder der Erbengemeinschaft ist dagegen umstritten, ob nur die Anteilsverfügung oder auch das Verpflichtungsgeschäft dem Formzwang unterliegt. Die wohl herrschende Auffassung unterscheidet danach, ob die Erbengemeinschaft nach der Anteilsübertragung fortgesetzt wird oder ob es infolge einer Vereinigung sämtlicher Erbteile zur Beendigung der Erbengemeinschaft kommt[483]. Während im ersten Fall die Formvorschrift des § 2371 BGB (evtl. in Verbindung mit § 2385 Abs.1 BGB) für das schuldrechtliche Grundgeschäft[484] und die des § 2033 Abs.1 S.2 BGB für das dingliche Vollzugsgeschäft anzuwenden sei, erfasse der Formzwang bei letzterer Konstellation lediglich die Anteilsverfügung. Dagegen tritt eine beachtliche Mindermeinung für eine Anwendung der Form des § 2371 BGB auf das schuldrechtliche Grundgeschäft auch in

---

481) Siehe näher oben B I.

482) Siehe oben B III.

483) *Dütz*, in: MK, BGB, § 2033 Rz 23; *Kregel*, in: BGB-RGRK, § 2042 Rz 2; *Pardey*, in: AK, BGB, § 2042 Rz 10; *Zunft*, JZ 1956, 550 ff.; *Johannsen*, WM 1970, 573.

484) Siehe hierzu auch BGH, Urteil vom 11.03.1068, III ZZR 223/65, teilweise wiedergegeben bei *Johannsen*, a.a.O.

den Fällen ein, in denen es infolge der Anteilsverfügung zur Aufhebung der Erbengemeinschaft kommt[485].

Die Frage nach der einzuhaltenden Form bei Verträgen, durch welche sich ein Miterbe zur Übertragung seines Nachlaßanteils auf die übrigen Miterben verpflichtet, betrifft wieder das Verhältnis von Anteilsverfügungen nach § 2033 Abs.1 BGB und Erbauseinandersetzung im Sinne der §§ 2042 ff. BGB. So begründet die herrschende Meinung ihre Ansicht damit, daß Erbauseinandersetzungsverträge grundsätzlich an keine Form gebunden seien. Das Wesentliche der Erbauseinandersetzung sei aber nicht die Teilung der Nachlaßgegenstände sondern die Aufhebung der Erbengemeinschaft[486]. Folgt man jedoch der vom Verfasser vertretenen Auffassung, so handelt es sich bei der Anteilsverfügung gemäß § 2033 Abs.1 BGB gerade nicht um eine Spielart der Erbauseinandersetzung, sondern um zwei völlig unterschiedliche Wege zur Beendigung der Erbengemeinschaft. Darüber hinaus ist dem Gesetz auch ein vorrangiges Prinzip von der Formfreiheit der Erbauseinandersetzung nicht zu entnehmen, sondern nur der allgemeine Grundsatz, daß Rechtsgeschäfte formlos wirksam sind, soweit das Gesetz nicht ausnahmsweise einen Formzwang anordnet[487]. Gegen eine Unterscheidung wie sie die herrschende Meinung vornimmt, spricht zudem der Zweck des § 2371 BGB. Diese Regelung dient primär einem Schutz des Veräußerers vor Übereilung. Aus Sicht des weichenden Miterben spielt es aber keine Rolle, ob die Erbengemeinschaft nach Übertragung seines Anteils unter den übrigen Miterben fortgeführt wird oder nicht. Insbesondere kann auch einer von Teilen der Literatur vertretenen Auffassung, nach welcher sich die Anteilsverfügung wesensmäßig in die Auseinandersetzung der Erbengemeinschaft eingliedere, nicht gefolgt werden, da das Risiko des weichenden Miterben bei einer Veräußerung der Erbschaft in „Bausch und Bogen", wie sie die Übertragung des Nachlaßanteils darstellt, ein erheblich größeres ist als bei einer Erbauseinandersetzung durch Verteilung der einzelnen Nachlaßgegenstände gemäß §§ 2042 ff. BGB[488]. Ein Vertrag, durch welchen sich ein Miterbe zur Übertragung seines Nachlaßanteils auf die restlichen Mitglieder der Erbengemeinschaft verpflichtet, ist daher formbedürftig, sobald die tatbestandlichen Voraussetzungen des § 2371 BGB bzw. des § 2385 Abs.1 BGB erfüllt sind. Somit aber ergeben sich hinsichtlich der einzuhaltenden Form keine Unterschiede zu einem Ausscheiden aus der Erbengemeinschaft durch Abschichtung.

---

485) So *Damrau*, in: Soergel, BGB, § 2385 Rz 2; *Bühler*, BWNotZ 1987, 73 ff.; *Patschke*, NJW 1955, 444 ff.; *Kipp/Coing*, Erbrecht, § 118 III 3., S. 639; *Keller*, Formproblematik, Rz 51 ff.

486) *Zunft*, JZ 1956, 550, 551.

487) Siehe hierzu näher oben B III 1 c.

488) Siehe hierzu näher oben B III 1 c.

Schließlich kommt auch eine Heilung formnichtiger Verpflichtungsgeschäfte durch Erfüllung bei der Anteilsübertragung ebensowenig in Betracht wie im Rahmen der Abschichtung. Die Frage, ob es sich bei dem Absehen von einer Heilungsnorm im Rahmen des § 2371 BGB um eine planwidrige Lücke des Gesetzes handelt oder nicht, läßt sich nicht mit abschließender Sicherheit beantworten[489]. Die Gefahr von Widersprüchen innerhalb der erbrechtlichen Gesamtregelung, wie sie bei Ablehnung einer Heilungsmöglichkeit in dem Nichtentstehen des Vorkaufsrechts nach § 2034 BGB sowie in dem Fehlen einer Haftung der Erwerber für Nachlaßverbindlichkeiten gesehen werden, besteht nur bei dem Anteilserwerb durch außenstehende Dritte, nicht dagegen bei einer Veräußerung des Nachlaßanteils ausschließlich an Miterben. Soweit sich Rechtsprechung[490] und Teile der Literatur[491] gegen eine entsprechende Anwendung des § 313 S.2 BGB auf Anteilsveräußerungen aussprechen, ist dieser Ansicht deshalb jedenfalls dann zuzustimmen, wenn die Übertragung des Nachlaßanteils an Miterben erfolgt und weder ein Vorkaufsrecht nach § 2034 BGB entsteht, noch Interessen von Nachlaßgläubigern negativ betroffen sein können.

2. Rechtsfolgen

Der Verzicht auf den Nachlaßanteil führt als Rechtsfolge zu einer Anwachsung der übrigen Erbteile nach dem Verhältnis der Erbquoten entsprechend §§ 1935, 2094, 2095 BGB[492]. Umstritten ist, ob sich dieselbe Rechtsfolge auch durch eine Übertragung des Anteils erreichen läßt. Eine Mindermeinung geht davon aus, daß die Übertragung eines Nachlaßanteils auf mehrere Erwerber zwingend das Entstehen einer Bruchteilsgemeinschaft zur Folge hat. Der übertragene Nachlaßanteil behalte somit seine rechtliche Selbständigkeit. Insbesondere scheide bei einer Übertragung an Miterben eine Anwachsung als Rechtsfolge aus, weil sich der Bruchteil eines Rechts qualitativ vom Vollrecht unterscheide, aber nur gleichartige Rechte miteinander verschmelzen könnten[493]. Die herrschende Meinung zieht dagegen auch für die Anteilsübertragung die §§ 1935, 2094, 2095 BGB entsprechend heran und nimmt eine Anwachsung nach dem Verhältnis der Erbteile an, wenn die Beteiligten dies vereinbaren oder ein Gesamthänder seinen Anteil am Nachlaß pauschal und ohne Angabe von Bruchteilen auf die übrigen

---

489) Siehe näher oben B IV 3.

490) RGZ 129, 122, 123; 137, 171, 175; BGH NJW 1967, 1128, 1131.

491) *Edenhofer*, in: Palandt, BGB, § 2371 Rz 3; *Musielak*, in: MK, BGB, § 2371 Rz 7; *Stürner*, in: Jauernig, BGB, § 2371 Rz 2; *Kipp/Coing*, Erbrecht, § 111 II, S. 598; *Pohlmann*, Heilung, S. 207 ff.; *Deckart*, Der Erbschaftskauf, S. 63 ff.; *Preuss*, Der Erbschaftskauf, S. 18 f.; für weitere Nachweise siehe *Schlüter*, JuS 1969, 10, 14 (Fn 32).

492) Siehe näher oben B I 3 d.

493) So *Haegele*, BWNotZ 1971, 129, 137.

Mitglieder der Erbengemeinschaft überträgt[494]. Innerhalb dieser herrschenden Auffassung ist jedoch wiederum streitig, in welchem Rechtsverhältnis die Erwerber zueinander und gegenüber Dritten stehen, insbesondere, ob die verbleibenden Mitglieder der Erbengemeinschaft den Nachlaßanteil als Einzelpersonen oder zur gesamten Hand erwerben.

Nach der in der Literatur vertretenen „Spaltungstheorie" führe die Übertragung des Nachlaßanteils zu dem Entstehen mehrerer selbständiger Teilerbteile[495]. Erst in einem zweiten Schritt komme es sodann zur Anwachsung als Konsequenz des Grundsatzes, daß ein Miterbe an demselben Nachlaß nicht in doppelter und dabei gleicher Weise berechtigt sein kann. Nach einer anderen Auffassung stünden die Miterben als Anteilserwerber in einem besonderen Rechtsverhältnis. Auf sie könne ein Nachlaßanteil nur „in Erbengemeinschaft" übertragen werden, soweit sich der Anteil als Ersatz für die als Abfindung erbrachten Nachlaßgegenstände darstelle und somit gemäß § 2041 BGB kraft Gesetzes der Erbengemeinschaft zufalle[496]. Das KG schließlich ging in einem Beschluß aus dem Jahr 1914[497] davon aus, daß die Erwerber zueinander und gegenüber Dritten in einem Gesamthandsverhältnis stünden, welches mit dem der Erbengemeinschaft vergleichbar sei.

Geht man mit der „Spaltungstheorie" von dem Entstehen mehrerer selbständiger Teilerbteile als Rechtsfolge einer Übertragung des Nachlaßanteils aus, so bedeutet dies in seiner Konsequenz, daß sämtlichen Erwerbern eine unmittelbare Berechtigung an dem Gesamtgut zukommt. Dies wiederum bedeutet, daß jedem einzelnen der Erwerber auch die aus der Zugehörigkeit zur Gesamthand resultierenden Beteiligungsrechte jeweils ungeteilt zustehen müßten, und zwar auch dann, wenn diese zuvor noch gar nicht am Nachlaß beteiligt waren. Da eine Erbengemeinschaft vertraglich jedoch nicht erweitert werden kann, ist es nicht möglich, diese Beteiligungsrechte in beliebiger Anzahl durch Rechtsgeschäft zu produzieren. Die „Spaltungstheorie" ist somit abzulehnen.

---

[494]) BayObLG NJW-RR 1991, 1030, 1031; NJW 1981, 830; KGJ 46 A, 181, 185 f.; *Edenhofer*, in: Palandt, BGB, § 2033 Rz 4; *Dütz*, in: MK, BGB, § 2033 Rz 26; *Wolf*, in: Soergel, BGB, § 2033 Rz 15; *Schlüter*, in: Erman, BGB, § 2033 Rz 5; *Stürner*, in: Jauernig, BGB, § 2033 Rz 5; *Lange/Kuchinke*, Erbrecht, § 42 II 2a, S. 1028 f.; *Petzold*, Teilauseinandersetzung, S. 54 ff.; *Damrau*, ZEV 1996, 361, 363; *Venjakob*, Rpfleger 1993, 2, 6; *Staudenmaier*, DNotZ 1966, 724, 732; wohl auch *Schneider*, DNotV 1911, 639, 655.

[495]) So *Venjakob*, Rpfleger 1993, 2, 6; *Petzold*, Teilauseinandersetzung, S. 54 ff.; *Staudenmaier*, DNotZ 1966, 724, 732; *Schulze-Osterloh*, FS für H. Westermann, 541, 552.

[496]) So *Schneider*, DNotV 1911, 639, 655.

[497]) KGJ 46 A, 181, 185 f.

Daß eine Erbengemeinschaft als Ersatz für die Übertragung von Nachlaßgegenständen auf einen Miterben in der gleichen Zusammensetzung gemäß § 2041 BGB den Anteil des Ausscheidenden erwirbt, ist dagegen schon deshalb nicht denkbar, weil ansonsten auch dem abzufindenden Miterben wieder ein Teil seines Anteils zufiele[498]. Das Ausscheiden des verfügenden Miterben aus der Erbengemeinschaft ließe sich daher nur mit Hilfe einer juristischen Sekunde erklären. Das erkennt auch *Gerner*[499], der versucht, dieses Problem durch die Annahme eines Vertrages zugunsten der in Erbengemeinschaft verbleibenden Gesamthänder zu lösen. Zutreffend weist jedoch *Petzold*[500] darauf hin, daß sich hier die Schwierigkeit daraus ergibt, daß Surrogationsgegenstand der Anteil am Nachlaß ist. Da der Nachlaßanteil ohnehin eine Berechtigung an dem Gesamtgut verkörpert, ist es nicht möglich, daß dieser im Wege dinglicher Surrogation selbst zu einem Gegenstand des Nachlasses wird. Der Surrogation fähig sind ausschließlich Ersatzstücke für einzelne Nachlaßgegenstände, nicht hingegen die Berechtigung am Nachlaß selbst. Ein Erwerb des Nachlaßanteils „in Erbengemeinschaft" ist somit ebenfalls nicht möglich.

Dem KG schließlich ist entgegenzuhalten, daß Gemeinschaften zur gesamten Hand nicht beliebig begründet werden können, sondern wegen der Regelung des § 741 BGB, der für einen Erwerb durch mehrere Personen das Entstehen einer Bruchteilsgemeinschaft anordnet sofern sich nicht aus dem Gesetz ein anderes ergibt, auf die gesetzlich geregelten Fälle zu beschränken sind[501]. Darüber hinaus ist zu berücksichtigen, daß sich nicht alle für die Erbengemeinschaft geltenden Rechtssätze ohne weiteres auf andere Gesamthandsverhältnisse übertragen lassen. Dies räumt auch das KG selbst ein, ohne indes anzugeben, welche Rechtssätze letztendlich Anwendung finden sollen und welche nicht.

Die für die Rechtsfolge einer Übertragung des Nachlaßanteils auf Miterben entscheidende Frage lautet somit: Trifft die von der Mindermeinung zugrunde gelegte Prämisse, nur gleichartige Rechte könnten verschmelzen, zu[502], oder kann eine Anwachsung auch dann angenommen werden, wenn sich der Bruchteil eines Nachlaßanteils mit einem bereits vorhandenen Nachlaßanteil in einer Person vereinigt. Für die Beantwortung dieser Frage ergibt sich aus den Vorschriften des BGB unmittelbar nichts. Das Gesetz beschränkt sich darauf, in §§ 1935, 2094, 2095 die Anwachsung für den Wegfall eines Erben und in § 741 das Entstehen einer Bruchteilsgemeinschaft für den Fall anzuordnen, daß ein Recht

---

498) Vgl. *Gerner*, ZblFG 1915/1916, 653, 655; *Petzold*, Teilauseinandersetzung, S. 45.
499) ZblFG 1915/1916, 653, 655.
500) Teilauseinandersetzung, S. 46.
501) Vgl. *Weber*, Der Erbauseinandersetzungsvertrag, S. 21.
502) So *Haegele*, BWNotZ 1971, 129, 137.

mehreren gemeinschaftlich zusteht und sich aus dem Gesetz nichts abweichendes ergibt. Aufgabe von Rechtsprechung und Rechtslehre ist es daher, die für die rechtliche Bewertung einer Anteilsübertragung auf mehrere Gesamthänder maßgebenden Rechtssätze zu finden. Zu beachten sind hierbei sowohl allgemeine Gesichtspunkte, die sich aus der Natur der Sache ergeben, als auch die berechtigten Interessen der von einem solchen Rechtsübergang Betroffenen, wobei die so ermittelten Rechtssätze im Einklang mit den im geltenden Recht durchgeführten Rechtskonstruktionen stehen müssen[503].

Die Anwachsung ist als Rechtsfolge für den Fall anerkannt, daß ein Miterbe seinen gesamten Nachlaßanteil auf ein anderes Mitglied der Erbengemeinschaft überträgt[504]. Diese Auffassung erfährt positiv noch eine Bestätigung dadurch, daß § 15 Abs.2 GmbHG für die Übertragung eines Geschäftsanteils einer GmbH ausdrücklich das Gegenteil anordnet[505]. Auf der Seite der einzelnen Erwerber aber stellt sich die Rechtslage beim Erwerb eines Bruchteils ähnlich dar wie auch bei dem Erwerb eines ganzen Nachlaßanteils[506]. Hinzu kommt, daß sowohl für die Gesamthänder selbst als auch für die Nachlaßgläubiger eine Bruchteilsgemeinschaft als Mitglied der Erbengemeinschaft die bei weitem lästigere Art der Beteiligung darstellt. Da somit erhebliche praktische Bedürfnisse für die Möglichkeit einer Anwachsung auch bei der Vereinigung von Bruchteilsrecht und Vollrecht sprechen und weder Gesetz noch berechtigte Interessen Dritter entgegenstehen, ist der herrschenden Ansicht im Ergebnis zu folgen. Die gegenteilige Auffassung übersieht, daß es sich hier nicht um einen rechtstechnischen Vorgang handelt, sondern um eine Frage der Rechtsfortbildung. Für die These, nur gleichartige Rechte könnten verschmelzen, bleibt sie zudem jeden Beweis schuldig. Schließlich ist die Rechtsfolge der Anwachsung auch für die Ausübung des Vorkaufsrechts nach §§ 2034 ff. BGB allgemein anerkannt[507]. Zwar folgt das Miterbenvorkaufsrecht eigenen Regeln, die sich nicht ohne weiteres auf andere Veräußerungsfälle übertragen lassen[508], lehnte man die Möglichkeit einer Anwachsung als Rechtsfolge der Anteilsübertragung auf Miterben

---

[503]) Vgl. zu diesen Anforderungen BGHZ 20, 88, 94 (Übertragung eines Anwartschaftsrechts).
[504]) Vgl. BayObLG NJW-RR 1991, 1030, 1031; *Damrau*, ZEV 1996, 361, 363.
[505]) Vgl. *Damrau*, ZEV 1996, 361, 363.
[506]) So zu Recht BayObLG NJW-RR 1991, 1030, 1031.
[507]) Vgl. nur BayObLG NJW 1981, 830; *Dütz*, in: MK, BGB, § 2034 Rz 36; *Werner*, in: Staudinger, BGB, § 2034 Rz 19; *Schlüter*, in: Erman, BGB, § 2035 Rz 4; *Kregel*, in: BGB-RGRK, § 2035 Rz 3; *Stürner*, in: Jauernig, BGB, § 2034 Rz 7; *Lange/Kuchinke*, Erbrecht, § 42 III 3c, S. 1044; *Kipp/Coing*, Erbrecht, § 115 II, S. 626; *Michalski*, Erbrecht, Rz 762; *Ebenroth*, Erbrecht, Rz 745; *Bartholomeyczik*, FS für Nipperdey, 145, 171; a.A. *Meyer*, Gruchot 51 (1907), 785, 802 ff., der § 742 BGB anwendet.
[508]) Siehe hierzu eingehend *Bartholomeyczik*, FS für Nipperdey, 145, 161; vgl. auch *Haegele*, Rpfleger 1968, 173, 178.

auch in sonstigen Fällen jedoch ab, könnten die Miterben dem Entstehen einer Bruchteilsgemeinschaft dadurch entgehen, daß der weichende Miterbe seinen Nachlaßanteil zunächst „pro forma" an einen Außenstehenden verkauft und die vorkaufsberechtigten Miterben sodann von ihrem Vorkaufsrecht Gebrauch machen.

Die Übertragung eines Nachlaßanteils auf mehrere Miterben hat somit keineswegs zwingend das Entstehen einer Bruchteilsgemeinschaft zur Folge. Als Rechtsfolge kommt es vielmehr zu einer Anwachsung nach dem Verhältnis der Erbteile, wenn die Parteien dies vereinbaren oder der weichende Miterbe seinen Anteil pauschal auf die übrigen Mitglieder der Erbengemeinschaft überträgt. Dieselbe Rechtsfolge wie bei der Abschichtung läßt sich somit auch durch eine Übertragung des Nachlaßanteils erreichen.

Da es sich bei der Anwachsung im Fall der Anteilsübertragung nicht um einen rechtstechnischen Vorgang sondern um das Ergebnis einer Rechtsfortbildung handelt, bestehen keine Bedenken, den Beteiligten zusätzlich die Möglichkeit einzuräumen, die Anwachsung auch nach einem anderen Verhältnis als dem der Erbteile zueinander eintreten zu lassen. Ebenso steht es ihnen frei, die Anwachsung nur bei einigen Gesamthändern herbeizuführen[509] sowie die rechtliche Selbständigkeit des Nachlaßanteils zu bewahren, indem der Erwerb als Bruchteilsgemeinschaft erfolgt[510].

---

[509]) Die Anwachsung bei nur einem Teil der Gesamthänder sieht das Gesetz in § 2094 Abs.2 BGB ausdrücklich vor.

[510]) Teile der Literatur verneinen die Möglichkeit, eine Bruchteilsgemeinschaft als Untergemeinschaft der Erbengemeinschaft zu bilden. Nach *Kretzschmar* (ZblFG 1917/1918, 1, 11) werde dies insbesondere in dem Fall der Grundbucheintragung deutlich, wenn ein Grundstück zum Nachlaß gehört, denn die Bruchteilsberechtigung müsse ziffernmäßig im Grundbuch zum Ausdruck kommen. Dazu stehe aber in Widerspruch, daß der Anteil des Miterben an den einzelnen Nachlaßgegenständen nicht quotal bestimmt sei und es deshalb an einer bestimmten Größe der Anteile an dem Grundstück fehle. Nach *Staudenmaier* (DNotZ 1966, 724 ff.) müsse die Begründung einer Bruchteilsgemeinschaft deshalb als unzulässig angesehen werden, weil sich der übertragene „Erbteil" nach seiner Aufspaltung wesensmäßig vom ursprünglichen Anteil unterscheide. Schließlich wird gegen die Annahme einer Bruchteilsgemeinschaft vorgetragen, eine solche sei immer nur an einem einzelnen Gegenstand oder an einem einzelnen Recht möglich, während der Anteil des Miterben am Nachlaß einen Vermögensinbegriff verkörpere. An den zu diesem Inbegriff gehörenden Gegenständen aber könne nur eine einheitliche Berechtigung bestehen (so *Kretzschmar*, a.a.O.; *Venjakob*, Rpfleger 1993, 2, 6, der in der Annahme einer Bruchteilsgemeinschaft eine unzulässige Erweiterung des § 741 BGB erblickt). Die gegen die Möglichkeit einer Bruchteilsgemeinschaft an einem Nachlaßanteil vorgetragenen Argumente überzeugen jedoch nicht. *Kretzschmar* ist entgegenzuhalten, daß Eigentümer des Grundstücks auch nach Übertragung des Anteils die ungeteilte Erbengemeinschaft bleibt, die als solche auch im Grundbuch erscheint. Die ziffernmäßige Berechtigung der einzelnen Miterben erstreckt sich somit nicht auf das Grundstück als einzelnem Nachlaß-

Auf der Rechtsfolgenseite bietet die Anteilsübertragung den Beteiligten somit einen wesentlich größeren Gestaltungsspielraum als ein Ausscheiden aus der Erbengemeinschaft durch Abschichtung.

3. Sicherung des weichenden Miterben

Da auch bei einem Ausscheiden durch Anteilsübertragung sowohl das schuldrechtliche Grundgeschäft als auch die Anteilsverfügung selbst der notariellen Beurkundung bedürfen, werden die Beteiligten beide Rechtsgeschäfte auch hier in der Regel einheitlich beurkunden lassen[511]. In diesem Fall besteht, wie bei der Abschichtung von Miterben, die Gefahr, daß der weichende seinen Anteil am Nachlaß verliert, ohne die Gegenleistung zu erhalten. Die hier zur Verfügung stehenden Sicherungsmechanismen unterscheiden sich jedoch nicht von den sich im Rahmen der Abschichtung bietenden Möglichkeiten[512]. Denkbar ist daher sowohl die Vornahme der Anteilsverfügung unter einer aufschiebenden oder auflösenden Bedingung, als auch Verbindung von schuldrechtlichem Grundgeschäft und Anteilsverfügung zu einer rechtlichen Einheit, ebenso wie die Hinterlegung der Abfindung auf einem Notaranderkonto[513].

4. Steuerrecht

Steuerrechtlich unterscheidet sich das Ausscheiden aus einer Erbengemeinschaft durch Abschichtung von dem Ausscheiden durch Übertragung des Nachlaßanteils ebenfalls nicht. Auch der im Wege der Anteilsübertragung aus der Erbengemeinschaft ausscheidende Miterbe bleibt Steuerschuldner gemäß §§ 1 Abs.1 Nr.1, 20 Abs.1 ErbStG. Die Erwerber haften jedoch mit dem erworbenen Erbteil

---

gegenstand, sondern auf den Anteil am Nachlaß im ganzen. Auch kann eine Bruchteilsgemeinschaft nicht mit *Staudenmaier* deshalb als unzulässig angesehen werden, weil sich der übertragene Anteil wesensmäßig vom ursprünglichen Anteil unterscheidet, denn durch die Annahme einer Bruchteilsgemeinschaft bleibt der übertragene Anteil ja gerade als rechtlich selbständig erhalten. Dem Argument, eine Bruchteilsgemeinschaft sei immer nur an einem Recht oder an einer Sache denkbar, ist schließlich entgegenzuhalten, daß sich der Anteil am Gesamtgut zwar als eine Summe von verschiedenen Befugnissen darstellt, er hinsichtlich des ganzen Nachlasses aber nur als ein bestimmtes, von den einzelnen Nachlaßgegenständen unabhängiges Recht besteht. Die in § 2033 Abs.1 S.1 BGB statuierte Möglichkeit, über den Anteil am Nachlaß zu verfügen, zeigt, daß das Gesetz den Nachlaßanteil hinsichtlich Rechtszuständigkeit und Verfügungsbefugnis wie ein einheitliches Recht behandelt. Das Entstehen einer Bruchteilsgemeinschaft als Untergemeinschaft der Erbengemeinschaft ist mithin nicht als schlechterdings unmöglich anzusehen.

[511]) Vgl. RGZ 137, 171, 173 f.

[512]) Siehe hierzu oben B V.

[513]) Vgl. *Bengel/Reimann*, in: Beck'sches Notar-Handbuch, C Rz 239 ff.

für die entstandene Steuerschuld (§ 20 Abs.3 ErbStG, §§ 2382, 2383 BGB)[514]. Im Innenverhältnis gelten die §§ 2385 Abs.1, 2379 S.3 BGB, soweit nichts anderes vereinbart ist. Befindet sich Grundeigentum im Nachlaß, sind zwar die tatbestandlichen Voraussetzungen des § 1 Abs.1 Nr.3 GrEStG erfüllt, sofern es durch die Anteilsübertragung zur Beendigung der Erbengemeinschaft kommt, nach einem Erlaß der obersten Finanzbehörden der Länder[515] sind jedoch Rechtsgeschäfte, durch die ein oder mehrere Miterben ihre Anteile am Nachlaß an andere Miterben übertragen und dadurch aus der Erbengemeinschaft ausscheiden, nach § 3 Nr.3 GrEStG von der Besteuerung ausgenommen[516]. Schließlich stellt der Große Senat des BFH[517] das Ausscheiden durch Abschichtung auch einkommensteuerrechtlich dem Ausscheiden im Wege der Anteilsübertragung gleich.

5. Abschließende Bewertung

Mit der Entscheidung für eine Formbedürftigkeit der Abschichtung entfällt auch deren praktische Relevanz. Alles in allem erweist sich die Anteilsübertragung gegenüber dem Verzicht auf den Nachlaßanteil als vorzugswürdig. Das Ausscheiden durch Übertragung des Nachlaßanteils ist in seinen Wirksamkeitsvoraussetzungen weniger streng, da es hierbei nicht notwendig einer Mitwirkung aller am Gesamtgut beteiligter Miterben bedarf. Darüber hinaus bietet die Anteilsübertragung auch auf der Rechtsfolgenseite mehr Möglichkeiten, auf die individuellen Bedürfnisse und Wünsche der Beteiligten einzugehen als die starre Rechtsfolge der Anwachsung nach dem Verhältnis der Erbteile bei der Abschichtung. Den Miterben ist daher weiterhin zur Übertragung des Nachlaßanteils als Form des dinglichen Ausscheidens aus einer Erbengemeinschaft zu raten.

---

514) Vgl. *Musielak*, in: MK, BGB, Vor § 2371 Rz 16.
515) Vgl. den in MittRhNotK 1977, 225 abgedruckten Erlaß des niedersächsischen Finanzministeriums vom 21.09.1977 – S 4505 – 16 – 322.
516) Vgl. *Musielak*, in: MK, BGB, Vor § 2371 Rz 17.
517) NJW 1991, 249, 251.

C Die rein schuldrechtliche Abschichtung

Es ist das Verdienst von *Damrau*[518], das Interesse neben der dinglichen Abschichtung auf die rein schuldrechtlich, im Innenverhältnis unter den Miterben wirkende Abschichtung gelenkt zu haben. Hierbei kommen die Miterben dahin überein, daß einzelne von ihnen im Innenverhältnis als abgefunden angesehen werden und sich verpflichten, keine erbrechtlichen Ansprüche mehr geltend zu machen, während gegenüber außenstehenden Dritten die Beteiligung am Nachlaß gerade keine Änderung erfahren soll. Als pactum de non petendo ist eine solche Vereinbarung bedenkenlos zulässig. Macht der auf diese Weise Abgeschichtete dennoch erbrechtliche Ansprüche geltend, so können die übrigen Miterben dem im Wege der Einrede widersprechen. Eine Verfügung über den Anteil am Nachlaß bedarf es bei dieser Form des Ausscheidens somit nicht. Zählt beispielsweise Grundbesitz zum Nachlaß, erscheint der schuldrechtlich abgeschichtete Miterbe nach wie vor im Grundbuch, ohne daß dieses infolge der Abschichtung unrichtig geworden wäre. Es fragt sich daher, ob den Interessen der Beteiligten nur ein dinglich wirkendes Ausscheiden aus der Erbengemeinschaft gerecht wird oder ob im Einzelfall auch ein pactum de non petendo im Innenverhältnis ausreichen kann.

I Einzuhaltende Form

Bei der rein schuldrechtlichen Abschichtung handelt es sich nicht um die Veräußerung einer Erbschaft im Sinne der §§ 2385 Abs.1, 2371 BGB, da der abgefundene Miterbe nach außen hin Mitglied der Erbengemeinschaft bleibt. Auch kann aus dem Formzwang für Anteilsverfügungen nach § 2033 Abs.1 S.2 BGB nicht gefolgert werden, daß eine Abschichtung ohne Einhaltung dieser Form unmöglich ist. Obligatorische Rechtsgeschäfte sind vielmehr formfrei zulässig, soweit das Gesetz nicht ausnahmsweise die Einhaltung einer bestimmten Form verlangt. So ist etwa die Form des § 313 S.1 BGB zu beachten, wenn der Auseinandersetzungsvertrag die Verpflichtung zur Übertragung eines Grundstückes enthält. Ebenso ist die Einhaltung der Form des § 15 Abs.3, Abs.4 S.1 GmbHG geboten, wenn sich der Auseinandersetzungsvertrag auf einen GmbH-Anteil bezieht[519].

Folglich bedarf aber auch die schuldrechtliche Abschichtungsvereinbarung keiner Form, es sei denn, es ergibt sich ein anderes aus der rechtlichen Eigenheit der als Abfindung gewährten oder noch zu gewährenden Gegenstände.

---

[518]) ZEV 1996, 361, 367 ff.

[519]) Zur Reichweite des Formzwanges in diesen Fällen siehe oben B III 1 e.

II Haftung des schuldrechtlich abgeschichteten Miterben für Nachlaßverbindlichkeiten

Hinsichtlich in der Person des Erblassers entstandener und mit dem Erbfall auf die Erben übergegangener Verbindlichkeiten (Erblasserschulden) läßt die rein schuldrechtliche Abschichtung die Haftung des abgeschichteten Miterben unberührt, da sich niemand durch einen Vertrag mit Dritten ohne Zutun der Gläubiger seiner Haftung einfach entziehen kann. Gleiches gilt auch für Verbindlichkeiten, die von dem Erbfalls herrühren und die Erben als solche treffen (Erbfallschulden). Fraglich ist jedoch, wie es sich mit der Haftung für Verbindlichkeiten verhält, die erst nach dem Erbfall aus Rechtshandlungen der Erben im Rahmen einer Verwaltung des Nachlasses entstehen (Nachlaßerbenschulden). Nach herrschender Ansicht haften für Nachlaßerbenschulden sowohl der Nachlaß als auch das Eigenvermögen der Erben, sog. einheitliches Schuldverhältnis mit doppeltem Haftungsgegenstand im Falle der Haftungssonderung[520] [521]. Haftet aber auch der bereits schuldrechtlich abgeschichtete Miterbe für nach seinem Ausscheiden begründete Verbindlichkeiten mit seinem privaten Vermögen?

Den Ausgangspunkt bildet die Regelung des § 2038 Abs.1 S.1 BGB, wonach die Verwaltung des Nachlasses den Erben grundsätzlich gemeinschaftlich zusteht[522]. Abweichend hiervon genügt nach §§ 2038 Abs.2 S.1, 745 Abs.1 S.1 BGB für Maßregeln innerhalb einer ordnungsgemäßen Verwaltung auch eine Mehrheitsentscheidung, welche sich nach der Größe der Erbteile bemißt, §§ 2038 Abs.2 S.1, 745 Abs.1 S.2 BGB. Umstritten ist nun, ob einer solchen mit Stimmenmehrheit getroffenen Entscheidung auch Außenwirkung dergestalt zukommt, daß sie der Mehrheit oder einzelnen Beauftragten Vertretungsmacht vermittelt, für sämtliche Miterben zu handeln[523].

Auch wenn man mit der herrschenden Ansicht eine Außenwirkung bejaht, kann die Vertretungsmacht jedoch immer nur soweit reichen, als die Miterben im Innenverhältnis berechtigt sind, an Abstimmungen teilzunehmen. Da diese Voraussetzung hinsichtlich des schuldrechtlich abgeschichteten Miterben nicht er-

---

[520]) Vgl. *Schlüter*, in: Erman, BGB, § 1967 Rz 9; *Edenhofer*, in: Palandt, BGB, § 1967 Rz 8; *Ebenroth*, Erbrecht, Rz 1096; *Lange/Kuchinke*, Erbrecht, § 47 V, S. 1138.

[521]) Um eine Nachlaßerbenschuld handelt es sich etwa bei dem geschuldeten Werklohn, wenn die Miterben einen Vertrag über eine notwendige Dachreparatur an einem zum Nachlaß gehörenden Haus schließen; Beispiel nach *Brox*, Erbrecht, Rz 628.

[522]) Zum Begriff der Nachlaßverwaltung siehe unten C VI.

[523]) So die herrschende Auffassung, vgl. *Werner*, in: Staudinger, BGB, § 2038 Rz 40; *Dütz*, in: MK, BGB, § 2038 Rz 51; *Wolf*, in: Soergel, BGB, § 2038 Rz 11; a.A. OLG Königsberg OLGE 18, 34; OLG Neustadt MDR 1962, 574; *von Lübtow*, Erbrecht, 2. Halbband, S. 803, 806; *Jülicher*, AcP 175 (1975), 143, 156, 157.

füllt ist, kann von einer Beantwortung der Streitfrage an dieser Stelle abgesehen werden. Insbesondere ist in der Abschichtungsvereinbarung regelmäßig nicht die Bevollmächtigung zu sehen, persönliche Verpflichtungen gegenüber Dritten zu begründen, da ein so weitreichender Bindungswille dem abgeschichteten Miterben nicht ohne weiteres unterstellt werden darf. Für den schuldrechtlich Abgeschichteten dürfen die übrigen Gesamthänder folglich nicht mehr tätig werden; für ihn besitzen sie keine Vertretungsmacht. Der Abschichtungsvertrag sollte deshalb die Verpflichtung der (im Innenverhältnis) in Erbengemeinschaft verbliebenen Miterben enthalten, nicht auch im Namen des bereits schuldrechtlich Abgeschichteten zu handeln[524].

Neben die persönliche Verpflichtung der Erben tritt bei Nachlaßerbenschulden jedoch die Haftung mit dem Nachlaß als gebundenes Sondervermögen[525]. Es handelt sich somit um Nachlaßverbindlichkeiten, für die auch der abgeschichtete Miterbe gemäß § 2058 BGB als Gesamtschuldner haftet.

Da jedenfalls der Erbteil des abgeschichteten Miterben durch die erbrachte Abfindungsleistung bereits eine Realisierung erfahren hat, kommt ihm die Möglichkeit einer Haftungsbeschränkung nach § 2059 Abs.1 S.1 BGB nicht mehr zugute. Die Vorschrift des § 2059 Abs.1 S.1 BGB soll einen Ausgleich dafür schaffen, daß die Miterben über Nachlaßgegenstände nur gemeinschaftlich verfügen können, der einzelne die Begleichung einer bestimmten Nachlaßverbindlichkeit aber nicht erzwingen kann, sondern auf die Zustimmung der übrigen Miterben angewiesen ist[526]. Dem Gläubiger steht daher bei einer Beschränkung der Haftung nach § 2059 Abs.1 S.1 BGB nur der Zugriff auf den Nachlaß oder auf den Erbteil offen. Dieses Schutzes bedürfen solche Miterben nicht, deren Nachlaßanteil bereits eine Realisierung erfahren hat, da sie die Möglichkeit haben, über die ihnen zugeteilten Gegenstände ohne Rücksicht auf die anderen Miterben zu verfügen und so die zur Schuldentilgung erforderlichen Mittel zu beschaffen.

Der abgeschichtete Miterbe haftet somit auch für nach seinem (schuldrechtlichen) Ausscheiden aus der Erbengemeinschaft begründete Nachlaßerbenschulden unbeschränkt, solange nicht eine Beschränkung der Erbenhaftung durch Nachlaßkonkurs oder Nachlaßverwaltung erfolgt[527].

---

524) Siehe auch *Damrau*, ZEV 1996, 361, 367, 369.
525) H.M., vgl. RGZ 90, 91, 93; *Edenhofer*, in: Palandt, BGB, § 1967 Rz 8; *Siegmann*, in: MK, BGB, § 1967 Rz 26; *Schlüter*, in: Erman, BGB, § 1967 Rz 9; *ders.*, Erbrecht, Rz 1062 ff.; *Michalski*, Erbrecht, Rz 833; *Brox*, Erbrecht, Rz 628.
526) Vgl. *Dütz*, in: MK, BGB, § 2059 Rz 2.
527) Vgl. *Damrau*, ZEV 1996, 361, 368.

III Erfordernis einer Beteiligung des schuldrechtlich abgeschichteten Miterben an Maßnahmen der Nachlaßverwaltung

Von der Haftung für Nachlaßverbindlichkeiten zu unterscheiden ist die Frage, inwieweit es bei der Verwaltung des Nachlasses einer Mitwirkung des schuldrechtlich Abgeschichteten bedarf. Begriff und Inhalt der Nachlaßverwaltung sind im Gesetz nicht näher bestimmt. Anders als im Gesellschaftsrecht unterscheidet das Gesetz bei der Erbengemeinschaft nicht zwischen Geschäftsführung und Vertretungsmacht. Nach übereinstimmender Auffassung umfaßt die Verwaltung alle tatsächlichen und rechtlichen Maßnahmen, die auf Erhaltung, Nutzung und Mehrung des Nachlaßvermögens gerichtet sind[528]. Im Innenverhältnis der Miterben ist Verwaltung die Berechtigung und Verpflichtung zum Handeln und Unterlassen, die sich in Maßregeln in tatsächlicher und rechtlicher Hinsicht verwirklicht. Nach außen erfaßt sie die Gesamtheit der Entschlüsse und Maßregeln, die zur Durchführung von Gemeinschaftsaufgaben erforderlich sind sowie das gesamte Handeln mit Außenwirkung[529].

Soweit nun Maßnahmen der Verwaltung keine Außenwirkung entfalten, sind die übrigen Miterben auf eine Mitwirkung des schuldrechtlich Abgeschichteten nicht angewiesen; dieser ist vielmehr aufgrund des Abschichtungsvertrages verpflichtet, sich an Abstimmungen im Innenverhältnis zu enthalten. Nach außen bleibt der schuldrechtlich Abgeschichtete dagegen Miterbe und hat gemäß §§ 2038, 2040 BGB bei der Verwaltung des Nachlasses mitzuwirken, soweit dieser eine Außenwirkung zukommt. Hierzu ist er den übrigen Miterben im Innenverhältnis gegenüber verpflichtet[530]. Problematisch ist nun, ob bzw. inwieweit den übrigen Miterben nach außen eine ordnungsgemäße Verwaltung des Nachlasses möglich ist, wenn der Abgeschichtete die ihm obliegende Mitwirkung verweigert.

1. Verpflichtungsgeschäfte

Bilden die (schuldrechtlich) in Erbengemeinschaft verbliebenen Miterben gegenüber dem Abgeschichteten die quotale Mehrheit, verfügen sie also über eine Anteilsberechtigung von über 50 %, ist umstritten, ob im Rahmen ordnungsgemäßer Verwaltung die Mehrheit die Erbengemeinschaft bei Verpflichtungsgeschäften vertreten kann. Nach einer Auffassung bedürfe es nach dem allgemei-

---

528) Vgl. BGH FamRZ 1965, 267, 269; *Werner*, in: Staudinger, BGB, § 2038 Rz 1, 4; *Dütz*, in: MK, BGB, § 2038 Rz 7, 14; *Wolf*, in: Soergel, BGB, § 2038 Rz 2; *Lange/Kuchinke*, Erbrecht, § 43 I 2, S. 1047; *Kipp/Coing*, Erbrecht, § 114 IV 1., S. 612.

529) *Lange/Kuchinke*, Erbrecht, § 43 I 2, S. 1047.

530) Vgl. *Damrau*, ZEV 1996, 361, 368.

nen Gesamthandsprinzip (vgl. § 2038 Abs.1 S.1 BGB) sowie im Interesse eines hinreichenden Minderheitenschutzes etwa im Hinblick auf eine Ungültigkeit des Mehrheitsbeschlusses im Außenverhältnis stets der Mitwirkung aller Miterben[531]. Die überstimmten Miterben wären demnach verpflichtet, an der beschlossenen Verwaltungshandlung mitzuwirken, wobei sie nötigenfalls hierauf bzw. auf Erteilung diesbezüglicher Bevollmächtigungen (§ 167 Abs.1 BGB) gemäß § 2038 Abs.1 S.2 Halbs.1 BGB zu verklagen wären[532]. Nach herrschender Ansicht[533] dagegen beschränkt sich die Regelung der §§ 2038 Abs.1 S.2 Halbs.2, Abs.2 S.1, 745 BGB nicht nur auf das Innenverhältnis, sondern erfaßt auch das Außenverhältnis. Insbesondere bei Verpflichtungsgeschäften soll im Rahmen ordnungsgemäßer Verwaltung die quotale Mehrheit Vertretungsmacht besitzen.

Der herrschenden Meinung ist zu folgen. Die gegenteilige Auffassung, welche nach außen die Mitwirkung aller verlangt, erreicht zwar einen stärkeren Schutz der überstimmten Minderheit, ist aber für die Vertretung nach außen entweder auf die Zustimmung der Minderheit angewiesen, womit der Mehrheitsentschluß entwertet würde, oder zwingt die Mehrheit sogar, die Minderheit gemäß § 2038 Abs.1 S.2 BGB auf Zustimmung zu verklagen. Damit ginge neben einer Beeinträchtigung der Handlungsfähigkeit der Erbengemeinschaft auch eine Belastung der Gerichte einher, die bei Anerkennung einer Außenwirkung nicht in gleichem Maße zu erwarten ist[534]. § 2038 BGB erfaßt somit grundsätzlich nicht nur das Innen-, sondern auch das Außenverhältnis.

Dasselbe wie bei Abstimmungen muß aber a fortiori auch gelten, wenn sich einzelne Miterben der Teilnahme an Beschlußfassungen innerhalb der Erbengemeinschaft gänzlich zu enthalten haben. Auch hier können die übrigen Miterben die Erbengemeinschaft somit nach außen hin wirksam vertreten, sofern sie über die quotale Mehrheit am Nachlaß verfügen.

Hat dagegen der abgeschichtete Miterbe die quotale Mehrheit oder beträgt sein Erbteil exakt 50 %, so kommt es für das Vertretungsrecht der Erbengemeinschaft nach außen auf das Außenverhältnis an. Der abgeschichtete Miterbe zählt somit beim Vertretungsrecht mit, obwohl er im Innenverhältnis nicht mehr berechtigt ist, an Abstimmungen teilzunehmen. In diesem Fall sind die übrigen

---

531) So seien etwa Urkunden von allen Miterben zu unterzeichnen.

532) So OLG Königsberg OLGE 18, 34; OLG Neustadt MDR 1962, 574; *von Lübtow*, Erbrecht, 2. Halbband, S. 806; *Jülicher*, AcP 175 (1975), 143, 156, 157.

533) BGHZ 56, 47; RG SeuffArch 61 Nr.131; OLG Hamm, DB 1969, 300; *Werner*, in: Staudinger, BGB, § 2038 Rz 40; *Dütz*, in: MK, BGB, § 2038 Rz 51; *Wolf*, in: Soergel, BGB, § 2038 Rz 11.

534) Vgl. *Wolf*, in: Soergel, BGB, § 2038 Rz 11.

Miterben somit nicht in der Lage, Verwaltungsgeschäfte mit Außenwirkung ohne Beteiligung des Abgeschichteten einzugehen[535].

2. Verfügungsgeschäfte

Ebenso wie bei Verpflichtungsgeschäften stellt sich auch hinsichtlich Verfügungen über Nachlaßgegenstände die Frage, inwieweit die restlichen Miterben bei Verwaltungsmaßnahmen auf eine Mitwirkung des Abgeschichteten angewiesen sind. Eine Verfügung über einen Nachlaßgegenstand liegt vor, wenn die Substanz des Nachlasses durch Veräußerung oder Belastung oder sonst dinglich verändert wird[536]. Um eine Verfügung über Nachlaßgegenstände zur Verwaltung kann es sich beispielsweise handeln bei dem Erlaß einer zum Nachlaß gehörenden Forderung, der Veräußerung von Nachlaßgegenständen, insbesondere Grundstücken, der Kündigung einer Nachlaßforderung oder der Befriedigung von Nachlaßgläubigern[537]. Die Zulässigkeit einer Mehrheitsverwaltung nach §§ 2038 Abs.2 S.1, 745 BGB kollidiert hier mit der Regelung des § 2040 Abs.1 BGB, wonach die Miterben über Nachlaßgegenstände nur gemeinschaftlich verfügen können. Umstritten ist daher, zugunsten welcher Norm dieses Spannungsverhältnis zu lösen ist.

Nach einer Auffassung[538] erfaßt § 2038 BGB das Außenverhältnis nur insoweit, als keine anderen Vorschriften entgegenstehen. Eine solche Einschränkung des § 2038 BGB erfolge aber durch § 2040 Abs.1 BGB für Verfügungen über Nachlaßgegenstände. Im Außenverhältnis gelte daher § 2040 Abs.1 BGB, der eine gemeinschaftliche Verfügung verlangt. Die in den §§ 2038 Abs.1 S.1, 2040 BGB ausgesprochene Pflicht gemeinschaftlichen Handelns habe nur dann einen Sinn, wenn § 2038 BGB nicht bereits die Verfügungsmacht über Nachlaßgegenstände miterfaßt, sondern diese ausschließlich in § 2040 BGB geregelt bleibt.

Dagegen hat sich die jüngere Rechtsprechung des BGH[539] ebenso wie das überwiegende neuere Schrifttum[540] zu Recht für das Mehrheitsprinzip des § 2038 BGB entschieden. Erkennt man die Möglichkeit einer Mehrheitsvertretung bei

---

[535]) So insbesondere auch *Damrau*, ZEV 1996, 361, 368.
[536]) KG DR 1940, 1018; *Wolf*, in: Soergel, BGB, § 2038 Rz 4.
[537]) Vgl. *Wolf*, in: Soergel, BGB, § 2038 Rz 4.
[538]) BGHZ 56, 47, 50; LG Köln MDR 1972, 520; *Edenhofer*, in: Palandt, BGB, § 2038 Rz 4; *Werner*, in: Staudinger, BGB, § 2038 Rz 40; *Dütz*, in: MK, BGB, § 2038 Rz 53; *Schlüter*, in: Erman, BGB, § 2040 Rz 3; *Brox*, Erbrecht, Rz 484; *Schlüter*, Erbrecht, Rz 684; *von Lübtow*, Erbrecht, 2. Halbband, S. 806; *Johannsen*, WM 1970, 573, 576.
[539]) BGHZ 108, 21, 30.
[540]) *Wolf*, in: Soergel, BGB, § 2038 Rz 5; *Stürner*, in: Jauernig, BGB, § 2038 Rz 1; *Lange*, JuS 1967, 453, 456.

Verpflichtungsgeschäften an, ist kein schützenswertes Interesse vorhanden, für Verfügungen die Zustimmung der widerstrebenden Erben nach außen zu verlangen. Dies würde im Gegenteil nur zu langwierigen Prozessen und Schäden für den Nachlaß führen[541]. Der in Betracht kommende Vertragspartner wäre einer dermaßen unsicheren Situation ausgesetzt, daß er im allgemeinen Bedenken tragen müßte, sich auf das Veräußerungsgeschäft einzulassen. Eine so weitgehende Diskrepanz zwischen innerer Willenshaltung und äußerer Willensausführung kann nicht dem Gesetzessinn entsprechen[542]. Auch bei Verfügungen über Nachlaßgegenstände, die sich im Rahmen der Nachlaßverwaltung vollziehen, kann demnach die „restliche Erbengemeinschaft" nach außen hin die gesamte Erbengemeinschaft vertreten, wenn der abgeschichete Miterbe quotenmäßig in der Minderheit ist[543].

IV Erfordernis einer Beteiligung des schuldrechtlich abgeschichteten Miterben an Maßnahmen der Erbauseinandersetzung

Bei Verfügungen zur Auseinandersetzung des Nachlasses handelt es sich nicht um Verwaltungsmaßnahmen. Die Nachlaßauseinandersetzung unterfällt somit nicht dem § 2038 BGB. Damit aber gilt ausschließlich § 2040 Abs.1 BGB, was die Mitwirkung aller Gesamthänder erforderlich macht. Verweigert der Abgeschichtete diese Mitwirkung, bleibt für die übrigen Gesamthänder nur der Umweg, ihn zur Wirksamkeit der notwendigen Verfügungen gerichtlich zur Mitwirkung oder Zustimmung zu zwingen[544].

V Zulässigkeit und Bedeutung einer schuldrechtlichen Teil-Abschichtung

Ähnlich wie die dingliche Abschichtung kann sich auch die rein schuldrechtliche Abschichtung in der Weise vollziehen, daß der abzuschichtende Miterbe seine Beteiligung an der Erbengemeinschaft nicht vollständig sondern nur zu einem Teil aufgibt, da die Durchführung der Auseinandersetzung grundsätzlich der freien Disposition der Miterben unterliegt, die Bewertung der Nachlaßgegenstände ohnehin den Beteiligten zukommt und diese die Auseinandersetzung auch in der Weise vollziehen können, daß der gesamte Nachlaß ohne Rücksicht auf die Erbquoten verteilt und gegebenenfalls eine Abfindung geleistet wird[545]. Die Miterben werden häufig dann ein Interesse an einer schuldrechtlichen Teil-

---

[541]) Vgl. *Wolf*, in: Soergel, BGB, § 2038 Rz 5.
[542]) Vgl. *Lange*, JuS 1967, 453, 456.
[543]) Vgl. *Damrau*, ZEV 1996, 361, 368.
[544]) Vgl. *Damrau*, ZEV 1996, 361, 368.
[545]) So im Ergebnis auch *Damrau*, ZEV 1996, 361, 369.

Abschichtung haben, wenn auch die Abfindung nach dem übereinstimmenden Willen der Beteiligten nur einem Teil des Wertes des Erbteils entspricht.

In mathematischer Hinsicht ergeben sich hierbei jedoch dieselben Schwierigkeiten wie bei einer dinglich wirkenden Teil-Abschichtung[546]. Ferner können Abgrenzungsschwierigkeiten auftreten, wenn einzelne Nachlaßgegenstände einem Miterben schon vor der endgültigen Teilung des Nachlasses bzw. vor Aufstellung eines Teilungsplans zugeteilt werden. Dann stellt sich die Frage, wann mit einer solchen Zuteilung eine Teil-Abschichtung verbunden ist und wann nicht. Beweisprobleme können insbesondere dann entstehen, wenn sich der Wert der zugeteilten Nachlaßgegenstände dem Wert des Erbteils nähert[547].

Schließlich ist zu bedenken, daß der nur teilweise schuldrechtlich Abgeschichtete auch im Innenverhältnis noch Mitglied der Erbengemeinschaft bleibt und somit nach wie vor die Möglichkeit hat, erbrechtliche Ansprüche, wie etwa den Anspruch auf Auseinandersetzung aus § 2042 Abs.1 BGB, uneingeschränkt geltend zu machen. Die praktische Bedeutung einer nur schuldrechtlich wirkenden Teil-Abschichtung ist somit als gering einzustufen.

VI Die rein schuldrechtliche Abschichtung und das dinglich wirkende Ausscheiden aus der Erbengemeinschaft durch Anteilsübertragung im Vergleich

Ebenso wie die Übertragung des Nachlaßanteils kann eine rein schuldrechtliche Abschichtung auch dann erfolgen, wenn nicht alle Gesamthänder an dem Abschichtungsvertrag beteiligt sind; ein pactum de non petendo kann der abzuschichtende Miterbe auch mit nur einzelnen oder sogar einem der übrigen Gesamthänder vereinbaren. Hinsichtlich des Umfanges einer erforderlichen Miterbenbeteiligung ergeben sich somit keine Unterschiede zur Übertragung des Nachlaßanteils.

Die Haftung des weichenden Miterben für Nachlaßverbindlichkeiten erlischt bei einem Ausscheiden aus der Erbengemeinschaft durch Anteilsübertragung ebensowenig wie durch eine schuldrechtliche Abschichtung, vgl. §§ 2382 Abs.1, 2385 Abs.1 BGB. Dies gilt auch hinsichtlich einer Haftung für Nachlaßerbenschulden; der weichende Miterbe bleibt in beiden Fällen Gesamtschuldner (§ 2058 BGB) neben den anderen Miterben.

---

546) Siehe hierzu oben B II 2.

547) Vgl. *Damrau*, ZEV 1996, 361, 369.

Während es bei einem dinglichen Ausscheiden aus der Erbengemeinschaft einer Beteiligung des seinen Erbteil veräußernden Miterben an Maßnahmen der Nachlaßverwaltung und der Auseinandersetzung nicht mehr bedarf, bleiben die restlichen Miterben bei der schuldrechtlichen Abschichtung im Außenverhältnis grundsätzlich auf die Mitwirkung des Abgeschichteten angewiesen, vgl. §§ 2038 Abs.1, 2040 Abs.1 BGB. Im Hinblick auf diejenigen Fälle, in denen die übrigen Miterben die Erbengemeinschaft nach außen hin nicht wirksam vertreten können, ist den Beteiligten jedoch zu raten, daß der schuldrechtlich Abgeschichtete bei der Abschichtungsvereinbarung in öffentlich beglaubigter Form seine Einwilligung zu allen gemeinsamen Verfügungen der restlichen Miterben erklärt, wobei die Widerruflichkeit der Einwilligung grundsätzlich durch Rechtsgeschäft ausgeschlossen werden kann (§ 183 BGB). Möglich wäre auch die Erteilung einer unwiderruflichen Vollmacht[548]. Eine weitergehende Mitwirkung des Abgeschichteten ist dann entbehrlich, so daß sich die schuldrechtliche Abschichtung auch unter diesem Aspekt nicht von der Anteilsübertragung unterscheidet.

Der entscheidende Vorteil der rein schuldrechtlichen Abschichtung gegenüber einem dinglichen Ausscheiden aus der Erbengemeinschaft liegt jedoch darin, daß diese grundsätzlich an keine Form gebunden ist, soweit sich nicht aus den als Abfindung zu gewährenden Gegenständen ein anderes ergibt. Bei hohen Nachlaßverbindlichkeiten oder bei Abfindungsleistungen, bei denen die Verpflichtung dazu oder die Erfüllung eine notarielle Beurkundung nicht erfordern, empfiehlt es sich somit, aus Gründen der Kostenersparnis auf eine Anteilsverfügung zu verzichten[549].

---

548) Vgl. *Damrau*, ZEV 1996, 361, 368.
549) So insbesondere auch *Damrau*, ZEV 1996, 361, 369.

D Zusammenfassung der wichtigsten Ergebnisse

Ziel der Arbeit war eine Klärung der Frage, ob es neben dem Ausscheiden aus einer Erbengemeinschaft durch Übertragung des Nachlaßanteils noch weitere – unter Umständen vorzugswürdige - Möglichkeiten gibt, den Personenstand einer Erbengemeinschaft zu verringern, ohne daß es gleichzeitig zu deren Auflösung kommt. Die Ergebnisse lassen sich wie folgt zusammenfassen:

1. Der Begriff „Abschichtung" bezeichnet in erbrechtlichem Zusammenhang eine Aufgabe der mitgliedschaftlichen Beteiligung an der Erbengemeinschaft gegen Entgelt. Das Ausscheiden durch Abschichtung läßt sich somit von dem Ausscheiden durch Übertragung des Nachlaßanteils unterscheiden. Ohne Bedeutung ist es für die begriffliche Einordnung eines Vorgangs als Abschichtung, ob die Abfindung des weichenden Miterben aus dem Nachlaß und/oder aus dem Eigenvermögen der übrigen Miterben geleistet wird. Ebensowenig ist es relevant, ob die Erbengemeinschaft infolge des Ausscheidens einzelner Mitglieder erlischt oder unter den restlichen Miterben fortbesteht.

Während die Bezeichnung eines rechtlichen Vorgangs als „dingliche Abschichtung" ausdrücken soll, daß dem Ausscheiden einzelner Miterben insofern eine Außenwirkung zukommt, als diese auch und gerade gegenüber außenstehenden Dritten nicht mehr als Mitglied der Erbengemeinschaft erscheinen, beschränkt sich die „rein schuldrechtliche Abschichtung" auf das Innenverhältnis der Erben.

2.a) Es ist möglich, im Wege der Abschichtung mit dinglicher Wirkung aus einer Erbengemeinschaft auszuscheiden, ohne daß es einer Übertragung des Nachlaßanteils bedarf. Ein solches Ausscheiden ergibt sich jedoch nicht bereits als unmittelbare Folge einer Zuweisung von Nachlaßgegenständen, da die Beteiligung des Abzuschichtenden am unverteilten Nachlaß fortbesteht. Ebenso verbietet sich eine isolierte Aufgabe der einzelnen, aus der Zugehörigkeit zur Erbengemeinschaft resultierenden Beteiligungsrechte, weil diese Rechte selbständiger Verfügungen nicht zugänglich sind. Das Ausscheiden läßt sich vielmehr nur durch einen Verzicht des abzuschichtenden Miterben auf seinen Nachlaßanteil im ganzen erreichen, wozu es eines Vertrages unter Beteiligung sämtlicher Mitglieder der Erbengemeinschaft bedarf. Als Rechtsfolge des Verzichts tritt eine Anwachsung der übrigen Erbteile ein, §§ 1935, 2094, 2095 BGB analog.

b) Die dingliche Abschichtung muß nicht notwendig zu einem vollständigen Ausscheiden aus der Erbengemeinschaft führen. Möglich ist auch eine sog. Teil-Abschichtung, die sich auf einen Bruchteil des Erbteils beschränkt. Während der

Anteil am Nachlaß die Summe sich aus der Zugehörigkeit zur Erbengemeinschaft ergebender Rechte und Pflichten bezeichnet, handelt es sich bei dem Erbteil lediglich um ein dessen ideelle Größe ausdrückendes Korrelat. Als Rechtsfolge kommt es auch hier zu einer Anwachsung nach erbrechtlichen Grundsätzen.

c) Hinsichtlich einer eventuellen Formbedürftigkeit des Ausscheidens aus der Erbengemeinschaft durch Abschichtung ist zwischen dem schuldrechtlichen Grundgeschäft und dem dinglichen Vollzugsgeschäft zu unterscheiden. Der schuldrechtliche Vertrag, durch welchen sich ein Miterbe zum Verzicht auf seinen Nachlaßanteil gegen Entgelt verpflichtet, bedarf als Veräußerungsvertrag im Sinne des § 2385 Abs.1 BGB gemäß §§ 2371, 1922 Abs.2 BGB der notariellen Beurkundung. Für die Anteilsverfügung ergibt sich das gleiche Formerfordernis aus § 2033 Abs.1 S.2 BGB. Die Formzwecke der §§ 2371, 2033 Abs.1 S.2 BGB gebieten eine Anwendung der Normen auch auf solche Fälle, in denen ein Miterbe gegen Abfindungsleistung auf seinen Anteil am Nachlaß verzichtet. Weder liegen die Voraussetzungen einer teleologischen Reduktion dieser Normen vor, noch läßt sich die Formfreiheit der dinglichen Abschichtung mit einem höheren Prinzip von der formfreien Erbauseinandersetzung begründen.

d) Mangelt das schuldrechtliche Grundgeschäft der in § 2371 BGB vorgeschriebenen Form, ist es grundsätzlich nach § 125 S.1 BGB nichtig. Eine Heilung des Formmangels durch Erfüllung kann weder auf einen allgemeinen Rechtsgrundsatz, noch auf eine Gesamtanalogie zu den §§ 313 S.2, 518 Abs.2, 766 S.2 BGB, § 15 Abs.4 S.2 GmbHG gestützt werden. Schließlich läßt sich auch eine Einzelanalogie zu einer dieser Heilungsnormen nicht überzeugend begründen.

e) Weil es sich aufgrund des identischen Formerfordernisses anbietet, Abschichtungsvertrag und Anteilsverfügung in einer Urkunde miteinander zu verbinden, ist der abzuschichtende Miterbe davor zu schützen, daß er seine Berechtigung am Gesamtgut verliert ohne die Gegenleistung zu erhalten. Der Verzicht auf den Nachlaßanteil sollte daher unter der aufschiebenden Bedingung der Erbringung der Gegenleistung bzw. – wenn Grundbesitz zum Nachlaß zählt – unter der aufschiebenden Bedingung der Erteilung einer den Grundbuchberichtigungsantrag enthaltenden Ausfertigung oder Abschrift der Anteilsverfügung durch den Notar erfolgen. Bei einem Ausscheiden gegen Geld bietet sich zusätzlich die Möglichkeit der Hinterlegung auf einem Notaranderkonto an.

f) Steuerrechtlich bleibt der abgeschichtete Miterbe auch nach seinem Ausscheiden aus der Erbengemeinschaft Steuerschuldner gemäß §§ 1 Abs.1 Nr.1, 20

Abs.1 ErbStG. Zählt Grundbesitz zum Nachlaß und wird die Erbengemeinschaft infolge der Abschichtung beendet, ist der Erwerber des Erbteils trotz Vorliegens der tatbestandlichen Voraussetzungen des § 1 Abs.1 Nr.3 GrEStG von der Grunderwerbsteuer befreit, § 3 Nr.3 GrEStG. Gleiches gilt für den abgeschichteten Miterben ungeachtet § 1 Abs.1 Nr.1 GrEStG, wenn die Beteiligten die Übertragung von Grundeigentum als Abfindung vereinbaren. Einkommensteuerrechtlich beurteilt sich das Ausscheiden einzelner Miterben aus der Erbengemeinschaft im Wege der Abschichtung nach dem Vorbild entsprechender Vorgänge im Personengesellschaftsrecht, wenn der Nachlaß ausschließlich aus Betriebsvermögen besteht. Setzt sich der Nachlaß dagegen aus steuerlichem Privatvermögen zusammen, finden Realteilungsgrundsätze Anwendung. Bei Mischnachlässen richtet sich die einkommensteuerrechtliche Beurteilung danach, in welchen Bereich die zugeteilten Wirtschaftsgüter fallen.

g) Die dingliche Abschichtung bedeutet gegenüber dem Ausscheiden durch Anteilsübertragung weder aus materiellrechtlicher, noch aus steuerrechtlicher Sicht einen Gewinn. Mit Ablehnung der Formfreiheit einer dinglichen Abschichtung entfällt auch deren praktische Bedeutung. In ihren Wirksamkeitsvoraussetzungen ist die dingliche Abschichtung ob des Erfordernisses einer Beteiligung aller Gesamthänder sogar strenger, in ihrer Rechtsfolge aufgrund der zwingend eintretenden Anwachsung nach dem Verhältnis der Erbquoten weniger flexibel als die Anteilsübertragung. Sofern die Beteiligten ein dingliches Ausscheiden aus der Erbengemeinschaft anstreben, sollte ihnen deshalb zur Anteilsübertragung und nicht zu der (vergleichsweise schwerfälligen) Abschichtung geraten werden.

3.a) Neben der Möglichkeit eines dinglichen Ausscheidens aus der Erbengemeinschaft durch Anteilsverfügung gemäß § 2033 Abs.1 BGB können die Miterben auch eine - nur in deren Innenverhältnis wirkende – rein schuldrechtliche Abschichtung vereinbaren. Dabei verpflichtet sich der abzuschichtende Miterbe den anderen Gesamthändern gegenüber, keine erbrechtlichen Ansprüche mehr geltend zu machen. Eine solche Vereinbarung ist als pactum de non petendo unproblematisch zulässig und bedarf nicht zwingend der Mitwirkung sämtlicher am Nachlaß beteiligter Personen.

b) Die rein schuldrechtliche Abschichtung ist grundsätzlich an keine Form gebunden. Anderes gilt nur dann, wenn das Gesetz ausnahmsweise für die Abfindungsleistung oder die Verpflichtung hierzu besondere Formvorschriften enthält. Bei hohen Nachlaßverbindlichkeiten oder bei Abfindungsleistungen, bei denen die Verpflichtung dazu oder die Erfüllung eine notarielle Beurkundung nicht erfordern, kann es sich somit empfehlen, den Weg der rein schuldrechtlichen Abschichtung zu gehen und so die Kosten der notariellen Beurkundung zu sparen.

c) Der schuldrechtlich abgeschichtete Miterbe haftet weiter für die vor seinem Ausscheiden entstandenen Nachlaßverbindlichkeiten. Nach vollzogener Abschichtung können die übrigen Miterben für den Abgeschichteten indes nicht mehr tätig werden, weil es insoweit an der erforderlichen Vertretungsmacht fehlt. Da für Nachlaßerbenschulden jedoch neben dem Eigenvermögen der Miterben der Nachlaß als gebundenes Sondervermögen haftet, trifft die Haftung auch den (im Innenverhältnis) bereits Abgeschichteten.

d) Besitzen die (im Innenverhältnis) in Erbengemeinschaft verbliebenen Miterben die quotale Mehrheit am Nachlaß, können sie nach außen hin wirksam Verwaltungshandlungen vornehmen, auch wenn der schuldrechtlich Abgeschichtete die ihm obliegende Mitwirkung verweigert. Für Verpflichtungsgeschäfte gilt dies ebenso wie für Verfügungen. Bei Maßnahmen zur Auseinandersetzung der Erbengemeinschaft ist eine Mitwirkung des Abgeschichteten indes unabdingbar. Für diejenigen Fälle, in denen die restlichen Miterben die Erbengemeinschaft nach außen hin nicht wirksam vertreten können, ist den Beteiligten zu raten, daß der schuldrechtlich Abgeschichtete im Rahmen der Abschichtungsvereinbarung in öffentlich beglaubigter Form seine Einwilligung zu allen gemeinsamen Verfügungen der restlichen Miterben erklärt, wobei die Widerruflichkeit der Einwilligung grundsätzlich durch Rechtsgeschäft ausgeschlossen werden kann (§ 183 BGB). Ebenso bietet sich die Erteilung einer unwiderruflichen Vollmacht an.

e) Schließlich können die Miterben die rein schuldrechtliche Abschichtung ebenso wie die dingliche Abschichtung auf einen Teil des Erbteils beschränken; die praktische Bedeutung einer schuldrechtlichen Teil-Abschichtung ist aufgrund hiermit verbundener tatsächlicher Schwierigkeiten jedoch als gering einzustufen.

Bong-Seok Kang

Haftungsprobleme in der Gentechnologie

Zum sachgerechten Schadensausgleich

Frankfurt/M., Berlin, Bern, Bruxelles, New York, Oxford, Wien, 2001. 181 S.
Recht & Medizin. Herausgegeben von Erwin Deutsch, Adolf Laufs und Hans-Ludwig Schreiber. Bd. 48
ISBN 3-631-37405-4 · br. DM 69.–*

Die auf § 823 BGB gestützte Verschuldenshaftung bietet für einen effizienten Schadensausgleich keinen angemessenen Lösungsansatz, da beim Umgang mit lebendem Material angesichts der Komplexität der Materie in sehr vielen Fällen ein Verschuldensnachweis vermutlich nicht geführt werden kann. Daher hat man versucht, die Schäden, die auf die gezielte Veränderung von Erbmaterial durch gentechnische Methoden zurückzuführen sind, entweder durch die Einführung der Verkehrspflichtverletzung oder durch eine Gefährdungshaftung zu erfassen.
Mit dem Inkrafttreten des Gentechnikgesetzes am 1. Juli 1990 hat der Gesetzgeber eine positive Grundentscheidung für die Nutzung der Gentechnik getroffen. Das Gesetz wirft jedoch zahlreiche Auslegungsprobleme und Rechtsfragen auf. Die Arbeit beschränkt sich hauptsächlich auf die Fragen, die sich im Zusammenhang mit der Haftung bei gentechnologischen Unfällen stellen.

Aus dem Inhalt: Begriff und rechtliche Entwicklung der Gentechnologie · Haftung für gentechnologische Unfälle · Haftung nach dem GenTG · Haftung nach anderen Rechtsvorschriften